上海市重点图书

普通高等教育"十三五"规划教材
国家教学改革与质量工程项目
国家级一流本科专业建设点项目

会计学特色专业系列教材

总主编 薛小荣

金融企业会计学

——商业银行会计

（第四版）

赵珍珠／主编
舒伟 许宁宁／副主编

立信会计 出版社
LIXIN ACCOUNTING PUBLISHING HOUSE

图书在版编目(CIP)数据

金融企业会计学：商业银行会计 / 赵珍珠主编.——
4 版. —上海：立信会计出版社，2022.1
会计学特色专业系列教材
ISBN 978 - 7 - 5429 - 7031 - 2

Ⅰ. ①金… Ⅱ. ①赵… Ⅲ. ①商业银行—银行会计—
教材 Ⅳ. ①F830.42

中国版本图书馆 CIP 数据核字(2022)第 002317 号

策划编辑　　张巧玲
责任编辑　　陈　旻

金融企业会计学——商业银行会计(第四版)
JINRONG QIYE KUAIJIXUE SHANGYE YINHANG KUAIJI

出版发行	立信会计出版社		
地　　址	上海市中山西路 2230 号	邮政编码	200235
电　　话	(021)64411389	传　　真	(021)64411325
网　　址	www.lixinaph.com	电子邮箱	lixinaph2019@126.com
网上书店	http://lixin.jd.com		http://lxkjcbs.tmall.com
经　　销	各地新华书店		
印　　刷	上海万卷印刷股份有限公司		
开　　本	787 毫米×1092 毫米	1/16	
印　　张	19	插　　页	1
字　　数	382 千字		
版　　次	2022 年 1 月第 4 版		
印　　次	2022 年 1 月第 1 次		
印　　数	1—3 100		
书　　号	ISBN 978 - 7 - 5429 - 7031 - 2/F		
定　　价	48.00 元		

如有印订差错，请与本社联系调换

国家教学改革与质量工程项目
会计学特色专业系列教材

总　序

西安财经大学会计学专业创建于20世纪50年代初,在近70年的会计学专业教学中,由具有丰富实践经验和中外会计学专业知识背景的会计学人才组成的专业教学团队,以"重基础、重实践、重规范"为教学理念,自编适合培养对象特点的讲义与教材,形成了自己的教学特色,为新中国,尤其是为西部建设培养了一大批急需的应用型会计专门人才,奠定了会计学专业人才培养的基本教学模式,得到了用人单位和会计教育界的肯定。

进入21世纪以来,我校会计学专业秉承并充实传统的教学理念,按照"宽口径、厚基础、强能力、高素质"的人才培养要求,以培养"信得过、用得上、干得好"且具有创新精神的高级应用型会计专门人才为特色定位,大力进行教学改革,提高教学质量,取得了一系列优秀的教学成果。会计学专业的毕业生就业率一直稳居各相关专业前列,会计学专业对学生的吸引力进一步增强。会计学专业被立项为国家级"一流本科专业"建设点,省级、国家级"特色专业建设点",省级、国家级"专业综合改革试点项目"等,为提高会计学专业教学质量,以及加快教学改革步伐增添了新的动力。

教材是体现教学内容和课程体系的知识载体,是进行教学的基本工具,也是全面推进素质教育、培养应用型创新人才的重要保证。为了系统总结西安财经大学会计学专业多年来的教学改革成果,整合会计学专业已有的教材、讲义资源,体现会计学专业最新的教学理念和特色,依托国家级和省级教学改革与质量工程项目,西安财经大学组织编写了"会计学特色专业系列教材"。

本系列教材主要包括《基础会计学》《中级财务会计》《高级财务会计》《成

本会计》《审计学》《金融企业会计学》《税务会计》《财务管理》《企业财务分析》《管理会计学》《会计信息系统实践教程》《会计模拟实践教程》等。本系列教材的特点是重点突出、难点易化,重视系统性、讲求实用性、避免重复性,重基础、重实践、重规范、重应用、重能力培养,便于学习、便于掌握、便于应用和实践。编写本系列教材的目的是使学者能提高学习效率,使教者能提高教学质量。

需要说明的是,本系列教材既是省级、国家级教学改革与质量工程项目的重点资助内容,又是会计学专业教学改革成果的系统总结;本系列教材反映了前辈们的探索和当今会计学人的研究成果;同时,本系列教材也获得了同行们的关心和相关单位、部门的支持,在此一并表示谢意。希望我们的努力能够为我国的会计教育和人才培养做出更多的贡献。

期望读者和同行对本系列教材提出宝贵意见和建议。

2016 年

西安财经学院

前　言

随着经济体制改革的不断深化和科技的发展,尤其是2006年新的《企业会计准则》的颁布实施,电子化进程不断加快,金融企业的业务不断创新,金融企业的会计处理发生了实质性的变化,对金融企业会计的实际工作以及高校会计人才和金融人才的培养都提出了更高的要求。为了满足高校金融会计教学和银行会计实际工作的需要,编者紧密结合金融改革和商业银行业务,总结多年来商业银行会计教学经验和心得体会,编写了本书。

本书以我国新的《企业会计准则》为依据,以《金融企业会计制度》为指导,以现行商业银行核算内容为主线,介绍了商业银行会计的基本原理、基本知识和基本操作技能,反映了商业银行主要业务的会计核算流程,体现了商业银行改革的最新变化。本书尽可能做到理论联系实际,业务操作既保持了传统的手工操作模式,又突出了电子化核算体系。本书既可作为财经院校的专业用书,又可作为商业银行会计人员的培训和自学用书。

本书由西安财经大学赵珍珠任主编,舒伟、许宁宁任副主编,并由赵珍珠对全书统稿。全书共十一章,其中第一和第七章由舒伟编写,第二和第五章由许宁宁编写,第三、第四和第六章由赵珍珠编写,第九和第十一章由云应平编写,第八和第十章由张佩编写。

本书在编写过程中得到了商业银行会计部门有关同志的大力帮助和热情指导,同时也得到西安财经大学相关领导的大力支持,在此表示衷心感谢。本书在编写过程中,参考了大量的法规、书籍和文献等,并尽可能在参考文献中详细列出,在此对相关专家、学者表示深深的谢意。引证材料出处可能有疏漏,在这里对相关作者深表歉意。

由于作者水平有限,书中疏漏之处,敬请诸位读者批评指正。

编　者

2022 年 1 月

目　录

第一章 总 论

重点提示 ▮▮▮▮▮

　　通过本章学习,学生应能够了解我国的金融体系,了解金融企业的内容与金融企业会计的概念,掌握金融企业会计核算的基本前提和会计信息质量要求,了解金融企业会计工作组织,掌握金融企业的会计核算方法和会计计量属性。

第一节 金融企业与金融企业会计

一、金融企业

　　金融企业是指依法设立和营运,以营利为目的,专门从事资金商业性买卖,自负盈亏、独立核算的社会经济组织。经过金融体制改革,我国初步形成了银行和非银行金融机构体系。

(一) 银行

　　我国现行的银行体系,主要包括中央银行(即中国人民银行)、政策性银行和商业银行。商业银行在现代经济中发挥了重要作用,是银行体系的主要组成部分。

　　中国人民银行于1948年12月1日在华北银行、北海银行和西北农民银行的基础上合并组成。1983年9月,国务院决定由中国人民银行专门行使国家中央银行职能。1995年3月18日,第八届全国人民代表大会第三次会议通过了《中华人民共和国中国人民银行法》,至此,中国人民银行作为中央银行以法律形式被确定下来[①]。

　　中国人民银行在国务院领导下,制定和执行货币政策,防范和化解金融风险,维护

---

① http://www.pbc.gov.cn/publish/main/530/index.html,中国人民银行网站,2011年1月31日。

金融稳定。中国人民银行履行下列职责：发布与履行和其职责有关的命令和规章；依法制定和执行货币政策；发行人民币，管理人民币流通；监督管理银行间同业拆借市场和银行间债券市场；实施外汇管理，监督管理银行间外汇市场；监督管理黄金市场；持有、管理、经营国家外汇储备、黄金储备；经理国库；维护支付、清算系统的正常运行；指导、部署金融业反洗钱工作，负责反洗钱的资金监测；负责金融业的统计、调查、分析和预测；作为国家的中央银行，从事有关的国际金融活动；国务院规定的其他职责[①]。

政策性银行是指由政府发起、出资成立，为贯彻和配合政府特定经济政策和意图而进行融资和信用活动的机构。政策性金融通常也被称作国家金融、政府金融，是在一国政府的支持下，以国家信用为基础，为贯彻和配合国家特定经济社会发展政策而进行的一种特殊性资金融通行为。可以说，政策性金融是对市场"失灵"或不足的弥补[②]。

我国于1994年相继成立了国家开发银行、中国农业发展银行、中国进出口银行3家政策性银行。1994年成立政策性银行的主要目的是"实行政策性业务与商业性业务分离，以解决国有专业银行身兼二任的问题"。之后，3家政策性银行承担了从工、农、中、建4家国有商业银行分离出来的政策性业务，对实现国有专业银行向现代商业银行转变、支持国家重大基础设施建设、促进机电产品出口和支持国家粮食收购都发挥了重要作用。

国家开发银行主要办理政策性国家重点建设（包括基本建设和技术改造）的贷款。农业发展银行主要承担国家粮、棉、油储备和农副产品合同收购、农业开发等业务中的政策性贷款，以及代理财政支农资金的拨付和监督使用。中国进出口信贷银行主要为大型机电成套设备进出口提供买方信贷和卖方信贷，办理贴息、出口信用担保等业务。

这些政策性银行均属国务院领导。政策性银行开展经营业务活动时，有特定的业务领域，不与商业银行竞争，不以营利为目的，主要注重国家利益和社会效益。但政策性银行的资金并不是财政资金，也必须考虑盈亏，坚持银行管理的基本原则，力争保本微利。如今，随着我国社会主义市场经济建设的不断进步，市场机制的日益成熟，传统意义下政策性银行的历史性阶段任务也随之完成[③]。

商业银行是指依法设立的吸收公众存款、发放贷款、办理结算等业务的企业法人。目前，我国的商业银行主要包括国有商业银行（中国工商银行、中国农业银行、中国银行、中国建设银行）、股份制商业银行（交通银行、中信实业银行、中国光大银行、华夏银行、中国民生银行、广东发展银行、深圳发展银行、招商银行、兴业银行、上海浦东发展银

---

① 中华人民共和国中国人民银行法（2003年修订）。

② 方萍. 金融企业会计[M]. 成都：西南财经大学出版社，2009.

③ 2007年的全国金融工作会议明确了政策性银行的改革方向：未来几年，将按照分类指导、"一行一策"的原则推进政策性银行改革；首先推进国开行改革，按照建立现代金融企业制度的要求，全面推行商业化运作，主要从事中长期业务（方萍，2009）。

行、恒丰银行等）、城市商业银行、农村商业银行以及住房储蓄银行、外资银行和中外合资银行。

商业银行与一般工商企业一样，是以盈利为目的的企业。商业银行具有从事业务所需要的自有资本，它依法经营、自负盈亏、以利润为目标，并以其全部法人财产承担责任。商业银行以利润最大化为自己的经营目的。商业银行又是不同于一般工商企业的特殊企业。其特殊性具体表现在经营对象的差异上。工商企业经营的是具有一定使用价值的商品，从事商品生产的流通；而商业银行经营的是某种特殊商品——货币、资金，商业银行业务活动的范围不是生产流通领域，而是货币信用领域。因此，商业银行是一种与工商企业有所区别的特殊企业——金融企业。

根据《中华人民共和国商业银行法》和《中华人民共和国公司法》的规定，商业银行以安全性、流动性、效益性为经营原则，实行自主经营、自担风险、自负盈亏、自我约束。商业银行对其分支机构实行全行统一核算、统一调度资金、分级管理的财务制度。商业银行分支机构不具有法人资格，在总行授权范围内依法开展业务，其民事责任由总行承担。在我国金融组织体系中商业银行居于主体地位，商业银行主要有四个基本职能[①]。

1. 信用中介职能

信用中介职能的实质，是银行以负债形式集中社会上的各种闲散货币，再通过贷款等资产业务，把它投向经济各部门；商业银行是作为货币资本的贷出者与借入者的中介人或代表，来实现资本的融通，并从吸收资金的成本与发放贷款利息收入、投资收益的差额中，获取利益收入，形成银行利润。商业银行成为买卖"资本商品"的"大商人"。商业银行通过信用中介的职能实现资本盈余和短缺之间的融通，并不改变货币资本的所有权，改变的只是货币资本的使用权。信用中介是商业银行最基本、最能反映其经营活动特征的职能。

2. 支付中介职能

商业银行除了作为信用中介，融通货币资本以外，还执行着货币经营业的职能。通过存款在账户上的转移，代理客户支付，在存款的基础上，为客户兑付现款等，减少现金的使用，成为工商企业、团体和个人的货币保管者、出纳者和支付代理人。以商业银行为中心，形成经济过程中无始无终的支付链条和债权债务关系，同时节约了大量的流通费用，加速了资金的周转过程。信用中介和支付中介两种职能相互推进，构成商业银行借贷资本的整体运作。

3. 信用创造职能

商业银行在信用中介职能和支付中介职能的基础上，产生了信用创造职能。商业银行利用其所吸收的各种存款发放贷款，在支票流通和转账结算的基础上，贷款又转化

---

①　陈湛均. 商业银行经营管理学[M]. 上海：立信会计出版社，2008.

为存款。在这种存款不提取现金或不完全提现的基础上,就增加了商业银行的资金来源,最后在整个银行体系中,形成了数倍于原始存款的派生存款①。商业银行通过自己的信贷活动创造和收缩活期存款,而活期存款是构成货币供给的主要部分,因此,商业银行就可以把自己的负债作为货币来流通,具有了信用创造职能。但是需要明确的是,信用创造的实质是流通工具的创造,而不是资本的创造。

4. 金融服务职能

随着经济的发展,工商企业的业务经营环境日益复杂化,银行间的业务竞争也日益剧烈化,银行由于联系面广、信息比较灵通,特别是电子计算机和网络技术在银行业务中的广泛应用,使其具备了为客户提供信息服务的条件,咨询服务、对企业"决策支援"等服务应运而生,如代理发放工资、代理支付其他费用、提供信用证服务、信用卡服务等。个人消费也由原来的单纯钱物交易,发展为转账结算。现代化的社会生活,从多方面给商业银行提出了金融服务的要求。在强烈的业务竞争权力下,各商业银行也不断开拓服务领域,通过金融服务业务的发展,进一步促进资产负债业务的扩大,并把资产负债业务与金融服务结合起来,开拓新的业务领域。在现代经济生活中,金融服务已成为商业银行的重要职能。

商业银行因其广泛的职能,使得它对整个社会经济活动的影响十分显著,在整个金融体系乃至国民经济中处于特殊而重要的地位。随着市场经济的发展和全球经济的一体化发展,现在的商业银行已经凸显出职能多元化的发展趋势②。

商业银行的经营范围由商业银行章程规定,报国务院银行业监督管理机构批准。商业银行可以经营下列部分或者全部业务:① 吸收公众存款;② 发放短期、中期和长期贷款;③ 办理国内外结算;④ 办理票据承兑与贴现;⑤ 发行金融债券;⑥ 代理发行、代理兑付、承销政府债券;⑦ 买卖政府债券、金融债券;⑧ 从事同业拆借;⑨ 买卖、代理买卖外汇;⑩ 从事银行卡业务;⑪ 提供信用证服务及担保;⑫ 代理收付款项及代理保险业务;⑬ 提供保管箱服务;⑭ 经国务院银行业监督管理机构批准的其他业务。商业银行经中国人民银行批准,可以经营结汇、售汇业务③。

(二) 非银行金融机构

随着我国金融体制改革的深化,金融企业除了商业银行,非银行金融机构也得到了进一步的发展,对我国的经济发展起到了巨大的作用,逐渐成为我国金融体系的重要组成部分。非银行金融机构包括保险公司、证券公司、租赁公司、基金管理公司、资产管理

---

① 派生存款是原始存款的对称,是原始存款的派生和扩大,是银行由发放贷款而创造出的存款。
② 陈湛均.商业银行经营管理学[M].上海:立信会计出版社,2008.
③ 中华人民共和国商业银行法,2003。

公司、信托投资公司、期货公司、财务公司等。

保险公司是指依法成立的经营保险业务的非银行金融机构，它的作用是对投保人未来可能发生的损失予以赔偿给付，实现"分担风险"的保障作用。现代保险是一种市场化的风险转移机制，是一种市场化的社会互助机制，是一种用市场办法从容应对各类灾害事故和突发事件、妥善安排人的生老病死的社会管理机制。在社会主义市场经济条件下，加快我国保险业的发展，对于促进国民经济协调发展、构建和谐社会有着十分重要的意义①。

证券公司按照国务院证券监督管理委员会的分类，可以分为综合类证券公司和经纪类证券公司。综合类证券公司的业务范围要比经纪类证券公司广，可以从事证券经纪业务、证券自营业务、证券承销业务和其他证券业务。经济类证券公司业务比较单一，只能从事证券经纪业务。我国证券市场逐渐发挥着优化资源配置、推动经济结构调整、信息收集、企业监控和聚资的功能。

租赁公司是指依法成立的以经营融资租赁业务为主的非银行金融机构。融资租赁业务的实质就是出租人保留租赁物的所有权，在一定期限内向承租人收取租金的交易。

信托投资公司是指主要经营信托业务的非银行金融机构。信托投资公司按照委托人的意愿，以自己的名义对委托人的资产进行管理或者处置，实现为委托人谋利或者其他特定的目的。

金融资产管理公司是指经国务院决定设立的收购国有银行不良贷款，管理和处置因收购国有银行不良贷款形成的资产的国有独资非银行金融机构②。经国务院批准，我国于1999年相继设立的金融资产管理公司包括中国华融资产管理公司（CHAMC）、中国长城资产管理公司（GWAMCC）、中国东方资产管理公司（COAMC）和中国信达资产管理公司（CINDAMC）③。

基金管理公司从事证券基金管理业务，如证券投资基金的发行与赎回，以投资组合方式管理和运用证券投资基金进行股票、债权等金融工具的投资等。

财务公司是企业集团内部成立的，为了加强企业集团内部资金集中管理和提高其资金使用效率，为企业集团成员提供财务管理服务职能的非银行金融机构。

期货经纪公司顾名思义就是专门从事期货交易的非银行金融机构。期货经纪公司根据客户的委托，以自己的名义为客户进行期货交易并收取交易费用，但是交易的盈利或者亏损的后果由客户承担。

---

① 方萍.金融企业会计[M].成都：西南财经大学出版社，2009.
② 中华人民共和国国务院.《金融资产管理公司条例》第二条.2000年11月1日。
③ 2007年召开的全国金融工作会议和金融主管部门工作会议已为资产管理公司的改革定下基调：加快推进金融资产管理公司商业化转型。AMC向商业化和市场化方向发展的过程中，开展证券、信托、基金、租赁等综合金融服务是势之所致（方萍，2009）。

（三）金融监管机构

由于金融活动具有很强的外部性，在一定程度上可以是准公共产品，因此，政府的管制框架也是金融体系中一个密不可分的组成部分[①]。在国际上，有巴塞尔银行监管委员会（BCBS）[②]、国际证监会组织（IOSCO）[③]和国际保险监督官协会（IAIS）[④]三个重要的监管组织。

我国金融监管机构主要有：① 中国银行业监督管理委员会，简称中国银监会，2003 年 4 月成立，主要承担由中国人民银行划转出来的银行业的监管职能等，统一监督管理银行业金融机构及信托投资公司等其他金融机构；② 中国证券监督管理委员会，简称中国证监会，1992 年 10 月成立，依法对证券、基金、期货业实施监督管理；③ 中国保险监督管理委员会，简称中国保监会，1998 年 11 月设立，负责全国商业保险市场的监督管理。按照我国现有法律和有关制度规定，中国人民银行保留部分金融监管职能。这三个监管机构也称"金融企业的三驾监管马车"。

二、金融企业会计

（一）金融企业会计的概念

金融企业会计是随着金融企业的发展而不断发展与完善的。金融企业会计是会计的一个分支，是专业的会计。具体而言，金融企业会计是以货币为主要计量单位，采用专门的会计方法，对金融企业的经营活动过程进行连续、系统、全面、完整的核算和监督，并进行分析和预测，为金融企业的利益相关者及有关方面提供决策所需的信息系统。

（二）金融企业会计的特点

金融企业是国民经济中经营货币信用业务的特殊企业，其社会地位和作用与其他

---

① 陈湛均.商业银行经营管理学[M].上海：立信会计出版社,2008.

② 巴塞尔银行监管委员会(Basel Committee on Banking Supervision,简称 BCBS)，简称巴塞尔委员会，原称银行法规与监管事务委员会，是由美国、英国、法国、德国、意大利、日本、荷兰、加拿大、比利时、瑞典 10 大工业国的中央银行于 1974 年年底共同成立，作为国际清算银行的一个正式机构，以各国中央银行官员和银行监管当局为代表，总部在瑞士的巴塞尔。BCBS 每年定期集会 4 次，并拥有近 30 个技术机构，执行每年集会所定目标或计划。

③ 国际证监会组织(International Organization of Securities Commissions,简称 IOSCO)是国际间各证券暨期货管理机构所组成的国际合作组织。IOSCO 总部设在加拿大蒙特尔市，正式成立于 1983 年，其前身是成立于 1974 年的证监会美洲协会。中国证监会于 1995 年加入该组织，成为其正式会员。

④ 国际保险监督官协会(International Association of Insurance Supervisors,简称 IAIS)，又称国际保险监管者协会，是保险业监管的重要国际组织，成立于 1994 年，现有成员包括 180 个国家的保险监管组织。1999 年以来，IAIS 开始吸收保险专家作为观察人员，目前已有超过 100 个代表着行业协会、专家协会、保险和再保险机构、咨询组织和国际金融组织的观察员。IAIS 负责更新国际保险准则，提供保险培训，支持保险监管，为监管人员安排年会等。

企业不同,这一特殊性决定了金融企业同其他部门的行业会计相比较,有着不同的特点,主要表现在①.

(1) 在核算内容上具有广泛的社会性。金融企业的会计核算除了核算自身的经营活动,主要面对的是全社会的各部门、各企业、各单位以及个人的各项资金往来业务。因此,金融企业会计综合地反映了社会宏观经济活动情况,具有广泛的社会性。

(2) 金融企业会计核算同各项业务紧密相连。一般而言,金融企业的会计核算过程就是业务处理过程,如商业银行的各种存、贷款业务,支付结算业务,既是业务处理过程,也是会计核算过程,当业务活动完成时,会计核算工作也基本完成。

(3) 金融企业会计联系面广、影响大、政策性强。金融企业会计的业务涉及国民经济的各个方面,会计工作的质量影响了国民经济各部门、企业、单位的经济活动和广大居民的利益。因此,金融企业会计在处理各项业务时,必须认真贯彻国家的各项金融政策,维护社会的稳定。

(4) 金融企业会计在核算上具有严格的内部控制制度。金融企业会计对国民经济的特殊作用、其业务的特殊性,使得金融企业会计在日常核算过程中,必须采取严格的内部控制制度,保证会计核算工作的正确无误。

(5) 金融企业会计核算的信息化、网络化。随着经济的发展,金融会计工作的任务越来越复杂,为适应金融业务的发展,在会计核算过程中广泛应用了电子计算机技术和网络技术。这些技术的发展,促进了金融创新,并且出现了很多的衍生金融工具,对金融企业的会计核算提出了更高的要求。

第二节 金融企业会计核算的基本前提和会计信息质量要求

一、金融企业会计核算的基本前提

会计核算的基本前提又称会计假设,我国的《企业会计准则——基本准则》②规定,会计核算的基本前提是:会计主体、持续经营、会计分期和货币计量。金融企业会计核算的前提也必须遵从基本准则的规定,会计核算必须要以基本的核算前提为依据,同时也要以权责发生制为基础进行会计确认、计量和报告。

---

① 王允平,关新红,李晓梅主编.金融企业会计学[M].2 版.北京:经济科学出版社,2008.
② 财政部,2006,企业会计准则。

（一）会计主体

金融企业在会计核算当中应当以金融企业发生的各项交易或事项为对象，记录、反映金融企业本身而不是其他企业的生产经营活动。

（二）持续经营

金融企业在日常的会计核算当中应当假设金融企业能持续经营下去，正常的经营活动会在可预见的将来继续下去，不会关、停、并、转。金融企业是否持续，在会计核算的原则和方法选择上都有较大的区别。如果企业处于非持续经营的状态当中，就不再适用金融企业会计核算的准则，而是改变会计核算方法，采用破产清算或者其他的会计核算方法进行处理，并且要在财务报告中作相应的披露和说明。

（三）会计分期

金融企业应当划分会计期间，分期结算账目，编制财务报告。会计期间分为年度、半年度、季度和月度，并且是按照公历起讫日期确定。半年度、季度和月度均成为会计中期。会计分期的目的是分期进行结算盈亏，衡量公司的经营效果、现金流量等，从而及时地向财务报告使用人提供有关企业财务状况、经营成果和现金流量方面的信息。

（四）货币计量

金融企业在会计核算时使用货币计量，并且要确定记账本位币。我国金融企业一般以人民币为记账本位币进行货币计量。在港澳台及国外设立的中国金融企业分公司或者分支机构向国内报送财务报告时，需折算成人民币。

二、金融企业的会计信息质量要求

金融企业会计的主要目标是为会计信息的使用者提供与决策相关的会计信息[1]，会计信息的产生过程必须遵循一定的质量要求。会计信息的质量要求是财务会计报告所提供信息应达到的基本标准和要求。根据我国《企业会计准则——基本准则》的规定，金融企业会计信息质量应符合以下原则[2]。

---

[1] 关于会计的目标在会计理论界并没有形成一个统一的观点，长期以来一直存在决策有用性和受托责任观的争论，本书并不想在这里深入探讨这个话题，我们借鉴国际会计准则理事会（IASB）和美国财务会计准则委员会（FASB）于 2010 年 9 月发布的"联合概念框架"关于财务会计目标的陈述，由于我国会计准则采取与国际会计准则趋同的路线，因此本书选择了决策有用性的观点。

[2] 财政部，2006，企业会计准则。

（一）客观性

准则规定，"金融企业的会计核算应当以实际发生的交易或事项为依据，如实反映其财务状况、经营成果和现金流量"。

在会计核算工作中坚持客观性原则，就应当在会计核算时客观地反映金融企业的财务状况、经营成果和现金流量，保证会计信息的真实性；在会计工作中应当正确运用会计原则和方法，准确反映企业的实际情况；会计信息应当能够经受验证，以核实其是否真实。所以，如果金融企业的会计核算不是以实际发生的交易或事项为依据，没有如实地反映其财务状况、经营成果和现金流量，会计工作就失去了存在的意义，甚至会误导会计信息使用者，导致决策的失误。

（二）相关性

准则规定，"金融企业提供的会计信息应当能够反映其财务状况、经营成果和现金流量，以满足会计信息使用者的需要"。

相关性是指金融会计提供的信息应当与会计信息使用者进行决策所需要的信息相关联，满足会计信息使用者的需要。企业提供的会计信息应当与财务会计报告使用者的经济决策需要相关，有助于财务会计报告使用者对企业过去、现在或者未来的情况做出评价或者预测。

对于金融企业信息披露来说，相关性就意味着披露更广泛的信息。这主要是因为金融业务日趋复杂化，金融企业所开展的业务也越来越多，混业经营是世界的潮流，这些都使得金融企业的业务比一般工商企业的业务复杂且多变。只有把握好相关性，以适当的方式披露与金融企业相关的所有信息，才能更好地满足使用者的要求。

（三）明晰性

准则规定，"金融企业的会计核算应当清晰明了，便于理解和利用"。

明晰性是指金融企业提供的会计信息应当清晰明了，便于财务会计报告使用者理解和使用。金融企业在会计核算工作中必须做到：① 会计记录准确、清晰，填制会计凭证、登记会计账簿合法有据、账户对应关系清楚、文字摘要完整；② 报表项目勾稽关系清楚、项目完整、数字准确。

（四）可比性

准则规定，"金融企业应当按照规定的会计处理方法进行会计核算，会计指标应当口径一致、相互可比"。

可比性是指金融企业提供的会计信息应当具有可比性。同一企业不同时期发生的相同或者相似的交易或者事项,应当采用一致的会计政策,不得随意变更。确需变更的,应当在附注中说明。不同企业发生的相同或者相似的交易或者事项,应当采用规定的会计政策,确保会计信息口径一致、相互可比。

对金融企业而言,不同类型的金融企业之间是没有可比性的。而相同类型与相同规模的金融企业间的比较才有意义。

(五) 实质重于形式

准则规定,"金融企业应当按照交易或事项的实质和经济现实进行会计核算,而不应当仅仅按照它们的法律形式作为会计核算的依据"。

实际工作中,交易或事项的外在法律形式或人为形式并不总能完全反映其实质内容。如金融企业以融资租赁方式租入的资产,从法律形式上讲,承租企业不拥有该资产的所有权,但由于其租赁期接近于该资产的使用寿命,租赁期结束时承租企业又有优先购买权,租赁期内承租企业有权支配资产并从中受益,所以,从其经济实质来看,企业能够控制其创造的未来经济利益。因此,准则规定,以融资租赁方式租入的资产应视为承租企业的资产管理。

(六) 重要性

准则规定,"金融企业的会计核算应当遵循重要性原则,对资产、负债、损益等有较大影响,进而影响财务会计报告使用者据以做出合理判断的重要会计事项,必须按照规定的会计方法和程序进行处理,并在财务会计报告中予以充分的披露;对于次要的会计事项,在不影响会计信息真实性和不至于误导会计信息使用者做出正确判断的前提下,可适当简化处理"。

这一原则的意义是,在会计处理和财务报表中,应当考虑费用(成本)与效用的约束条件。重要的交易、事项及其数据必须严格确认、计量、记录和报告,不重要或次要的事项与数据则可以适当简化或省略。这样既可以保证会计信息的效用,又可以节省财务报表编制的费用(成本)。

由于金融企业业务的复杂化、交易迅速、交易数量巨大,因此,需要充分利用重要性原则,对哪些信息需要详细披露、哪些信息只需简要披露、哪些信息无须披露等做出合理安排。

(七) 谨慎性

准则规定,"金融企业的会计核算,应当遵循谨慎性原则,不得多计资产或收益,也不得少计负债或费用"。

谨慎性是指金融企业在会计核算中当存在不确定因素时,应以谨慎的态度加以判断,不得高估资产或收益,低估负债或费用,要合理地反映可能发生的损失和费用。

对谨慎性这一质量特征的要求是基于金融企业会计信息披露的特殊性。金融企业具有金融资产多、比重大,资金流量大、监管要求多、社会影响大、风险高等特点,在金融企业的会计信息披露中强调谨慎性有着特别重要的意义。

(八) 及时性

准则规定,"金融企业的会计核算应当及时进行,不得提前或延后"。

及时性是指金融企业对于已经发生的交易或者事项,应当及时进行会计确认、计量和报告,不得提前或者延后。

及时性对于金融企业来说,有特别的意义,主要是因为金融企业日常资金流动量很大,交易十分迅速,典型的如银行、投资基金等,导致企业经营的快速运转,这些就需要会计信息及时披露才能使投资者获得相关的信息。

第三节 金融企业会计核算的对象及其要素

会计对象指金融企业会计反映和核算的内容,为了便于确认、计量、记录和报告会计核算的对象,必须要将其根据不同的经济业务性质进行分类,形成会计要素,再将会计要素具体为会计科目,从而使会计信息更清晰地反映金融企业的经济。金融企业会计根据我国《企业会计准则——基本准则》要求将会计要素分类为资产、负债、所有者权益、收入、费用和利润[①]。以下简单介绍金融企业的会计要素包含的内容。

一、资产

资产是指金融企业过去的交易或者事项形成的、被企业拥有或者控制的、预期会给企业带来经济利益的资源。

金融企业的资产具体包括现金及存放同业款项、拆出资金、结算备付金、应收分保账款、交易及衍生性金融资产、贷款及各项垫款、可供出售的金融资产、持有至到期投资、固定资产、无形资产等。

二、负债

负债是指金融企业过去的交易、事项形成的现时义务,履行该义务预期会导致经济利益流出企业。

---

① 财政部,2006,企业会计准则。

金融企业的负债具体包括同业存放款项、同业拆入资金、交易及衍生金融负债、卖出回购金融资产款、吸收存款、应付职工薪酬、应付债券等。

三、所有者权益

所有者权益是指金融企业的资产扣除负债后由所有者享有的剩余权益。

金融企业的所有者权益包括实收资本、资本公积、盈余公积、一般准备金和未分配利润等。

四、收入

收入是指金融企业在日常活动中产生的、会导致所有者权益增加的、与所有者权益资本投入无关的经济利益的总流入。

金融企业收入包括利息收入、保费收入、租赁收入、手续费及佣金收入、投资收益和其他业务收入等。

五、费用

费用是指金融企业在日常生活中产生的、会导致所有者权益减少、与向所有者分配利润无关的经济利益的总流出。

金融企业的费用主要包括利息支出、赔付支出、分保费用、手续费及佣金支出、业务及管理费、税金及其他业务成本等。

六、利润

利润是指金融企业在一定的会计期间的经营成果,利润包括收入减去费用后的净额、直接计入当期利润的利得和损失、营业外收支净额等。

第四节　金融企业会计工作组织

金融企业的会计工作组织,是指依据国家有关法律制度,通过设立专门的职能机构,建立和健全会计的规章制度,配备各类专门会计人员来具体从事和完成相关的会计工作。正确合理地组织金融企业会计工作,是完成金融企业会计任务,充分发挥其职能作用的重要保证。

一、金融企业会计制度

金融企业会计制度是金融企业进行会计工作所应遵循的规则、方法、程序的总称。

为了规范金融企业的会计核算工作,提高会计信息质量,我国财政部于 2001 年制定了《金融企业会计制度》适用于中华人民共和国境内依法成立的各类金融企业,包括银行(含信用社,下同)、保险公司、证券公司、信托投资公司、期货公司、基金管理公司、租赁公司、财务公司等。自 2002 年 1 月 1 日起,该制度暂在上市的金融企业范围内实施。

二、金融企业会计机构

金融企业会计机构是指金融企业内部组织、领导和处理会计工作的职能部门。无论是商业银行,还是非银行金融机构,在各级机构中都必须设置会计部门,配备专职会计人员,对会计工作进行组织和管理。

金融企业会计核算单位分为独立会计核算和附属会计核算单位两类。独立会计核算单位是指单独编制会计报表和办理年度决算的单位;附属会计核算单位是指业务收支由主管部门采用并账或并表方式汇总反映的单位。

三、金融企业的会计人员

会计人员是直接从事会计核算、监督、分析、检查等各项工作的专业工作人员。会计人员的队伍状况、政治素质、业务素质以及责任心,直接决定了会计工作水平的高低和作用的发挥。为此,除规定会计人员的职责、权限外,还应要求会计人员树立良好的职业道德[①]。由于金融企业在市场经济中的重要性,金融企业要积极加强会计人员的专业技术、思想品德和职业道德教育方面的培训,提高会计人员的业务能力和道德水平,确保金融企业会计信息的质量。

第五节 金融企业会计核算方法

金融企业会计核算方法,是根据会计的基本方法,按照金融企业业务活动的特点和经营管理的要求,而制定的一套科学的核算方法。金融企业会计核算方法分为基本核算方法和业务处理方法两部分。其中,基本核算方法是业务处理方法的概括,而业务处理方法是基本核算方法结合不同业务特点的具体运用。

金融企业会计基本核算方法主要包括会计科目的设置、记账方法的确定、审核和编制会计凭证、账务组织和会计报表的编制等内容。这些会计方法不是孤立的,而是相互联系、互相制约、有机联系在一起的。由于金融企业的特点和经营管理的要求,金融企业的业务处理方法与具体业务紧密联系在一起,这些内容将在以后章节中根据具体业

① 中华人民共和国会计法,1999。

务做详细介绍。为了教学的需要,以下以商业银行为例,简单介绍商业银行会计的基本核算方法。

一、会计科目

会计科目是按照经济业务的内容和经济管理的要求,对会计要素的具体内容进行分类核算的科目。商业银行会计科目的设置要求体现科学性、完整性、统一性和灵活性的原则。商业银行设置的会计科目按照科目与会计报表的关系分类,可以分为表内科目和表外科目两类。

1. 表内科目

表内科目,是用于核算商业银行实际资金增减变动的科目,并且反映在资产负债表内和损益表内等的科目。包括资产类、负债类、资产负债共同类、所有者权益类和损益类五类。

资产类科目,是核算商业银行各类资产的增减变动的科目,如现金、存放中央银行款项、存放同业、交易性金融资产、衍生金融资产、贷款、贴现资产、固定资产、无形资产等科目。

负债类科目,是核算商业银行各类负债的增减变动的科目,如吸收存款、向中央银行借款、同业存放、贴现负债、交易性金融负债、衍生金融负债,应解汇款等科目。

资产负债共同类科目,是指既有资产性质,又有负债性质,具有双重性质的科目,如清算资金往来、衍生工具、货币兑换、套期工具、被套期项目等。对于这类科目,需要根据期末余额的方向,来界定其性质。余额在借方表现为资产,余额在贷方表现为负债,有时借贷方同时反映余额。

所有者权益类科目,是核算商业银行所有者权益增减变动情况的科目。如实收资本、资本公积、盈余公积、未分配利润、一般风险准备等科目。

损益类科目,是核算商业银行收入和支出的科目。如利息收入、手续费及佣金收入、汇兑收益、利息支出、汇兑损失、业务及管理费等科目。

2. 表外科目

表外科目,是不反映商业银行实际资金增减变动的科目,从而不列入资产负债表内的科目,包括备查登记类、或有事项类、委托代理业务类等。

备查登记类,如核算有价单证、空白重要凭证、代保管有价值物品、未收贷款利息、应收托收款等。

或有事项类,如核算签发银行承兑汇票、开出信用证及保函、开出提货担保等或有事项。

委托代理业务类,如核算代理政策性银行贷款、代企业发放委托贷款等。

我国财政部于 2006 年 10 月公布了《企业会计准则应用指南——会计科目与主要

账务处理》,商业银行可根据自身的业务特点,选择设置适合自身的会计科目体系。

二、记账方法

记账方法是按照一定的规则,采用一定的符号,将会计主体发生的经济业务进行整理、分类、登记入账的一种专门方法。记账方法分为单式记账法和复式记账法。

(1) 单式记账法,是指每一项经济业务的发生只在一个账户中进行登记的方法。单式记账法手续简化,但记录不全面,不能反映经济业务的全部面貌,不便于检查账务的正确性,不能看出各项业务的来龙去脉。在商业银行会计中,单式记账法主要应用于表外科目的核算①。

(2) 复式记账法,是指在会计核算中,对每一项经济业务,对其引起的资金变化,都以相等的金额同时在两个或两个以上相互联系的账户中进行登记的一种记账方法。目前各国通用的复式记账法是借贷记账法,按照我国《企业会计准则》的要求,商业银行对表内科目的会计核算采用借贷记账法。

三、会计凭证

会计凭证是记录商业银行各项业务和财务收支的原始记录,是办理资金收付和登记账簿的依据,同时也是明确经济责任、核对账务的依据。

会计凭证是商业银行会计核算的基础,商业银行每天发生大量的经济业务,任何一笔业务的发生,都必须编制或取得会计凭证,会计凭证在商业银行会计核算中有着极其重要的作用。

(一) 会计凭证的基本要素

商业银行会计凭证种类很多,具体的格式和内容也不一样,但其会计凭证应具备以下的基本要素:

(1) 日期,如年、月、日;

(2) 收、付款单位(或个人)户名和账号;

(3) 货币符号(人民币"￥"或外币符号)和大、小写金额;

(4) 款项来源、用途、摘要及附件张数;

(5) 会计分录和凭证编号;

(6) 单位(个人)的签章;

(7) 银行有关人员的签章。

---

① 随着计算机技术的应用和商业银行的业务发展,在实际工作中,国际、国内主要商业银行(如工行和中行等)、中资海外分行对表外科目已采用复试记账法登记(方萍,2009)。

（二）会计凭证的种类

会计凭证按照核算程序和用途，可以分为原始凭证和记账凭证。

1. 原始凭证

原始凭证是指在经济业务发生时直接取得或编制的凭证。它是经济业务实际发生的原始书面证明，是据以编制记账凭证或登记账簿的原始依据。原始凭证按照来源不同，又分为自制的原始凭证和外来的原始凭证。

2. 记账凭证

记账凭证是由原始凭证经过业务处理后产生的，或者根据原始凭证编制的凭证。金融会计中广泛采用由金融机构统一印发的，供企事业单位或客户填写的比较规范的原始凭证来代替记账凭证。

记账凭证按填制方法和形式不同，可以分为单式记账凭证和复式记账凭证。如果一笔经济业务涉及的所有科目，分别填制在几张凭证上，一张凭证只作为一个科目的记账依据，这类凭证为单式记账凭证；如果一笔业务涉及的所有科目都集中在一张凭证上，既作为借方科目的记账依据，又作为贷方科目的记账依据，这种凭证为复式记账凭证。

商业银行的记账凭证按照使用程度不同，还可以分为基本凭证和特定凭证[①]。基本凭证是商业银行根据有关原始凭证及业务事项，自行编制的通用性较强的记账凭证，主要有以下几种：① 用于银行内部的现金收入、付出，有现金收入、付出凭证；② 用于转账借方、贷方事项的，有转账借方凭证、转账贷方凭证；③ 用于银行与客户有关的款项收付，以及银行内部不同机构之间的资金收付事项的，有特种转账借方凭证、特种转账贷方凭证；④ 用于银行内部的表外科目的收入和付出事项的，如表外收入凭证、表外付出凭证。

特定凭证是银行根据业务的需要而特殊制定的各种专用凭证，这类凭证一般由银行统一印制，由企事业单位、客户填写，交给银行受理审核并凭以记账，如各种结算凭证、借款凭证等。

（三）会计凭证的填制、审核和传递

会计凭证的填制是保证会计信息正确的前提，是会计核算工作的基础，会计凭证填制的基本要求为：要素齐全、内容真实、数字准确、字迹清楚、书写规范、不得涂改等。

商业银行会计凭证的审核是会计核算质量的有力保证，会计凭证的审核，除了对凭证的基本要素进行审核外，需重点审核会计凭证的真实性、合法性和完整性。

---

① 在手工操作下，基本凭证按性质不同可以分为十大类等。但是在电算化条件下，许多记账凭证都是由计算机打印，并不允许更改，传统意义上的基本凭证格式不复存在(方萍,2009)。

会计凭证的传递是指会计凭证经过编制和审核后,在商业银行内部之间,内部和外部之间进行传递的过程。由于商业银行的业务特点,业务处理与会计核算的统一,正确、迅速地传递会计凭证是处理好业务和账务的重要环节。因此,在传递凭证过程中,必须符合准确及时、手续严密、先外后内、先急后缓等原则。另外,会计凭证的传递,除有关业务另有规定外(如银行汇票等),一律在银行内部或邮局传递,不得交客户代为传递。

四、账务组织

账务组织是指由账簿设置、记账程序以及账务核对程序组成的系统。商业银行的账务组织,包括明细核算和综合核算两个系统。在会计核算的过程中,两个系统分别进行核算。

(一)明细核算

明细核算是指商业银行为了详细反映各单位资金和银行内部资金变化情况,设立分户账进行详细记录和核算的账务组织系统。商业银行明细核算系统由分户账、登记簿、现金收入日记簿、现金付出日记簿以及余额表组成。明细核算的程序是:根据会计凭证登记分户账、登记簿或者现金收入、付出日记簿,然后根据分户账余额编制余额表。

1. 分户账

分户账是明细核算的主要形式,它按开户单位或资金的明细项目立户记载。分户账可以分为甲种账、乙种账、丙种账和丁种账四种格式。

(1)甲种分户账。甲种分户账设有借方发生额、贷方发生额和余额三栏,适用于不计息或使用余额表计息的账户。基本格式如表1-1所示。

表1-1　　银行( )

账

户名:　　　账号:　　　领用凭证记录:　　　利率:

本账总页数	
本户页数	

年		摘要	凭证号码	对方科目代码	借方(位数)	贷方(位数)	借或贷	余额(位数)	复核签章
月	日								

会计:　　　　　　　　　　　　　　记账:

（2）乙种分户账。乙种分户账设有借方发生额、贷方发生额、余额和积数四栏,适用于在账页上计算利息的账户。基本格式如表1-2所示。

表1-2　　银行( )

账

户名：　　账号：　　领用凭证记录：　　利率：

本账总页数	
本户页数	

年		摘要	凭证号码	对方科目代码	借方（位数）	贷方（位数）	借或贷	余额（位数）	日数	积数	复核签章
月	日										

　　会计：　　　　　　　　　　　　　　记账：

（3）丙种分户账。丙种分户账设有借方发生额、贷方发生额、借方余额和贷方余额四栏,适用于借贷双方反映余额的账户。基本格式如表1-3所示。

表1-3　　银行( )

账

户名：　　账号：　　领用凭证记录：　　利率：

本账总页数	
本户页数	

年		摘　要	凭证号码	对方科目代码	发　生　额		余　　额		复核签章
月	日				借方（位数）	贷方（位数）	借方（位数）	贷方（位数）	

　　会计：　　　　　　　　　　　　　　记账：

（4）丁种分户账。丁种分户账设有借方发生额、贷方发生额、余额和销账四栏,适用于逐笔反映,逐笔销账的一次性业务的账户,如应收、应付款项。基本格式如表1-4所示。

表 1 - 4　　银行(　)

账

户名：　　　账号：　　　领用凭证记录：　　　利率：

本账总页数	
本户页数	

年		摘要	起息日	凭证号码	对方科目代码	借方(位数)	销账日期	贷方(位数)	借或贷	余额(位数)	复核签章
月	日										

会计：　　　　　　　　　　　　　　记账：

2. 登记簿

登记簿是明细核算的辅助形式，是为了适应某些业务的需要而设置的，主要是用于记载不引起银行资金的实际变动、未能在分户账中记载的业务，以及用于统驭卡片账和重要空白凭证、有价单证和实物收发登记等。登记簿一般采用收入、付出和余额三栏式。

3. 现金收入日记簿和现金付出日记簿

现金收入日记簿和现金付出日记簿是记载和控制现金收入和付出金额的序时账簿，是现金收入和付出的明细记录。现金业务发生后，出纳员根据现金收入和付出传票逐笔记载。营业终了，应分别结出现金收入、付出发生额及余额。

4. 余额表

余额表是根据分户账余额编制，是核对分户账余额与总账余额和计息的重要工具。余额表一般分为计息余额表和一般余额表两种。

(二) 综合核算

综合核算是综合反映商业银行各科目资金增减变化情况，是对明细核算的概括和综合。综合核算由科目日结单、总账和日计表三项内容构成。其核算程序是根据会计凭证编制科目日结单，试算平衡后，根据科目日结单登记科目总账，根据总账编制日计表。

1. 科目日结单

科目日结单是各科目会计凭证的汇总凭证，是对银行当天营业终了时，各科目借贷方发生额以及凭证张数的汇总记录，各科目日结单的借方、贷方发生额合计数加总后必须相等。科目日结单是记载总账的依据。

2. 总账

总账是按会计科目设立的,用来分类登记商业银行业务事项,是综合核算的主要形式。总账是控制和统驭明细核算的工具,也是编制会计报表的依据。总账按会计科目设有借方发生额、贷方发生额、借方余额和贷方余额四栏,依据科目日结单的合计数填列。

3. 日计表

日计表是反映商业银行当天业务事项的书面报告,是轧平当天全部账务的主要工具。日计表中的各科目当天发生额和余额,是根据各科目总账的数额填列的。各科目的借方、贷方发生额合计数,以及借方、贷方余额的合计数,必须各自平衡。基本格式见表1-5所示。

表 1-5　　银行(　)

日　计　表

年　　　月　　　日　　　　　　　　　　　　　共　　　页第　　　页

科目代号	科目名称	昨 日 余 额		本 日 发 生 额		本 日 余 额	
		借　方	贷　方	借　方	贷　方	借　方	贷　方

行长:　　　　　　会计:　　　　　　复核:　　　　　　制表:

(三) 账务核对

商业银行为了防止在会计核算中出现差错,还需要进行账务核对。账务核对又包括每日核对和定期核对。账务核对要求最终的结果达到账证、账账、账实、账款、内外账、账表等要相符,以保证商业银行会计核算的正确性。

在商业银行的账务组织中,明细核算和综合核算各自发挥着不同的作用,它们相互依存、相互补充、相互制约,共同构成了完整的账务组织体系[①]。它们与账务核对程序组成了商业银行的会计核算程序,一般的核算程序如下:

(1) 根据发生的业务取得或编制会计凭证。

[①]　在电算化条件下,柜员办理业务时,只需按有关规定在计算机中录入原始信息并按系统人性化指示操作即可,整个账务处理都是由系统自动完成,传统上的商业银行特有的明细核算和综合核算组成的核算模式正在发生改变(方萍,2009)。

（2）根据审核无误的会计凭证编制记账凭证（或代替记账凭证）。

（3）根据记账凭证登记分户账、现金收入、付出日记簿和有关登记簿。

（4）根据记账凭证编制科目日结单，试算平衡。

（5）根据科目日结单登记总账。

（6）根据总账编制日计表，试算平衡。

（7）账务核对。

（8）根据总账、明细账、序时账和登记簿等资料编制会计报表。

第六节 金融企业会计的计量

根据我国《企业会计准则——基本准则》，会计计量属性主要包括历史成本、重置成本、可变现净值、现值和公允价值 [①]。

（一）历史成本

在历史成本计量下，资产按照购置时支付的现金或者现金等价物的金额，或者按照购置资产时所付出的对价的公允价值计量。负债按照因承担现时义务而实际收到的款项或者资产的金额，或者承担现时义务的合同金额，或者按照日常活动中为偿还负债预期需要支付的现金或者现金等价物的金额计量。

（二）重置成本

在重置成本计量下，资产按照现在购买相同或者相似资产所需支付的现金或者现金等价物的金额计量。负债按照现在偿付该项债务所需支付的现金或者现金等价物的金额计量。

（三）可变现净值

在可变现净值计量下，资产按照其正常对外销售所能收到现金或者现金等价物的金额扣减该资产至完工时估计将要发生的成本、估计的销售费用以及相关税费后的金额计量。

（四）现值

在现值计量下，资产按照预计从其持续使用和最终处置中所产生的未来净现金流

---

① 财政部，2006，企业会计准则。

量的折现金额计量。负债按照预计期限内需要偿还的未来净现金流出量的折现金额计量。

(五) 公允价值

在公允价值计量下,资产和负债按照在公平交易中,熟悉情况的交易双方自愿进行资产交换或者债务清偿的金额计量。

金融企业应根据业务的特点,选择恰当的计量属性,体现会计信息可靠性和相关性的要求。

随着经济的发展和金融工具的创新,大多数衍生金融工具随之产生,并且表现为一种合约、期权等,由于这些特征只表现为相应的权利和义务,确认实际成本并按实际成本计量比较困难,因此,需要运用公允价值作为会计计量的属性。一般认为,公允价值计量有助于提高会计信息的相关性,为信息使用者提供更相关的信息,从而有助于更好地保护投资者的利益。但是,公允价值的广泛运用也带来信息不可靠等问题。在国际财务界,对金融工具,尤其是衍生工具的计量,已达成广泛的共识。国际会计准则理事会(IASB)①和美国财务会计准则委员会(FASB)②确立了以公允价值计量金融工具的思想。IASB 与 FASB 对公允价值的定义为:"公允价值是计量日市场参与者之间的有序交易中出售资产或者转让负债支付的价格。"在我国,公允价值计量属性为"在公允价值计量下,资产和负债按照在公平交易中,熟悉情况的交易双方自愿进行资产交换或者债务清偿的金额计量"。按照我国《企业会计准则》的规定,对金融企业的金融资产和金融负债的初始确认和后续计量按公允价值进行计量;对非金融资产的计量以历史成本为基础。

公允价值会计本质上是一种市值会计,需要有发展良好的、比较成熟的金融市场和产品市场,然而,即使是欧美等发达资本主义国家,金融资产或金融负债的市场报价也不是常常能够获得。由于我国的交易市场还不发达和完善,公允价值的取得比较困难。并且 2007 年美国"次贷危机"引起的全球金融危机引发了人们对公允价值的进一步反思,IASB 和 FASB 也对公允价值的计量框架进行了完善,如为某些无法直接取得公允价值的权益工具的公允价值计量(如对套期基金、私募基金、风险投资基金的投资)提供了指南等等。因此,基于谨慎的原则,我国的新会计准则对公允价值计量的应用设定了

---

① 国际会计准则理事会(International Accounting Standards Board,简称 IASB)的前身是国际会计准则委员会(International Accounting Standards committee,简称 IASC),IASC 于 1973 年由来自澳大利亚、加拿大、法国、德国、日本、墨西哥、荷兰、英国和爱尔兰以及美国的会计职业团体发起成立,IASC 成立的初衷是解决各国间会计信息的国际协调难题,中国于 1998 年 5 月正式加入 IASC 和国际会计师联合会。IASC 在 2000 年进行全面重组并于 2001 年初改为国际会计准则理事会。

② 美国财务会计准则委员会(Financial Accounting Standards Board,简称 FASB),正式成立于 1973 年,是美国制定财务会计准则的权威机构。

严格的规定,对金融工具公允价值的确定提供了具体的指南,在实际业务中应该遵守《企业会计准则》的规定,并可参照相关的应用指南。

关　键　术　语

金融体系　金融企业　金融企业会计　会计核算的基本前提　会计信息质量　会计工作组织　会计核算方法　会计计量

思　考　题

1. 我国的金融体系是怎样的?
2. 金融企业会计的特点有哪些?
3. 金融企业的会计核算原则有哪些?
4. 金融企业的会计信息质量要求有哪些?
5. 金融企业会计的计量属性有哪些?
6. 公允价值在金融企业会计中的应用情况如何?

第二章　存款业务的核算

第一节　存款业务概述

一、存款业务的意义和种类

(一) 存款业务的意义

　　存款是商业银行吸收社会暂时闲置资金的信用活动,是商业银行重要的负债业务。银行的自有资金,无论数额如何庞大,也是有限的,商业银行只有积极地吸收各项存款,才能增强银行经营业务资金来源,才能增强银行信贷资金力量。马克思曾经说过,对银行而言,具有重要意义的始终是存款。在社会主义市场经济条件下,银行按照客观经济规律的要求,组织和运用存款,为社会主义经济建设筹措资金,对促进经济发展、平衡信贷收支、调节货币流通、稳定市场物价、促进经济核算、推动勤俭节约、增加社会财富等,具有十分重要的意义。

(二) 存款业务的种类

　　开展存款业务的核算,首先应当对存款种类有明确的了解,然后才能制定和采用相应的核算方式。

　　1. 按存款来源分为一般性存款、居民存款和财政性存款

　　一般性存款是指银行吸收的各单位的存款;居民存款是银行吸收城乡居民的闲置资金形成的存款;财政性存款是指各行经办的财政预算内存款及集中待缴财政的各种

款项形成的存款。这种存款的增加,可增加社会的货币供应量。

2. 按存款产生的来源分为源生存款和派生存款

源生存款又称现金存款或直接存款,即企事业单位或个人将现金支票或现金送存银行,增加存款户的货币资金。它除了包括公款存款、私人存款两部分外,还包括银行之间的存款即同业存款。派生存款又称转账存款或间接存款,是指银行以贷款方式自己创造的存款。这种存款的增加,也会增加社会的货币供应量。

3. 按存款的期限分为活期存款和定期存款

活期存款是存入时不确定存期,可以随时支取的存款,主要包括单位活期存款和个人活期存款。定期存款是在存款时约定存期,到期支取的存款,主要包括单位定期存款和个人定期存款。

4. 按存款币种分为人民币存款和外币存款

人民币存款是单位或个人等存入的人民币款项形成的存款。外币存款是单位或个人将其外汇资金存入银行,并于以后随时或约期支取的存款。

二、银行结算账户的开立与管理

(一) 银行结算账户的种类

存款账户是银行核算存款业务的工具。无论是单位还是个人,都必须开设存款账户,才能通过银行办理资金收付和款项结算。为了核算的需要,银行依不同的存款形式设置了相应的存款账户。

国家对存款人(包括单位和个人)在银行开设的人民币银行结算账户自 2003 年 9 月 1 日起,按照《人民币银行结算账户管理办法》实行统一开户管理。该办法所称的银行结算账户是指银行为存款人开立的办理资金收付结算的人民币活期存款账户。按存款人的不同可分为单位银行结算账户和个人存款账户。

1. 单位银行结算账户

单位银行结算账户是指存款人以单位名称开立的银行结算账户。个体工商户凭营业执照以字号或经营者姓名开立的银行结算账户纳入单位银行结算账户管理。

单位银行结算账户按用途分为基本存款账户、一般存款账户、专用存款账户和临时存款账户。开立基本存款账户、临时存款账户和预算单位开立专用账户须经中国人民银行核准。

(1) 基本存款账户是存款人因办理日常转账结算和现金收付的需要而开立的银行结算账户。基本存款账户是存款人的主要账户。存款人日常经营活动的资金收付及其工资、奖金等现金的支取,应通过该账户办理。

(2) 一般存款账户是存款人因借款或其他结算需要,在基本存款账户开户行以外的银行营业机构开立的银行结算账户。该账户用于办理存款人借款转存、借款归还和其他结算的资金收付。该账户可以办理现金交存，但不得办理现金支取。

（3）专用存款账户是存款人按照法律、行政法规和规章，对其特定用途资金进行专项管理和使用而开立的银行结算账户。专用存款账户用于办理各项专用资金的收付。

（4）临时存款账户是存款人因临时需要并在规定期限内使用而开立的银行结算账户。该账户用于办理临时机构以及存款人临时经营活动发生的资金收付。

2. 个人银行结算账户

个人银行结算账户是存款人因投资、消费、结算等而凭个人身份证件以自然人名称开立的可办理支付结算业务的银行结算账户。个人银行结算账户用于办理个人转账收付和现金存取。

个人银行结算账户实际有三个功能：一是活期储蓄功能，可以通过个人结算存取存款本金和支付利息，该账户的利息按照活期储蓄利息计算；二是普通转账功能，通过开立个人银行结算账户，办理汇款、支付水、电、气等基本日常费用、代发工资等转账结算服务，使用汇兑、委托收款、借记卡、电子钱包（IC 卡）等转账工具；三是通过个人银行结算账户使用支票、信用卡等信用支付工具。

（二）银行结算账户的开立

存款人开立银行结算账户时，应填制开户申请书，并提交有关的证明文件。银行应对存款人开户申请填写的事项和证明文件的真实性、完整性和合规性进行认真审查。

开户申请书填写的事项齐全，符合开立基本存款账户、临时存款账户和预算单位专用存款账户条件的，银行应将申请材料报送中国人民银行当地分支行，经其核准后办理开户手续。

银行为存款人开立银行结算账户，应与存款人签订银行结算账户管理协议，明确双方的权利与义务。除中国人民银行另有规定的以外，应建立存款人预留签章卡片，并将签章式样和有关证明文件的原件或复印件留存归档。

银行为存款人办理基本存款账户开户手续后，应给存款人出具开户登记证。开户登记证是记载单位银行结算账户信息的有效证明，存款人应按规定使用，并妥善保管。

（三）账户管理

银行结算账户一经开立，银行就必须加强对账户的管理，监督存款人正确使用账户。按照我国相关规定，存款账户的管理权集中于中国人民银行。单位银行结算账户实行开户许可证制度，开户许可证一律由中国人民银行统一制作，人民银行负责开户许可证的管理，监督、稽核银行账户的设置和开立，协调和仲裁银行账户开立和使用方面的争议。各商业银行的分支机构负责按规定审查、办理开户和销户，建立、健全开销户制度,建立账户管理档案,定期与存款人对账,并对本行开立和撤销的各类账户,于开立和撤销之日起 7 日内向人民银行分支机构申报。

存款人通过银行办理资金收付,必须遵守国家的有关政策、法令,遵守银行信贷、结算、现金管理以及银行账户管理的相关规定:

(1)一个单位只能选择一家银行的一个营业机构开立一个基本存款账户,不允许在多家银行开立基本存款账户。

(2)开户实行双向选择。存款人可以自主选择银行,银行也可以自愿选择存款人开立账户。任何单位和个人都不能干预存款人在银行开立或使用账户,银行也不得违反规定强拉客户在本行开户。

(3)实行开户许可证制度。单位开立基本存款账户,应凭当地人民银行分支机构核发的开户许可证办理。银行不能对未持有开户许可证或已开立基本存款账户的存款人开立基本存款账户。

(4)实行开户申报制度。银行对企事业单位开立、撤销账户,必须及时向当地人民银行报告,人民银行运用计算机建立账户管理系统,加强对账户的管理。

(5)存款人的账户只能办理存款人本身的业务活动,不允许出租、出借和转让他人。否则,按规定对账户出租、转让发生的金额处以罚款,并没收出租账户的非法所得。

三、本章会计科目的设置

(一)吸收存款

"吸收存款"是负债类科目,用来核算企业(银行)吸收的除同业存放款项以外的其他各种存款,包括单位存款(包括企业、事业单位、机关、社会团体等)、个人存款、信用卡存款、特种存款、转贷款资金和财政性存款等。

银行收到客户存入的款项时,应按实际收到的金额,借记"存放中央银行款项""库存现金"等科目,按存入资金的本金,贷记本科目(本金)。

客户支取款项时,应按支取的金额,借记本科目(本金),贷记"存放中央银行款项""库存现金"等科目。余额在贷方,反映企业(银行)吸收的除同业存放款项以外的其他各项存款金额。

本科目应当按照存款类别活期存款、定期存款、活期储蓄存款、定期储蓄存款及存款单位等进行明细核算。

(二)应付利息

"应付利息"是负债类科目,用来核算银行吸收存款或发生借款的当期应付而未付的利息。

银行计算应付利息时,借记"利息支出""金融企业往来支出"等科目,贷记本科目;实际支付利息时,借记本科目,贷记"吸收存款""库存现金"等科目,余额在贷方,反映尚未支付的利息。

本科目应按应付利息的对象进行明细核算。

(三) 利息支出

"利息支出"是损益类科目,用来核算银行在吸收存款、发行金融债券等业务中按国家规定的适用利率向债权人支付的利息。银行与金融机构之间发生拆借、存款等业务以及再贴现、转贴现的利息支出,也在本科目中核算。

银行定期计提或支付利息时,借记本科目,贷记"应付利息""吸收存款""存放中央银行款项"等科目。期末应将本科目余额结转利润,借记"本年利润"科目,贷记本科目,结转后本科目应无余额。

本科目应按利息支出项目进行明细核算。

第二节 单位存款业务的核算

单位存款是指具有法人营业执照或社团登记的企业、机关、事业、团体、学校和部队等闲置或待用资金的存款。按照现金管理规定,各单位暂时闲置的资金,除核定的现金库存限额部分可保留现金以外,其余的要全部存入银行,库存现金不足限额的,从银行提取。因此,单位在银行的存款具有强制性,单位将资金存入银行以后,可以通过该账户办理资金收付,同其他单位进行结算,由银行主动转存或转付。

单位存款按照期限长短可以分为活期存款、定期存款和通知存款。

一、单位活期存款业务的核算

单位活期存款存取的方式主要有两种,即现金存取和转账存取。其中,转账存取存款主要是通过办理各种结算方式和运用信用支付工具而实现的,本节只叙述现金存取的处理方法。

银行办理现金收付业务时遵从以下原则:现金收入业务,"先收款后记账";现金付出业务,"先记账后付款"。

活期存款的现金存取业务,根据存取方式的不同,可分为支票户和存折户两种。目前,存折户在对公存款中已失去了存在的意义,只保留在储蓄存款业务中。本书只阐述支票户的操作。

支票户是单位在银行开立的凭缴款单和支票等凭证办理存取款的账户。开立支票户时必须在银行预留印鉴,凭印鉴支取款项。

1. 存入现金的核算

单位存入现金时,填写一式两联的现金缴款单,连同现金交银行出纳部门。出纳部门审查凭证,点收现金,登记现金收入日记簿,复核签章后,第一联加盖"现金收讫"章作为回单退交存款人;第二联送会计部门,代现金收入传票登记单位存款分户账。其会计分录为:

借:库存现金

　　贷:吸收存款——活期存款——××单位

2. 支取现金的核算

单位向银行支取现金时,签发现金支票,在支票上加盖预留银行印鉴,送交会计部门。会计部门接到现金支票后,经审查无误后,现金支票代现金付出传票登记分户账,交出纳部门凭以付款。其会计分录为:

借:吸收存款——活期存款——××单位

　　贷:库存现金

出纳员根据现金支票登记现金付出日记簿,向取款人支付现金。

二、单位定期存款业务的核算

定期存款是单位一次性存入款项并约定存期,到期支取本息的存款。单位如有在一定时期内闲置不用的资金,可在银行办理定期存款。

(一) 单位定期存款的有关规定

根据《人民币单位存款管理办法》的规定,要求如下:

(1) 金融机构对单位定期存款实行账户管理(大额可转让定期存款除外)。存款时单位须提交开户申请书、营业执照正本等,并预留印鉴。印鉴应包括单位财务专用章、单位法定代表人章(或主要负责人印章)和财会人员章。由接受存款的金融机构给存款单位开出"单位定期存款开户证实书"(以下简称"证实书"),证实书仅对存款单位开户证实,不得作为质押的权利凭证。

(2) 单位定期存款的期限分 3 个月、半年、1 年三个档次。起存金额 1 万元,多存不限。

(3) 存款单位支取定期存款只能以转账方式将存款转入其基本存款账户,不得将定期存款用于结算或从定期存款账户中提取现金。支取定期存款时,须出具证实书并提供预留印鉴,存款所在金融机构审核无误后为其办理支取手续,同时收回证实书。

（4）单位定期存款在存期内按存款存入日挂牌公告的定期存款利率计付利息,遇利率调整,不分段计息。单位定期存款可以全部或部分提前支取,但只能提前支取一次。全部提前支取的,按支取日挂牌公告的活期存款利率计息;部分提前支取的,提前支取的部分按支取日挂牌公告的活期存款利率计息,其余部分如不低于起存金额,由金融机构按原存期开具新的证实书,按原存款开户日挂牌公告的同档次定期存款利率计息;不足起存金额则予以清户。单位定期存款到期不取,逾期部分按支取日挂牌公告的活期存款利率计付利息。

（二）单位定期存款存入的核算

1. 现金存入的核算

单位以现金办理定期存款时,应以存款金额填写"单位定期存款缴款凭证",连同现金交开户银行。经银行审核凭证并清点现金无误后,银行按存款人的存期要求开出两联"单位定期存款证实书",开立单位定期存款账户。在"单位定期存款证实书"上加盖业务专业章及经办人名章,底卡联专夹保管,通知联交存款单位收执。登记"现金收入登记簿""开、销户登记簿""重要空白凭证登记簿""印鉴卡使用情况登记簿"等。会计分录为:

借:库存现金
　　贷:吸收存款——定期存款——××单位

2. 转账存入的核算

单位以转账方式办理定期存款时,按存款金额签发活期存款账户转账支票交开户银行,银行审查无误后,以支票代转账借方传票填写一式三联的"单位定期存款存单",第一联代定期存款转账贷方传票,第二联加盖业务用公章和经办人员名章后,作定期存款单据交存款人,第三联代定期存款卡片账。会计分录为:

借:吸收存款——活期存款——××单位
　　贷:吸收存款——定期存款——××单位

（三）预提定期存款利息的核算

对定期存款,不论存款期限长短,只要跨年度,都要预提利息,并实行单笔预提,预提时间应与损益计算期一致,在每年的 12 月 20 日或每季末月的 20 日、每月的 20 日(定在 20 日,主要是为了与活期存款结息日和短期贷款结息日等的惯例一致、时间上配比),利率使用该笔存款适用的利率,预提期限的计算上年度计 360 天、月度计 30 天,这样,可以准确反映商业银行各期的成本和利润水平,符合权责发生制原则、配比原则。

预提定期存款利息时,填制转账借、贷方传票各一联办理转账。其会计分录为:

借：利息支出——单位定期存款利息支出

　　贷：应付利息——单位定期存款利息户

（四）单位定期存款支取本息的核算

1. 到期支取的核算

单位定期存款到期，存款人持"单位定期存款证实书"支取款项时，银行会计人员抽出卡片账进行核对，无误后，在"单位定期存款证实书"上加盖"结清"戳记，按规定计算出利息，填制利息清单，填制特种转账借方传票两联、贷方传票两联办理转账，并销记"开销户登记簿"和"印鉴卡使用情况登记簿"。其会计分录为：

借：吸收存款——定期存款——××单位

　　应付利息——定期存款利息支出户（预提的定期存款利息）

　　利息支出——定期存款利息支出户（最后一次结息至支取日的利息）

　　贷：吸收存款——活期存款——××单位

2. 提前支取的核算

（1）全额提前支取。单位存入定期存款后，若有急需可办理提前支取。对于全额支取，银行按规定以支取日挂牌公布的活期存款利率计算利息。其会计分录为：

借：吸收存款——定期存款——××单位

　　利息支出——定期存款利息支出户

　　贷：吸收存款——活期存款——××单位

其余处理与全额到期处理相同。

（2）部分提前支取。按银行规定，单位定期存款部分提前支取时，若支取款项后的剩余定期存款金额不低于定期存款起存金额时，则部分提前支取金额按支取日挂牌公布的活期存款利率计算利息，剩余定期存款金额按原存款日、存期、利率重新签发"单位定期存款证实书"，注明原"单位定期存款证实书"的编号，原底卡联加盖"附件"戳记，作为新底卡联附件，登记"重要空白凭证登记簿""印鉴卡使用情况登记簿"。若支取款项后的剩余定期存款金额低于定期存款起存金额时，银行做一次性清户处理，并按支取日挂牌公布的活期存款利率计算利息。其会计处理及分录与全额提前支取相同。

3. 逾期支取的核算

逾期支取在账务核算上与到期支取相同，主要区别在于增加从到期日至支取日的逾期利息，逾期利息以支取日银行挂牌公布的活期存款利率计算。

三、单位通知存款的核算

单位通知存款是指存款人在存入款时不约定存期，支取时需提前通知金融机构，约定支取日期和金额方能支取的存款。

（一）单位通知存款的有关规定

（1）单位通知存款的起存金额为50万元，存款人需一次性存入，可以选择现金存入或转账存入，存入时不约定期限。

（2）单位通知存款不论实际存期多长，按存款人提前通知的期限长短划分为1天通知存款和7天通知存款两个品种。1天通知存款必须提前1天通知约定支取存款；7天通知存款必须提前7天通知约定支取存款。

（3）单位通知存款可一次或分次支取，每次支取最低金额为10万元，支取存款利随本清。支取的存款本息只能转入存款单位的基本存款账户，不得支取现金。

（4）单位通知存款利率按中国人民银行规定的同期利率执行。

（二）单位通知存款存入的核算

单位存入通知存款时，会计处理与单位定期存款相同，只是在单位定期存款科目下开立"通知存款"1天或7天通知分户，用于核算单位通知存款业务。银行为存款单位开立的"单位定期存款开户证实书"上注明"通知存款"字样及通知品种，但不注明存期和利率，证实书只能作为存款证明，不能作为质押的权利证明。其会计分录为：

借：库存现金

　　吸收存款——活期存款——××单位

　　贷：吸收存款——通知存款——××单位

（三）单位通知存款通知与支取的核算

1. 通知

存款人通知银行约定支取通知存款时，应向开户银行提交"单位通知存款取款通知书"。经银行审核无误后，登记"单位通知存款提前通知登记簿"。支取时必须向银行递交正式通知书，取款通知提交方式可由客户本人到银行，也可传真通知。

若单位因故取消通知，则由存款人向银行提交"单位通知存款取消通知书"，经银行审核无误后，便可对存款人的通知注销。

2. 支取款项

存款人在正常约定的期限来银行支取存款时，应依"单位定期存款开户证实书"，填写一式三联的单位通知存款支取凭证，连同存款证实书一并交于银行。

银行收到凭证后应按规定认真审查，无误后可办理支付手续。按规定的利率计算利息，打印利息凭证，注销存款证实书，并以支付凭证为借方传票进行转账。其会计分录为：

借：吸收存款——通知存款——××单位

　利息支出——单位通知存款利息支出户

　贷：吸收存款——活期存款——××单位

单位通知存款部分支取后,未支取的部分不得低于起存金额,低于起存金额的,做一次性销户处理,并按清户日挂牌活期利率计息办理支取手续并销户,同时注销"重要空白凭证"表外科目。对账户留存金额大于起存金额的,应为存款人以留存金额、原起息日、原约定的存款品种重新签发"单位定期存款证实书"交存款人。

四、单位存款利息的核算

(一) 利息计算的一般规定

1. 活期存款利息的一般规定

(1) 计息时间的规定。活期存款按季度计息,即每季末月 20 日为结息日,即 3 月 20 日、6 月 20 日、9 月 20 日、12 月 20 日。

计息时间从上季末月 21 日开始,到本季末月 20 日为止。计息天数"算头不算尾",即从存入日算至支取的前一日为止。

(2) 计息利率的规定。利率是指一定存期的利息与存款金额的比率。

利率一般分为年利率、月利率、日利率三种,其中年利率以百分号表示;月利率以千分号表示;日利率以万分号表示。三者之间可用换算。存期以天数计算时,用日利率;存期按月计算时,用月利率;存期按年计算时,用年利率。

(3) 利息计算的基本公式:

$$利息 = 本金 \times 存期 \times 利率$$

单位活期存款由于存取款次数频繁,其余额经常发生变动,计算利息可采用积数法,其计算公式为:

$$利息 = 计息积数 \times 日利率$$

$$计息积数 = 本金 \times 存期(天数)$$

2. 定期存款利息计算的一般规定

(1) 单位定期存款计算利息时,按照存期"算头不算尾"的方法,从存入日算至支取的前一日为止。

(2) 定期存款的存期按对年、对月、对日计算,对年一律按 360 天,对月一律按 30 天计算,零头天数按实际天数计算。

(3) 存期内如遇利率调整,按原定利率计息。逾期支取的,逾期部分按支取日挂牌活期存款利率计算。

（二）单位活期存款利息的核算

银行对单位活期存款的计息采取按日计息、按季结息的办法。计息采用按日累加存款余额，累加的存款余额为计息积数，用计息积数乘以日利率，计算出存款利息。存期内如遇利率调整应分段计息。计息的具体方法有余额表计息和分户账计息两种。

1. 余额表计息

该方法适用于存款余额变动频繁的存款账户。采用该方法计息，每日营业终了时，将各计息分户账的最后余额按户抄列在余额表内。当日未发生收付业务，根据上一日的最后余额填列。按季结息时，在结息日当天，将余额表上的各户余额，从上季度结息日后第一天（21日）起，加总至本季度结息日（20日）止，得出累计计息积数，再乘以日利率，即可得出各户本季应付利息数。如遇记账日期与起息日期不同，或错账冲正涉及利息时，应根据其发生额和天数，算出应加或应减积数，填入余额表相关栏内进行调整。其计算公式如下：

$$利息 = 累计应计息积数 \times (月利率 \div 30)$$

[例 2-1] 某公司 20×1 年 6 月 21 日至 20×1 年 9 月 20 日活期存款账户累计积数为 1 800 000 元，由于错账冲正应加积数 90 000 元，月利率 0.3‰。其利息计算和会计分录如下：

$$累计应计息积数 = 1\,800\,000 + 90\,000 = 1\,890\,000（元）$$
$$利息 = 1\,890\,000 \times (0.3‰ \div 30) = 18.9（元）$$

借：利息支出　　　　　　　　　　　　　　　　　18.9
　　贷：吸收存款——活期存款——××单位　　　　　　18.9

2. 分户账计息

该方法适用于存取款次数不多的存款户。采用这种方法，一般使用乙种账页。当发生资金收付时，按上次最后余额乘以该余额的实存日数即为积数，并直接填入账页上的"日数"和"积数"栏内，日数的计算是从上一次记账日期算至本次记账日期的前一日为止。如更换账页，应将累计积数过入新账页第一行的上半栏内，待结息日营业终了，再计算出本季的累计天数和累计积数，乘以日利率即得出应付利息。计算方法与会计分录同上。

（三）单位定期存款利息的核算

单位定期存款在存期内按存款存入日挂牌公告的定期存款利率计付利息，遇利率调整，不分段计息。单位定期存款可以全部或部分提前支取，但只能提前支取一次。全部提前支取的,按支取日挂牌公告的活期存款利率计息。部分提前支取的,提前支取的部分按支取日挂牌公告的活期存款利率计息,其余部分如不低于起存金额,按原存期开具新的证实书,按原存款开户日挂牌公告的同档次定期存款利率计息;不足起存金额则予以清户。

[例2-2] 某公司于20×1年2月1日存入200 000元半年期定期存款,月利率为3.6‰,公司于20×1年8月1日到期支取,其利息计算和会计分录如下:

$$利息=200\,000 \times 6 \times 3.6‰ = 4\,320(元)$$

借:吸收存款——定期存款——××单位   200 000
  利息支出   4 320
    贷:吸收存款——活期存款——××单位   204 320

假设该公司于20×1年4月12日提前支取该定期存款中的80 000元,当日挂牌公告的活期存款月利率为7.2‰,则20×1年4月12日的利息计算和会计分录为:

$$利息=80\,000 \times 70 \times (7.2‰ \div 30) = 1\,344(元)$$

借:吸收存款——定期存款——××单位   80 000
  利息支出   1 344
    贷:吸收存款——活期存款——××单位   81 344

该定期存款中剩余的120 000元按原存期开具新的证实书,到期支取。

则20×1年8月1日到期支取,其利息计算和会计分录如下:

$$利息=120\,000 \times 6 \times 3.6‰ = 2\,592(元)$$

借:吸收存款——定期存款——××单位   120 000
  利息支出   2 592
    贷:吸收存款——活期存款——××单位   122 592

五、对账与销户

(一) 对账

对账即银行会计部门将为客户记载的账务与存款单位的账务进行核对。银行与开户单位的经济往来,由于双方记账时间有先后及发生技术性差错等原因,会导致双方账务不相符或产生未达账项。为了及时查清未达账项,保证内外账项相符和保证存款安全,银行必须与开户单位经常进行账务核对。

银行与单位的对账,是指支票存款户而言。对存折存款户,因在账务处理时就已做到账折见面,保证账折相符,故不再对账。银行与支票存款户的对账,可分为随时对账和定期对账两种形式。

1. 随时对账

银行为支票存款户记账,采用套写账页,银行会计每记满一页,就将账页的对账联交单位对账;单位以对账联与其银行往来账逐笔进行核对,发现问题,及时到银行查明更正。这种对账形式,适用于逐笔核对发生额,可防止双方账务记载中的错误。

2. 定期对账

银行与单位发生往来,双方分别记账,由于对同一笔业务双方不可能同时记账,导致在一定的时期内,双方账户余额不等。因此,除平时对账外,银行还应于每季度末与开户单位核对存款余额。

每季末,银行根据单位存款账户余额向单位寄发两联余额对账单,单位核对时,应将对账单上所列内容填入,分别加计双方合计数进行核对。核对相符,单位应将对账单第二联退还银行。核对不符时,应及时到银行查明更正。对长期与银行账务不符的单位,银行应帮助查找,限期查清。银行对单位退还的对账单回单,应妥善保管,以备查考。

(二) 销户

存款单位因迁移、合并、停产等原因不再使用原存款账户时,应及时到银行办理销户手续。银行办理销户时,应首先与销户单位核对存款账户余额,相符后,对应计利息的存款账户,要结清利息;对支票存款户,应收回所有空白支票;对存折存款户,应收回存折注销。然后将原存款账户的余额转入基本存款户,撤销后的账户停止使用。

第三节　储蓄存款业务的核算

一、储蓄存款及其分类

(一) 储蓄存款的概念

储蓄存款是指居民个人在银行的存款,是银行通过信用方式对广大居民的货币收入进行集中和再分配的一种重要形式。储蓄存款的对象是城乡居民,储蓄存款主要由居民货币收入的结余和待用部分组成,存取款项多为现金,并呈小额、零星的特点。为了正确执行国家保护和鼓励人民储蓄的政策,银行对个人储蓄存款实行"存款自愿、取款自由、存款有息、为储户保密"的原则。

（二）储蓄存款的种类

1. 活期存款

活期存款是一种不固定存期，储户可以随时存取的储蓄存款。活期存款是目前一种基本的存款方式，其存取方便灵活，存期不受限制，且有利于个人安全保管现金。

2. 定期储蓄

定期储蓄是一种储户在存款时约定存期，一次或在存期内分次存入本金，到期整笔或分期平均支取本金或利息的储蓄存款。定期储蓄按款项存取特点不同，分为整存整取、零存整取、存本取息和整存零取等。

3. 定活两便储蓄

定活两便储蓄是一种开户时不确定存期，储户可以随时提取，利率随存期长短而变动的介于活期和定期之间的储蓄存款。它既有活期存款随时可取的灵活性，又具有达到一定期限可享有同档次定期储蓄存款一定折扣利率的优惠，因而深受居民欢迎。

二、活期储蓄存款的核算

活期存款是一种不固定存期，储户可以随时存取的储蓄存款。活期储蓄存款1元起存，多存不限，随时存取，不定期限。活期储蓄存款开户时由储蓄机构发给存折，预留密码，凭存折和密码存取款项。储户也可预留印鉴，凭印鉴支取。

活期储蓄存款的现金存取业务主要通过存折户办理，随着银行业务的创新，个人支票户出现，但使用有限。本节主要阐述存折户业务的账务处理。

（一）活期储蓄存款存入的核算

储户第一次来储蓄所存款称为开户。开户时，由储户填写"活期储蓄存款凭条"，目前，我国个人储蓄存款采用实名制，因此，首次存款需携带有效证件，如身份证等，凭证上需填写证件号码，填好后将凭证、证件连同现金一起交银行。银行经审查无误后，登记开销户登记簿，登记活期储蓄存折，以存款凭条代现金收入传票，登记现金收入日记簿和活期储蓄分户账。会计分录为：

借：库存现金

  贷：吸收存款——活期储蓄存款——××

储户续存时，也应填写存款凭条（现改由客户口述、电脑打印单据、客户签字确认的做法），并连同现金、存折一并交银行，经审核无误后，除不再另开账户和存折外，其余的处理手续与开户时基本相同。

（二）活期储蓄存款支取的核算

储户来银行支取存款时,填写"活期储蓄取款凭条"(现改由电脑打印单据让客户签字确认的做法),连同存折一起交银行。银行经核对无误后,以取款凭条代现金付出传票,登记存折、分户账和现金付出日记簿。会计分录为:

借:吸收存款——活期储蓄存款——××

　　贷:库存现金

经复核账折内容无误后配款,并在取款凭条上加盖收款人名章和"现金付讫"戳记,将现金和存折交储户。

储户若要求取出全部存款,并无意保留账号时,应予销户。储户应按存款余额填写取款凭条,银行审查无误后,计算出利息,填制并打印两联利息清单,然后在分户账和存折上加盖"结清"戳记。注销开销户登记簿,结清账页另行保管。以取款凭条和经储户签字后的一联利息清单代现金付出传票。会计分录为:

借:吸收存款——活期储蓄存款——××

　　利息支出——活期储蓄利息支出

　　贷:库存现金

经复核无误后,向储户付出现金,附利息清单第一联。

三、定期储蓄存款的核算

定期储蓄是一种储户在存款时约定存期,一次或在存期内分次存入本金,到期整笔或分期平均支取本金或利息的储蓄存款。

定期储蓄存期比较稳定,期限相对较长,在银行储蓄存款中占较大比例,是银行的主要资金来源。定期储蓄按款项存取特点分为:整存整取,零存整取,存本取息,整存零取。

（一）整存整取定期储蓄存款的核算

整存整取是指一次存入本金,约定存期,由银行发给储户存单(或存折),到期凭存单一次支取本息的储蓄存款。整存整取 50 元起存,多存不限,存期分 3 个月、6 个月、1 年、2 年、3 年、5 年六个档次。储户可提前支取,但如部分提前支取,以一次为限。

1. 开户与存入的核算

储户填写"整存整取定期储蓄存款凭条",连同身份证件和现金一起交银行。银行经审查无误后,填制一式三联整存整取定期储蓄存单,第一联代现金收入传票办理收款,第二联作存单加盖业务公章交储户保管,第三联作卡片账由银行留存。登记"定期储蓄存款开销户登记簿"和分户账,以存款凭条代现金收入传票。会计分录为:

借：库存现金

　　贷：吸收存款——定期储蓄存款——××

同时，登记开销户登记簿。如储户要求凭印鉴支取，则除了在第一、第三联预留印鉴外，各联均应加盖印鉴支取戳记和经办人名章。

2. 支取的核算

储户持到期或过期的存单交银行办理取款手续。银行经核对无误后，在存单上加盖支付日期和"结清"戳记，销记开销户登记簿，然后按规定计算应付利息，填制一式两联利息清单；以存单代现金付出传票，登记现金付出日记簿和定期储蓄分户账。会计分录为：

借：吸收存款——定期储蓄存款——××

　　利息支出——定期储蓄存款利息支出

　　贷：库存现金

记账后，根据本息配款，并在存单、利息清单上加盖"现金付讫"戳记和经办人名章，将一联利息清单连同本息交给储户，另一联利息清单由储户签收后作利息支出汇总传票的附件。

储户要求提前支取存款时，应交验身份证件，并将发证机关、证件名称及号码记录在存单背面，并有储户签章或证明，银行经审查无误后，在存单和卡片账上加盖"提前支取"戳记，并按规定计付利息，其余手续与到期支取相同。若储户要求部分提前支取时，银行按规定计付提前支取部分的利息，然后将未取部分的本金，按原存入日期、期限、利率和到期日另开新存单，同时注明"由××号存单部分转存"字样，并在开销户登记簿上作相应记载，其余手续与到期支取和存入时的处理相同。其会计分录为：

借：吸收存款——定期储蓄存款——××（全部本金）

　　利息支出——定期储蓄存款利息支出

　　贷：库存现金

借：库存现金

　　贷：吸收存款——定期储蓄存款——××（未支取部分）

（二）零存整取定期储蓄存款的核算

零存整取是指分次存入本金，到期一次支取本息的储蓄存款。一般5元起存，多存不限，存期分1年、3年、5年三个档次。银行发给储户存折。每月固定存入一次本金，中途如有漏存，可以次月补齐，未补存者，利息按实存金额和实际存期计算。可以全部提前支取，不能部分提前支取。

1. 开户及续存的核算

储户开户时，应提交本人有效身份证件，填写"零存整取定期储蓄存款凭条"，将存款凭条连同身份证件和现金一起交银行。银行经审查无误后,凭以开立零存整取储蓄存款存折,登记分户账、开销户登记簿。其分户账按所编列账号排列保管,并以存款凭条代现金收入传票,办理转账。会计分录为:

借:库存现金

　　贷:吸收存款——定期储蓄存款——××

经复核后,存折和身份证交还储户。凭印鉴支取的,应预留印鉴,并加盖凭"印鉴支取"的戳记。

储户在存期内续存的,应将存折与分户账核对相符后,再按与开户手续相同的手续办理。

2. 支取的核算

储户持到期或过期的存折来银行支取时,账折见面,计算利息,注销存折、登记分户账及销记"开销户登记簿",并在存折和分户账上加盖"结清"戳记,以存折代现金付出传票。会计分录如下:

借:吸收存款——定期储蓄存款——××

　　利息支出——定期储蓄存款利息支出

　　贷:库存现金

储户提前支取零存整取储蓄存款时,应提交身份证件,银行审查无误后,办理提前支取手续,在存折和分户账上加盖"提前支取"戳记,按规定计算提前支取的利息,其余手续与到期支取相同。零存整取储蓄存款只能全部提前支取,不能部分提前支取。

[例2-3]　储户李伟于20×1年9月10日来银行办理零存整取定期储蓄存款,月存1 000元,存期1年,月利率为1.425‰,于次年9月10日支取。则20×1年9月10日及以后各月10日存入款项时的账务处理为:

借:库存现金　　　　　　　　　　　　　　　　1 000

　　贷:吸收存款——定期储蓄存款——李伟　　　　1 000

(三) 整存零取定期储蓄存款的核算

整存零取是指一次存入本金,约定存期,分期支取本金,到期一次支取利息的储蓄存款。整存零取1 000元起存,存期分1年、3年、5年三个档次。银行发给储户存单,凭存单分期支取本金,支取期分为1个月、3个月、半年一次,由储户与银行协商确定,利息于到期时一次支付。

1. 开户的核算

储户申请开户时,填写"整存零取定期储蓄存款凭条",连同身份证件和现金一起交银行。银行经审查无误后,填制一式三联整存零取定期储蓄存单,并在存单相关栏目中填写支取本金的次数和每次支取的数额。第一联代现金收入传票办理转账,第二联作存单退由储户保管,第三联作卡片账由银行留存。会计分录如下:

借:库存现金

　　贷:吸收存款——定期储蓄存款——××

2. 分次支取本金的核算

储户在存期内按约定时间持存单来银行支取本金时,应填写"整存零取定期储蓄取款凭条"。经办人员审核无误后,将支取本金日期和支取金额计入存单和卡片账,凭条作现金付出传票。会计分录如下:

借:吸收存款——定期储蓄存款——××

　　贷:库存现金

3. 到期结清的核算

储户持到期的存单支取最后一次本金时,银行经办人员抽出该户卡片账和存单核对,核对无误后,计算应付利息,填制一式两联利息清单;以存单代现金付出传票,登记现金付出日记簿和定期储蓄分户账,同时销记开销户登记簿。会计分录为:

借:吸收存款——定期储蓄存款——××

　　利息支出——定期储蓄存款利息支出

　　贷:库存现金

(四)存本取息定期储蓄存款的核算

存本取息是指一次存入本金,约定存期,分期支取利息,到期一次支取本金的储蓄存款。存本取息5 000元起存,存期分1年、3年、5年三个档次。银行发给储户存单,凭存单分次支取利息,可以1个月或几个月取息一次,由储户自行决定。如果储户在取息期内未支取,以后可以随时支取,但不计复利。

1. 开户的核算

储户申请开户时,填写"存本取息定期储蓄存款凭条",连同身份证件和现金一起交银行。银行经审查无误后,填制一式三联存本取息定期储蓄存单,并在存单相关栏目中填写支取本金的次数和每次支取的数额。第一联代现金收入传票办理转账,第二联作存单退由储户保管,第三联作卡片账由银行留存。会计分录如下:

借:库存现金

　　贷:吸收存款——定期储蓄存款——××

2. 分次支取利息的核算

储户在存期内按约定时间持存单来银行支取本金时,应填写"存本取息定期储蓄取款凭条"。经办人员审核无误后,将取息日期和取息金额计入存单和卡片账,凭条作"利息支出"传票。会计分录如下:

借：利息支出——定期储蓄存款利息支出

　　贷：库存现金

3. 到期支取本息的核算

储户持到期的存单支取最后一次利息和本金时，银行经办人员抽出该户卡片账和存单核对，核对无误后，以存单代现金付出传票，登记现金付出日记簿和定期储蓄分户账，同时销记开销户登记簿。会计分录为：

借：吸收存款——定期储蓄存款——××

　　利息支出——定期储蓄存款利息支出

　　贷：库存现金

四、定活两便储蓄存款的核算

定活两便储蓄存款是存款不定期限一次性存入，随时可一次性支取的储蓄存款。该种储蓄兼有活期储蓄存款的灵活性和定期储蓄存款的相对稳定性。定活两便储蓄存款一般 50 元起存，银行发给储户存单。存单分记名、不记名两种，记名的可挂失，不记名的不能挂失。开户与支取手续可比照活期储蓄办理。

定活两便储蓄存款的利息分三种不同的情况分别计息：存期在 3 个月以内的，按支取日挂牌的活期储蓄利率计付；存期在 3 个月以上的，按支取日同档次整存整取定期存款利率的 6 折计付利息；存期在 1 年以上（含 1 年），无论存期多长，整个存期一律按支取日定期整存整取 1 年期存款利率打 6 折计息。但是，如果打折后的利率低于活期储蓄存款利率时，则按照活期储蓄存款利率计息，存期内均不分段计息。

五、个人通知存款的核算

个人通知储蓄存款是开户时不约定存期，但约定支取存款的通知期限，支取时按约定期限提前通知银行，约定支取日期和金额的储蓄存款。

（1）个人通知存款最低起存金额为 50 000 元，储户必须一次存入，但可以一次或分次支取。

（2）个人通知存款按储户提前通知期限可分为 1 天通知和 7 天通知两种。通知方式由开户银行和存款人自行约定，并提交存单。

（3）通知存款如遇以下情况，按活期存款利率计算：实际存期不足通知期限的；未提前通知而支取的；已办理通知手续而提前支取或逾期支取的；支取金额不足或超过约定金额的；支取金额不足最低支取金额的。

（4）通知存款如已办理通知手续而不支取或在通知期限内取消通知的，通知期限内不计息。

(5) 通知存款存入时,存款人自由选择通知存款品种,但存款凭证上不注明存期和利率,按支取日挂牌公告的相应利率和实际存期计息,利随本清。部分支取的,支取部分按支取日相应档次的利率计付利息,留存部分仍从开户日计算存期。

六、储蓄存款利息的核算

关于个人利息所得税的相关规定:根据《对储蓄存款利息所得征收个人所得税的实施办法》及其修改,储蓄存款在 1999 年 10 月 31 日前孳生的利息所得,不征收个人所得税;储蓄存款在 1999 年 11 月 1 日至 2007 年 8 月 14 日孳生的利息所得,按照 20% 的比例税率征收个人所得税;储蓄存款在 2007 年 8 月 15 日后孳生的利息所得,按照 5% 的比例税率征收个人所得税。储蓄存款在 2008 年 10 月 9 日后孳生的利息所得暂免收个人所得税。

(一) 活期储蓄存款利息的核算

活期储蓄存款按季结息,每季末月 20 日为结息日。按结息日的活期储蓄存款利率计息,利息由银行直接转作本金续存。未到结息日销户的,按销户日的活期储蓄利率计息到销户前一日止。其会计分录为:

借:利息支出——活期储蓄存款利息支出

　　贷:吸收存款——活期储蓄存款——××

活期储蓄存款利息的计算,普遍采用利息积数查算表法,按每次存取款发生额,随时查算出计息积数,结出应付计息积数。结息日根据应付计息积数和规定的活期储蓄利率计算出应付利息。

[例 2 - 4] 储户张良 20×1 年 3 月 21 日至 20×1 年 6 月 20 日活期储蓄存款账户累计积数为 24 000 元,月利率 0.6‰。其利息计算和会计分录如下:

$$利息 = 24\,000 \times (0.6‰ \div 30) = 0.48(元)$$

借:利息支出——活期储蓄存款利息支出　　　　　　　　　　0.48

　　贷:吸收存款——活期储蓄存款——张良　　　　　　　　　　0.48

(二) 定期储蓄存款利息的核算

1. 整存整取定期储蓄存款利息的核算

根据《储蓄管理条例》的规定,整存整取定期储蓄存款在原定存期内的利息,一律按存入日银行挂牌公告的利率计付利息,存期内遇利率调整,不分段计息。整存整取定期储蓄存款过期支取时,逾期部分按支取日的活期储蓄利率计付利息;全部或部分提前支取时,提前支取部分按支取日的活期储蓄利率计付利息,其余部分到期时,按原存入日银行挂牌公告的定期储蓄存款利率计付利息。其应付利息计算公式如下：

$$应付利息＝本金×存期×利率$$

[例2－5]　储户刘阳于20×1年6月10日存入整存整取定期储蓄存款40 000元，定期1年，年利率2.25％。该档利率20×1年10月21日调至2.52％，该储户次年20×2年6月10日到期支取，其利息和会计分录如下：

20×1年6月10日，存入款项时：

借：库存现金　　　　　　　　　　　　　　　　　　　　　　40 000

　　贷：吸收存款——定期储蓄存款——刘阳　　　　　　　　　　　40 000

20×2年6月10日，存款到期时：

$$应付利息＝40 000×1×2.25％＝900(元)$$

借：吸收存款——定期储蓄存款——刘阳　　　　　　　　　　40 000

　　利息支出——定期储蓄存款利息支出　　　　　　　　　　　900

　　贷：库存现金　　　　　　　　　　　　　　　　　　　　　　40 900

假设该储户于20×1年8月21日支取该笔存款中的15 000元，支取日的活期储蓄存款利率为0.72％，则20×1年8月21日银行的会计处理如下：

$$利息＝15 000×72×(0.72％÷360)＝21.6(元)$$

借：吸收存款——定期储蓄存款——刘阳　　　　　　　　　　15 000.0

　　利息支出——定期储蓄存款利息支出　　　　　　　　　　　21.6

　　贷：库存现金　　　　　　　　　　　　　　　　　　　　　　15 021.6

次年20×2年6月10日，存款到期时：

$$应付利息＝25 000×1×2.25％＝562.5(元)$$

借：吸收存款——定期储蓄存款——刘阳　　　　　　　　　　25 000.0

　　利息支出——定期储蓄存款利息支出　　　　　　　　　　　562.5

　　贷：库存现金　　　　　　　　　　　　　　　　　　　　　　25 562.5

2. 零存整取定期储蓄存款利息的核算

零存整取定期储蓄存款按约定存期到期支取的计息，根据不同的情况，可以采用不同的计算方法。在实际工作中，常用的方法有固定基数法和月积数法。

固定基数法是按规定存期和利率先计算出每元本金到期应付利息，再以此作为基数乘以到期存款余额。其利息计算公式如下：

$$每元固定利息基数＝1(元)×(存入总次数＋1)÷2×月利率$$

$$应付利息＝每元固定利息基数×到期存款余额$$

[例 2 - 6]　储户韩斌于 20×1 年 4 月 8 日来银行办理零存整取定期储蓄存款业务，每月存入 1 000 元，存期 1 年，本档月利率 1.425‰，则本业务的利息计算和会计核算如下：

$$每元存款利息基数 = 1 × (12 + 1) ÷ 2 × 1.425‰ = 0.009\ 262\ 5 (元)$$

$$应付利息 = 1\ 000 × 12 × 0.009\ 262\ 5 = 111.15 (元)$$

借：吸收存款——定期储蓄存款——韩斌　　　　　　　　　12 000.00
　　利息支出——定期储蓄存款利息支出　　　　　　　　　　111.15
　　贷：库存现金　　　　　　　　　　　　　　　　　　　　12 111.15

月积数法是根据存款分户账每次变动的余额乘以变动的月数，计算出每次变动月积数，然后将月积数累计乘以月利率，即为应付利息。计算公式如下：

$$应付利息 = 累计月积数 × 月利率$$

或　　　　　$$应付利息 = (第一个月存款余额 + 最后一个月存款余额)$$
$$× 存入次数 ÷ 2 × 月利率$$

[例 2 - 7]　接[例 2-6]，采用月积数法的利息计算为：

$$应付利息 = (1\ 000 + 12\ 000) × 12 ÷ 2 × 1.425‰ = 111.15 (元)$$

会计分录同上。

3. 整存零取定期储蓄存款利息的核算

整存零取定期储蓄存款由于存期本金逐次递减，因此，在计算利息时，本金应按平均值计算。利息的计算公式如下：

$$应付利息 = (全部本金 + 每次支取本金金额) ÷ 2 × 存期 × 利率$$

[例 2 - 8]　储户赵云于 20×1 年 3 月 1 日来银行办理整存零取定期储蓄存款业务，存入本金 60 000 元，存期 1 年，每 3 个月支取一次，本档月利率 1.425‰，则本业务的利息计算和会计核算如下：

每次支取本金时，会计核算为：

借：吸收存款——定期储蓄存款——赵云　　　　　　　　　15 000
　　贷：库存现金　　　　　　　　　　　　　　　　　　　　15 000

次年 20×2 年 3 月 1 日，存单到期时，利息计算及会计核算如下：

$$应付利息 = (60\ 000 + 15\ 000) ÷ 2 × 12 × 1.425‰ = 641.25 (元)$$

借：吸收存款——定期储蓄存款——赵云　　　　　　　　　15 000
　　利息支出——定期储蓄存款利息支出　　　　　　　　　　641.25
　　贷：库存现金　　　　　　　　　　　　　　　　　　　　15 641.25

4. 存本取息定期储蓄存款利息的核算

存本取息定期储蓄存款利息计算应先按规定利率计算出应付利息总数,然后再根据取息次数计算出平均每次支取的利息数。其计算公式如下:

$$每次支取利息数＝(本金×存款月数×月利率)÷支取利息次数$$

[例2-9]　储户刘丽于20×1年3月10日来银行办理存本取息定期储蓄存款业务,存入本金100 000元,存期1年,本档月利率为1.425‰,每3个月支取一次利息,其利息计算及会计核算如下:

$$每次支取利息数＝(100\,000×12×1.425‰)÷4＝427.5(元)$$

每次支取利息时的会计核算为:

借:利息支出——定期储蓄存款利息支出　　　　　　　　　　427.5

　　贷:库存现金　　　　　　　　　　　　　　　　　　　　　　427.5

次年20×2年3月10日存单到期时,会计核算为:

借:吸收存款——定期储蓄存款——刘丽　　　　　　　100 000.0

　　利息支出——定期储蓄存款利息支出　　　　　　　　　　427.5

　　贷:库存现金　　　　　　　　　　　　　　　　　　100 427.5

关 键 术 语

吸收存款　银行结算账户　单位存款　储蓄存款　存款利息

思 考 题

1. 银行存款业务的分类有哪些?

2. 银行结算账户的种类有哪些?

3. 单位存款业务如何核算?

4. 储蓄存款业务如何核算?

5. 怎样计算存款利息?

业　务　题

假设中国建设银行某支行 20×1 年 12 月份发生下列业务,根据业务作出会计分录。

1. 开户单位 A 公司解交销货收入现金 80 000 元,清点无误后入账。

2. 收到开户单位 B 公司签发的现金支票,提取备用金 6 000 元,审核办理。

3. 银行在结息日计算应付给 C 公司的利息 1 500 元,并办理转账手续。

4. D 公司持 1 年期过期 15 天的定期存单来银行支取款项,金额 100 000 元,审核无误后予以办理(存单利率 2.25%,支取当日活期存款利率 0.72%)。

5. 储户王某持 20 000 元现金办理 3 年期整存整取定期储蓄存款,经审核并清点现金无误后办理。

6. 储户张某于 20 日持 11 月 30 日存入的 1 年期整存整取定期储蓄存单来银行提前支取,金额 10 000 元,审核无误后予以办理(存单利率 2.25%,支取当日活期存款利率 0.72%)。

7. 储户刘某持到期存单来银行提款,该储户原存入本金 20 000 元,年利率 2.25%,存期 1 年,银行根据储户的要求,将本金转入其活期存款户,剩余利息以现金支付。

8. 储户李某来银行支取当日到期的零存整取定期储蓄存款,存期 1 年,每月存入金额 500 元,利率 1.71%,银行审核无误后予以办理。

第三章　贷款业务的核算

重点提示 ||||

　　学习本章,学生应重点掌握商业银行信用贷款、担保贷款、贴现贷款业务的核算和贷款利息的计算及其核算,熟知贷款损失准备的核算,了解贷款业务的种类及贷款的程序及有关规定。

第一节　贷款业务概述

一、贷款业务的意义

　　贷款又称放贷,是指商业银行将其吸收的资金,按一定的利率贷给客户,并约定在一定期限内归还贷款本息的经济行为。

　　贷款是银行的主要资产业务之一,是银行的重要职责,也是银行获取利润的重要渠道。目前在我国,尽管各银行的中间业务和其他业务的比重在不断增加,但贷款业务仍是商业银行的核心业务。积极组织贷款,不仅可以充分利用吸收的社会闲置资金,进行资源的再分配,同时,可以满足社会各方资金需求,促进经济发展。

二、贷款的种类

　　贷款按不同的标准分类,可划分为以下五类。

　　1. 按贷款的期限划分

　　按贷款期限长短不同,可分为短期贷款、中期贷款和长期贷款。

　　(1) 短期贷款,是指贷款期限在 1 年以内(含 1 年)的各种贷款。

　　(2) 中期贷款,指贷款期限在 1 年以上(不含 1 年),5 年以下(含 5 年)的各种贷款。

　　(3) 长期贷款,是指贷款期限在 5 年(不含 5 年)以上的各种贷款。

2. 按银行承担的责任划分

按银行承担的责任不同，可分为自营贷款和委托贷款。

（1）自营贷款，是指贷款人以合法方式筹集资金而自主发放的贷款，其风险由贷款人承担，并由贷款人收取本金和利息。

（2）委托贷款，是指由政府部门、企事业单位及个人等委托人提供资金，由贷款人（受托人）根据委托人确定的贷款对象、用途、金额、期限和利率等而代理发放、监督使用并协助收回的贷款，其风险由委托人承担，贷款人只收取手续费。

3. 按贷款的保障程度划分

按贷款的保障程度不同，可分为信用贷款、担保贷款和票据贴现。

（1）信用贷款，是指无需任何担保而完全凭借款人（单位）的信誉而发放的贷款。

（2）担保贷款，是指法律规定的担保方式作为还款保障而发放的贷款。按担保的形式不同，担保贷款又可以分为保证贷款、抵押贷款和质押贷款。保证贷款是指按《担保法》规定的保证方式以第三人承诺在借款人不能偿还贷款时，按约定承担一般保证责任或连带责任为前提而发放的贷款。抵押贷款是指按《担保法》规定的抵押方式以借款人或第三方的财产作为抵押物而发放的贷款。质押贷款是指按《担保法》规定的质押方式以借款人或第三方的动产或权利作为质押物而发放的贷款。

（3）票据贴现，是指贷款人购买借款人未到期商业汇票的方式发放的贷款。

4. 按贷款的风险程度划分

按贷款的风险程度划分，银行贷款可分为五大类。

（1）正常贷款，是指借款人能够严格履行合同，没有足够理由怀疑贷款本息不能按时足额偿还，即有充分把握按时足额偿还贷款本息的贷款。

判断标准：① 借款人还本付息情况正常；② 借款人的财务状况良好；③ 借款人进行正常经营活动的外部环境良好；④ 借款人抵押、担保等手续完备，符合法律规定。

（2）关注贷款，是指尽管贷款人目前有能力偿还贷款本息，但存在一些可能对偿还产生不利影响因素的贷款。

判断标准：① 借款人的正常经营活动受到一些不利影响；② 借款人的财务状况有恶化的迹象；③ 贷款项目出现重大的不利于贷款归还的调整。

（3）次级贷款，是指借款人的还贷能力出现明显问题，完全依靠其正常经营收入已无法保证足额偿还贷款本息，即使执行担保，也可能造成一定损失的贷款。

判断标准：① 借款人未能按时归还贷款本息；② 借款人的财务状况恶化或有明显恶化的趋势。

（4）可疑贷款，是指借款人无法足额偿还贷款本息，即使执行担保，也肯定要造成较大损失的贷款。

判断标准：具有次级贷款的所有特征并且程度更加严重。

（5）损失贷款，是指在采取所有可能的措施或一切必要的法律程序之后，本息仍无法收回，或只能收回极少部分的贷款。

判断标准：① 借款人长期拖欠贷款本息；② 借款人已停业或宣告破产，以其停业或破产财产不足以偿还贷款本息；③ 抵押物、质押物等已被银行依法进行了处理或已对担保人执行了追索权，但所得款项仍不够抵偿原借款本息。

5. 按贷款对象划分

按贷款对象划分，银行贷款可分为对公贷款和个人贷款。

（1）对公贷款又分为工业贷款、商业贷款和农业贷款。

（2）个人贷款主要有住房贷款、汽车贷款、助学贷款等。

三、本章会计科目的设置

（一）贷款

本科目属资产类，用来核算企业（银行）按规定发放的各种贷款，包括质押贷款、抵押贷款、保证贷款、信用贷款等。

银行向借款人发放贷款时，借记本科目，贷记"吸收存款"科目；收回贷款本息时，借记"吸收存款"，贷记本科目、"利息收入"等科目。本科目余额在借方，反映商业银行按规定发放但尚未收回贷款的摊余成本。本科目可按贷款类别和贷款客户，分别"本金""利息调整""已减值"等进行明细核算。对逾期贷款，还应按贷款逾期情况设置"逾期贷款"和"非应计贷款"两个明细账户进行核算。

（二）贴现资产

本科目属资产类科目，用来核算银行办理商业汇票贴现、转贴现等业务所融出的资金。

商业银行办理贴现时，按贴现票面金额（如为带息票据，按到期值）借记本科目，按实际支付的金额贷记"存放中央银行款项""吸收存款"等科目，按其差额贷记"贴现资产——利息调整"；资产负债表日，按计算确定的利息收入，借记本科目（利息调整），贷记"利息收入"科目；票据到期，应按实际收到的金额借记"存放中央银行款项""吸收存款"等科目，按贴现的票面金额（如为带息票据，按到期值）贷记本科目，按其差额贷记"利息收入"科目。存在利息调整金额的，也应同时结转。本科目期末借方余额，反映银行办理贴现、转贴现等业务融出的资金。本科目可按贴现类别和贴现申请人进行明细核算。

（三）垫款

本科目属资产类科目，用来核算银行因开出保函、信用证以及贴现、转贴现、对外担保和银行承兑汇票等业务而发生的垫款。

发生垫款时，应按实际垫款金额借记本科目，贷记有关科目；收回垫款时，借记有关科目，贷记本科目；对于确实无法收回的垫款，按照管理权限报经批准后核销，借记"贷款损失准备"科目，贷记本科目；已核销的垫款又收回的，按原核销的垫款余额，借记本科目，贷记"贷款损失准备"科目，按实际收到的金额，借记有关科目，按原核销的垫款余额，贷记本科目。本科目按垫款的类别，分别垫款单位及合同进行明细核算。

（四）应收利息

本科目属资产类科目，用来核算银行发放的各类贷款应收取的利息。

确认利息收入时，借记本科目，贷记"利息收入"科目；实际收到利息时，借记相关科目，贷记本科目。本科目按产生利息的种类进行明细核算。

（五）贷款损失准备

本科目属资产类科目，为贷款类科目的备抵科目，用来核算银行贷款和垫款的减值准备。计提贷款损失的资产包括贴现资产、拆出资金、客户贷款、银团贷款、贸易贷款、信用卡透支垫款等。

资产负债表日，贷款发生减值的，按应减记的金额，借记"资产减值损失"，贷记本科目。对于确实无法收回的各项贷款，按管理权限报经批准后转销各类贷款，借记本科目，贷记"贷款"等科目。已计提贷款损失准备的贷款以后又得以恢复，应在原已计提的贷款损失准备金额内，按恢复增加的金额，借记本科目，贷记"资产减值损失"科目。

本科目期末贷方余额，反映企业已计提但尚未转销的贷款损失准备。

（六）上存辖内款项

本科目属资产类科目，用来核算商业银行支行存放在上级分行的款项。

支行在分行的存款增加，借记本科目，贷记相关科目。支行在分行的存款减少，借记相关科目，贷记本科目。本科目余额在借方反映支行在分行的存款。本科目按上级分行的名称及存款种类开设明细账。

（七）存放中央银行款项

本科目属资产类科目，用来核算商业银行存放在中国人民银行的各种款项，包括业务资金的调拨、办理同城票据交换和异地跨系统资金汇划、支取或交存现金等。银行按规定缴存的法定准备金的超额准备金，也通过本科目核算。

商业银行增加在中央银行的存款，借记本科目，贷记"吸收存款""清算资金往来"等科目；减少在中央银行的存款做相反的账务处理。本科目余额在借方，反映商业银行在中央银行的各种存款。本科目可按存放中央银行的款项的性质进行明细核算。

（八）利息收入

本科目属收入类科目，用来核算银行发放贷款等而确认的利息收入。确认利息收入时，借记"应收利息"，贷记本科目；实际收到利息时借记"吸收存款"等科目，贷记"应收利息"科目；期末将本科目结转到"本年利润"科目时，借记本科目，贷记"本年利润"科目，结转后本科目无余额。本科目按贷款种类和贷款单位进行明细核算。

（九）应解汇款

本科目属负债类科目，是银行为客户开立的临时专用存款专户，用来核算银行向银行承兑汇票的申请人在汇票到期日收取的汇票金额等业务。

银行在收到银行承兑汇票金时，借记"吸收存款"科目，贷记本科目；在实际划付汇票金额时，借记本科目，贷记"存放中央银行款项"或"上存辖内款项"科目。本科目余额在贷方，表示尚未划付的汇票金额。本科目按应解汇款的债权人进行明细核算。

（十）清算资金往来

本科目属于共同类科目，用来核算同城票据清算业务和其他资金清算业务。

本科目借方核算应收金额，贷方核算应付金额，余额在借方表示应收差额，余额在贷方表示应付差额。当场或当天清算资金时，如果是应收差额，借记"存放中央银行款项"等科目，贷记本科目；如果是应付差额，借记本科目，贷记"存放中央银行款项"等科目。清算后该科目没有余额。本科目可按资金往来单位，分别"同城票据清算""信用卡清算"等进行明细核算。

（十一）一般风险准备

该科目属于所有者权益类科目，用来核算金融企业按规定从净利润中提取的一般风险准备。企业提取一般风险准备时，借记"利润分配——提取一般风险准备"科目，贷记本科目。用一般风险准备弥补亏损，借记本科目，贷记"利润分配——一般风险准备补亏"科目。

本科目期末贷方余额，反映企业的一般风险准备。

第二节　信用贷款的核算

信用贷款是指凭借款人的信用而发放的贷款。其特征是借款人无需提供抵押或第三方担保,而以其与银行长期交往中的信誉来取得贷款。

信用贷款一般采用逐笔核贷的方式发放,即借款单位根据借款合同逐笔填写借据,经银行信贷部门逐笔审核,一次发放,约定期限,一次或分次归还本金。

一、信用贷款发放的核算

(1)借款人申请贷款时,首先向银行信贷部门提交贷款申请书,经银行信贷部门审核批准后,双方商定贷款的额度、期限、用途和利率等,并签订借款合同或协议。

(2)合同签订后,借款人需要用款时,应填写一式五联的借款借据。

(3)经信贷部门审查同意后,开立分户账,在借据上加注贷款的编号、种类、期限和利率等,并加盖"贷款审查发放专用章",送会计部门以办理相关手续。

(4)会计部门接到借款凭证后应认真审查以下内容:凭证各栏目内容填写是否准确;大小写金额是否一致;是否有信贷部门和相关人员的审批意见;审核无误后,为借款单位开立贷款分户账,并将贷款转入借款单位存款户。会计分录为:

借:贷款——短期贷款——××

（贷款——中长期贷款——××）

贷:吸收存款——活期存款——××

第三联盖章后退回借款单位,第四联由信贷部门保存,第五联为到期卡,按顺序专夹保管。

二、信用贷款到期收回的核算

银行会计部门在贷款即将到期时,与信贷部门联系,提前通知借款人准备还款资金,贷款到期后,借款人应按照合同约定及时足额归还贷款本金及尚未支付的利息。银行按照收回贷款的不同情况分别处理。

(一)借款人主动归还贷款的核算

借款到期时借款人主动归还贷款时,应签发转账支票并填写一式四联的还款凭证送借款银行,办理还款手续。银行收到借款人的还款凭证后与保管的贷款卡核对,并查看借款人有无足够的余额还款,审核无误后,计算尚未支付的利息,以支票作为借方传票、还款凭证第一联为附件,以还款凭证第二联为贷方传票办理转账,会计分录为:

借:吸收存款——活期存款——××

贷:贷款——短期贷款——××

（贷款——中长期贷款——××）

利息收入

转账后,还款凭证第三联交信贷部门核销原放款记录。第四联退回借款人作为还贷通知,原保管的借款凭证第五联加盖"注销"戳记后交借款人。

(二) 银行主动扣收到期贷款的核算

贷款到期后,借款人未能主动到银行办理借款手续,而借款人账户中又有足够的资金还款时,会计部门取得信贷部门出具的"贷款收回通知单",编制一式四联的"还款凭证"扣收贷款,加盖信贷部门业务公章,会计部门填制三联特种转账凭证,据以进行核算。

借:吸收存款——活期存款——××

　　贷:贷款——短期贷款——××

　　　　(贷款——中长期贷款——××)

　　　　利息收入

[例3-1] A支行20×1年6月23日向甲公司发放期限为3个月的短期贷款一笔,金额为100万元。合同规定利息支付方式为利随本清,利率为4.5%。

发放贷款时:

借:贷款——短期贷款——甲公司　　　　　　　　　　1 000 000

　　贷:吸收存款——活期存款——甲公司　　　　　　　　　　1 000 000

贷款到期收回本息时:

$$贷款利息＝1\ 000\ 000×3×4.5\%÷12＝11\ 250(元)$$

借:吸收存款——活期存款——甲公司　　　　　　　　1 011 250

　　贷:贷款——短期贷款——甲公司　　　　　　　　　　1 000 000

　　　　利息收入　　　　　　　　　　　　　　　　　　　11 250

三、逾期贷款的核算

逾期贷款是指借款合同到期,借款单位无力归还的贷款。

贷款逾期时,银行会计部门应于贷款到期日营业终了,将原贷款本金转入逾期贷款户。由会计部门填制两联特种转账传票。会计分录为:

借:贷款——逾期贷款——××

　　贷:贷款——短期贷款——××

　　　　(贷款——中长期贷款——××)

贷款转为逾期后,应在原借据上批注转入逾期贷款户的日期以及逾期贷款的罚息利率标准。如利息支付方式为分期支付的,在以后的结息日银行要计算逾期期间的利息,并进行相关的账务处理,待借款单位有款支付时,银行会计部门按规定的扣款顺序,依次或分次扣收逾期贷款的本金及尚未支付的利息。

[例3-2] A支行于20×1年6月28日发放给乙公司贷款一笔,金额为50万元,

期限为 2 年,按季结息,到期还本。

发放贷款时.

借:贷款——中长期贷款——乙公司　　　　　　　　　　　500 000

　　贷:吸收存款——活期存款——乙公司　　　　　　　　500 000

假定在贷款期间乙公司一直能按时付息,分录从略。

第三年 20×3 年 6 月 28 日贷款到期时,乙公司无力支付本金,银行会计部门将原贷款转入逾期贷款账户,分录如下:

借:贷款——逾期贷款——乙公司　　　　　　　　　　　500 000

　　贷:贷款——中长期贷款——乙公司　　　　　　　　500 000

四、非应计贷款的核算

非应计贷款是指银行发放的贷款本金或利息逾期 90 天以上仍没有收回的贷款以及贷款虽未到期或逾期不到 90 天,但借款单位生产经营已经停止、项目已经停建的贷款。

(1)逾期 90 天仍没有收回贷款本金:

借:贷款——非应计贷款——××

　　贷:贷款——逾期贷款——××

(2)贷款利息逾期 90 天以上的贷款连续发生的应收利息,不论贷款本金是否逾期,其应收利息也应纳入表外"未收贷款利息"科目该借款人账户,冲减原已计入损益的利息收入,在结息日照常按复利计算罚息,并进行单式记账。

借:利息收入

　　贷:应收利息

收入:未收贷款利息

(3)实际收回贷款本金及利息:

借:吸收存款——活期存款——××

　　贷:贷款——非应计贷款——××

　　　　利息收入

付出:未收贷款利息

第三节　担保贷款的核算

担保贷款是以法律规定的担保方式作为还款保障而对借款人发放的贷款。贷款到期,若借款人不能按期归还贷款,应由保证人履行债务偿还责任或以财产拍卖、变卖的价款偿还贷款。担保贷款又可分为保证贷款、抵押贷款和质押贷款三种。

一、保证贷款的核算

保证贷款是指按《中华人民共和国担保法》(以下简称《担保法》)规定的保证方式以第三人在借款人不能偿还贷款时,按约定承担一般保证责任或者连带责任为前提而发放的贷款。

按照《担保法》的规定,保证方式有一般担保和连带责任担保两种。该法第十七条规定:"当事人在保证合同中约定,债务人不能履行债务时,由保证人承担保证责任的,为一般保证。"该法第十八条规定:"当事人在保证合同中约定保证人与债务人对债务承担连带责任的,为连带保证责任。"

保证贷款的一般程序:

(1)借款人申请保证贷款。借款人首先应向银行提交借款申请书和其他银行要求的相关资料,同时,还应向银行提供保证人情况及保证人同意保证的相关证明文件等。

(2)银行信贷部门审批。银行信贷部门要对保证人的资格和经济担保能力进行认真的审核,重点审核保证人的法人资格、经济效益和信用履历情况,审核符合贷款要求后,银行要同借款人、担保人三方签订合法的借款合同、担保合同,以明确各方责任。

(3)贷款的发放与收回的核算方式。保证贷款的会计核算方式采取逐笔核贷方式,具体核算程序可参照信用贷款核算,这里不再赘述。

二、抵押贷款的核算

抵押贷款是指按《担保法》规定的抵押方式以借款人或第三人的财产作为抵押物发放的贷款。借款人到期若不能偿还贷款本息时,银行有权依法处置其抵押品,并从所得价款中优先收回贷款本息,或以抵押物折价冲抵。

(一)抵押贷款的有关规定

(1)使用范围:适用于经工商管理部门登记并具有法人资格的全民、集体工商企业、事业单位以及在我国境内的中外合资经营企业,个体工商户也可以申请抵押贷款。

(2)贷款时间:抵押贷款中流动资金贷款最长不超过 1 年,固定资产贷款一般为 1~3 年,最长不超过 5 年。

(3)贷款金额确定:按抵押物价值金额的一定比例打折,一般按抵押品价值的 50%~70%发放贷款。

(4)到期归还本金,一般不展期。

(二)抵押贷款的基本程序

(1)由借款人提出申请,并向银行提交"抵押贷款申请书"。

(2)信贷部门审批同意后,签订抵押贷款合同,并将有关抵押品或抵押品产权证明移交银行。

（3）经审查同意后,签发"抵押品保管证"交借款人。

（4）会计部门设置"代保管有价值品"表外科目登记反映。

（三）抵押贷款的核算

1. 发放贷款的核算

借：贷款——抵押贷款——借款人户

　　贷：吸收存款——活期存款——借款人户

收入：代保管有价值品——借款人户

2. 收回贷款的核算

借：吸收存款——活期存款——借款人户

　　贷：贷款——抵押贷款——借款人户

　　　　利息收入

付出：代保管有价值品——借款人户

3. 贷款逾期的核算

借：贷款——逾期贷款——借款人户

　　贷：贷款——抵押贷款——借款人户

如果借款人能在银行规定的期限内归还逾期抵押贷款时,银行还应计算复利罚息。
会计分录为：

借：吸收存款——活期存款——借款人户

　　贷：贷款——逾期贷款——借款人户

　　　　应收利息——借款人户

　　　　利息收入

4. 抵押物处理的核算

如果借款人逾期1个月仍无法归还本息的,银行有权依法处理抵押品。按《担保法》规定,银行对处置抵押物所得有优先受偿权。处置所得款项使用顺序为：支付处理抵押物过程中发生的保管、维护、清理、诉讼等费用;用于扣除与抵押物品有关的税款;用于偿还抵押物所欠贷款本息及罚息。如处置所得款项不足,银行有权另加追索;反之,应将余款退还抵押人。

银行按规定委托有关机构拍卖借款人的抵押物后,应将拍卖所得的净收入优先抵补贷款本金,再抵补利息和罚息。

（1）处置净收入高于贷款本息。

[例3-3]　A支行委托大方拍卖公司处置借款单位丙公司抵押物。所得净收入为55万元(已入账),贷款本金为50万元,尚未支付的利息为3万元(已记入"应收利息"账

户),罚息为 1.2 万元(尚未入账),余款退还丙公司(抵押物价值 83 万元)。

借:吸收存款——活期存款——大方拍卖公司 550 000
　　贷:贷款——逾期贷款——丙公司 500 000
　　　　应收利息——丙公司 30 000
　　　　利息收入 12 000
　　　　吸收存款——活期存款——丙公司 8 000
付出:代保管有价值品——丙公司 830 000

(2) 处置净收入低于贷款本息。

[例 3-4] 依[例 3-3],假定拍卖所得为 50 万元,不足部分向丙公司追索。其他条件不变。则会计分录为:

借:吸收存款——活期存款——大方拍卖公司 500 000
　　吸收存款——活期存款——丙公司 42 000
　　贷:贷款——逾期贷款——丙公司 500 000
　　　　应收利息——丙公司 30 000
　　　　利息收入 12 000
付出:代保管有价值品——丙公司 830 000

三、质押贷款的核算

质押贷款是指按《担保法》规定的质押方式以借款人或第三方的动产或权利作为质押物而发放的贷款。其关系人涉及借款人、出质人和质权人(银行)三方或两方。出质人可以是借款人、借款人以外的第三人,质权人是发放贷款的商业银行。

(一)动产质押

根据《担保法》规定,动产质押是指债务人或第三人将其动产移交债权人占有,将该动产作为债权的担保。债务人不履行债务时,债权人有权依照本法规定以该动产折价或者以拍卖、变卖该动产的价款优先受偿。

允许质押的动产是出质人所有或依法有权处分的动产。主要包括库存的原材料和库存商品等。

(二)权利质押

允许质押的权利有:

(1) 汇票、支票、本票、存款单、仓单、提单。
(2) 依法可以转让的商标专用权、专利权、著作权中的财产权。
(3) 依法可以转让的股份、股票。

（4）依法可以质押的其他权利。

股票质押贷款可以在证券公司办理，为控制股票质押风险，《证券公司股票质押贷款管理办法》对贷款人和借款人、贷款期限和质押率、贷款程序、贷款的风险控制、质押的保管和处分等作出了详尽的规定。

质押贷款的发放和收回与抵押贷款核算基本相同，不再赘述。贷款到期银行不能收回时，可以以所得质物的价款来偿还贷款本息和相关费用。

第四节　票据贴现的核算

一、票据贴现的概述

（一）贴现的概念

票据贴现是商业汇票的持票人在票据到期前，为取得资金，向银行贴付利息而将商业汇票转让给银行，银行按照票据的到期值减去贴现利息后，将余额付给持票人的一种融资行为。

通过票据贴现持票人可提前收回垫资于商业信用的资金，持票人将票据转让给商业银行，使商业信用转化为银行信用，也是商业银行发放贷款的一种方式。

（二）贴现与贷款的区别

贴现贷款与一般商业贷款都是商业银行的资产业务，是借款人的融资方式，商业银行都要计收利息，但两者之间存在明显差异，主要表现在以下几个方面：一是资金投放的对象不同。贴现贷款以持票人为放款对象；一般贷款以借款人为对象。二是体现的信用关系不同。贴现贷款体现的是银行与持票人、出票人、承兑人及背书人之间的信用关系；一般贷款体现的是银行与借款人、担保人之间的信用关系。三是收取利息的时间不同。贴现贷款在放款时就一次性收取利息；而一般贷款是贷款到期或贷款期内分期收取利息。四是资金的流动性不同。贴现贷款商业银行可以通过转贴现或再贴现提前收回资金，资金的流动性较高；而一般贷款到期才能收回资金。五是资金的融通期限不同。贴现贷款最长期限不超过 6 个月。而一般贷款的时间取决于贷款发放的实际时间，可分为短期贷款、中期贷款和长期贷款。

（三）贴现业务的注意事项

1. 贴现的商业汇票必须是合法的、真实的

银行在受理贴现业务时首先要审查票据的合法性及真实性。商业汇票是基于合法

的商品交易产生的票据,因此,持票人与出票人或直接前手之间必有真实的商品交易关系,这就要求申请人在贴现时必须提供与其直接前手之间的增值税专用发票或商品发运单据的复印件。

2. 持票人只能到其开户银行办理贴现

这是由于银行对其客户的信用程度、经营状况比较了解,业务处理方便,银行的风险程度低。

3. 贴现利率和贴现期限

贴现利率是在中国人民银行公布的贴现利率的基础上由贴现行和申请人协商确定,最高不超过同期贷款利率。贴现期限是贴现之日起到票据到期的前一天止。

二、贴现业务的核算

(一) 受理贴现业务的核算

一般由持票人向其开户银行申请办理,申请时应填写一式五联的贴现凭证并加盖预留银行印鉴,连同汇票一并送交开户银行。银行信贷部门根据信贷管理规定进行贴现审查,审查无误后,应在贴现凭证第一联内签注"同意"字样并加盖有关人员名章后,送交会计部门办理。

会计部门按双方约定的贴现利率,计算贴现利息和实付贴现金额。计算公式如下:

贴现利息＝票据到期值×贴现天数×日贴现率

带息票据到期值＝票据面值＋票据利息

不带息票据到期值＝票据面值

实付贴现金额＝票据到期值－贴现利息

将计算结果填入贴现凭证中的相应栏内,以其第一、第二、第三联分别作为转账借方传票和贷方传票办理转账,会计分录为:

借: 贴现资产——贴现——贴现申请人

　　贷: 吸收存款——活期存款——贴现申请人

　　　　贴现资产——利息调整

分期计提利息收入时:

借: 贴现资产——利息调整

　　贷: 利息收入

转账后,第四联加盖银行转讫章交贴现申请人作为收账通知,并退还有关审查单证;第五联和汇票按照到期日的顺序专夹保管。

[例3－5] 招商银行A支行于3月22日收到开户单位甲公司持3月10日签发的不带息商业承兑汇票来行申请贴现,票据到期值50万元,签发单位为本市乙公司,乙公

司的开户行为本市光大银行 B 支行,汇票到期日为 6 月 10 日,经银行审查同意,当天办理贴现手续,假定贴现率为 4.5%。

$$贴现利息 = 500\,000 \times 80 \times 4.5\% \div 360 = 5\,000(元)$$

$$实付贴现金额 = 500\,000 - 5\,000 = 495\,000(元)$$

借:贴现资产——贴现——甲公司   500 000

 贷:吸收存款——活期存款——甲公司   495 000

  贴现资产——利息调整   5 000

$$3 月份贴现利息收入 = 5\,000 \times 10 \div 80 = 625(元)$$

借:贴现资产——利息调整   625

 贷:利息收入   625

$$4 月份贴现利息收入 = 5\,000 \times 30 \div 80 = 1\,875(元)$$

借:贴现资产——利息调整   1 875

 贷:利息收入   1 875

$$5 月份贴现利息收入 = 5\,000 \times 31 \div 80 = 1\,937.50(元)$$

借:贴现资产——利息调整   1 937.50

 贷:利息收入   1 937.50

$$6 月份贴现利息收入 = 5\,000 \times 9 \div 80 = 562.50(元)$$

借:贴现资产——利息调整   562.50

 贷:利息收入   562.50

(二)汇票到期收回的核算

贴现银行应经常查看票据到期情况,及时向票据的承兑人收回票款,票据收回采用委托收款方式。下面分贴现的商业承兑汇票和银行承兑汇票收回票款两种情况进行核算。

1. 贴现的商业承兑汇票到期的核算

(1)汇票的承兑人在本行开户。商业汇票的承兑人在本行开户,到期日按规定办理转账。

借:吸收存款——活期存款——承兑人

 贷:贴现资产——贴现——贴现申请人

(2)汇票的承兑人在同城他行开户。汇票到期前,贴现行填制委托收款凭证寄给承兑人开户行通知承兑人。

① 承兑人有款支付,承兑人开户行将票款划出。

借:吸收存款——活期存款——承兑人

　　贷:存放中央银行款项

　　　　(上存辖内款项)

② 贴现行收到承兑人开户行划回的票款时。

借:存放中央银行款项

　　(上存辖内款项)

　　贷:贴现资产——贴现——贴现申请人

③ 承兑人账户余额不足或无款支付,应退回相关票据给贴现行。

④ 贴现银行收到承兑人开户行退回的委托收款凭证和汇票时,对已贴现的金额向贴现申请人收取,办理转账手续。

A. 贴现申请人有款支付。

借:吸收存款——活期存款——贴现申请人

　　贷:贴现资产——贴现——贴现申请人

B. 贴现申请人无款支付。

借:垫款——商业承兑汇票贴现垫款户

　　贷:贴现资产——贴现——贴现申请人

C. 贴现申请人票款不足支付。

借:吸收存款——活期存款——贴现申请人

　　垫款——商业承兑汇票贴现垫款户

　　贷:贴现资产——贴现——贴现申请人

(3) 商业汇票的承兑人在异地开户。

① 承兑人开户行与贴现行为同系统的。承兑人有款支付,承兑人开户行将票款划出。

借:吸收存款——活期存款——承兑人

　　贷:上存辖内款项

贴现行收到划回的票款:

借:上存辖内款项

　　贷:贴现资产——贴现——贴现申请人

② 承兑人开户行和贴现行为跨系统的。承兑人有款支付,承兑人开户行将票款划出。

借:吸收存款——活期存款——承兑人

　　贷:存放中央银行款项

贴现行收到划回的票款:

借：存放中央银行款项

　　贷：贴现资产——贴现——贴现申请人

[例3-6]　承上例，汇票到期前，A支行填制委托收款凭证寄给B支行通知乙公司承付票款。

（1）乙公司有款支付，B支行划出票款时。

借：吸收存款——活期存款——乙公司　　　　　　　　　　500 000

　　贷：存放中央银行款项　　　　　　　　　　　　　　　　　　500 000

A支行收到票款时：

借：存放中央银行款项　　　　　　　　　　　　　　　　500 000

　　贷：贴现资产——贴现——甲公司　　　　　　　　　　　　500 000

（2）假定乙公司无款支付，B支行将委托凭证等退回A支行，A支行向甲公司收取票款。

① 甲公司有款支付票款。

借：吸收存款——活期存款——甲公司　　　　　　　　　500 000

　　贷：贴现资产——贴现——甲公司　　　　　　　　　　　　500 000

② 甲公司无款支付。

借：垫款——商业承兑汇票贴现垫款——甲公司　　　　500 000

　　贷：贴现资产——贴现——甲公司　　　　　　　　　　　　500 000

③ 甲公司存款余额为350 000元，差额150 000元。

借：吸收存款——活期存款——甲公司　　　　　　　　　350 000

　　垫款——商业承兑汇票贴现垫款——甲公司　　　　　150 000

　　贷：贴现资产——贴现——甲公司　　　　　　　　　　　　500 000

2. 贴现的银行承兑汇票到期收回的核算

银行承兑汇票的付款人为承兑银行，贴现银行在汇票到期时，可主动向承兑银行收款。

（1）承兑行的核算。

① 承兑行于汇票到期日，应向承兑申请人收取票款，但尚未收到寄来的汇票等。

借：吸收存款——活期存款——承兑申请人

　　贷：应解汇款——承兑申请人

如果申请人账户票款不足或无款：

借：垫款——银行承兑汇票贴现垫款户

　　吸收存款——活期存款——承兑申请人

　　贷：应解汇款——承兑申请人

② 承兑银行收到贴现银行寄来的有关凭证及汇票时，办理转账。

借：应解汇款——承兑申请人
　　　贷：存放中央银行款项
　　　　（上存辖内款项）

如果汇票到期日，向承兑人收取票款，同时收到寄来的汇票等凭证，则不通过"应解汇款"科目核算，则会计分录为：

借：吸收存款——活期存款——承兑申请人
　　　贷：存放中央银行款项
　　　　（上存辖内款项）

（2）贴现行的核算。

贴现行收到贴现款时：

借：存放中央银行款项
　　（上存辖内款项）
　　　贷：贴现资产——贴现——贴现申请人

［例3-7］　西安市中国工商银行A支行于3月22日收到开户单位丙公司持3月10日签发的银行承兑汇票来行申请贴现，票面金额60万元，签发单位为上海市丁公司，丁公司的开户行为当地中国农业银行B支行，汇票到期日为6月10日，经银行审查同意，当天办理贴现手续。要求：作出汇票到期时A支行和B支行的会计分录。

汇票到期前，A支行填制委托收款凭证向B支行收取票款。

（1）B支行的核算。

① B支行于汇票到期日，向丁公司收取票款。

借：吸收存款——活期存款——丁公司　　　　　　　　600 000
　　　贷：应解汇款——丁公司　　　　　　　　　　　　　　600 000

② 假如丁公司账户无款。

借：垫款——丁公司　　　　　　　　　　　　　　　　600 000
　　　贷：应解汇款——丁公司　　　　　　　　　　　　　　600 000

③ B支行收到A支行寄来的委托收款凭证及银行承兑汇票时，办理转账。

借：应解汇款——丁公司　　　　　　　　　　　　　　600 000
　　　贷：存放中央银行款项　　　　　　　　　　　　　　　600 000

（2）A支行的核算。A支行收到票款时。

借：存放中央银行款项　　　　　　　　　　　　　　　600 000
　　　贷：贴现资产——贴现——丙公司　　　　　　　　　　600 000

第五节 贷款利息的计算及核算

一、结息的有关规定

（1）计息天数按实际贷款天数计算，采用算头不算尾的方法，节假日照计利息。

（2）短期贷款利率在相应档次的法定贷款利率基础上可以上下浮动，由双方协商确定。贷款合同期内，遇利率调整不分段计息。

（3）中长期贷款利率实行 1 年一定，根据贷款合同确定的期限，按贷款合同生效日相应档次的法定贷款利率基础上由双方协商确定。每满 1 年后，再按当时相应档次的法定贷款利率确定下一年度利率，中长期贷款一般按季结息。

（4）短期贷款和中长期贷款，对贷款期内不能按期支付的利息，按合同利率按季或按月计收复利，计入当期损益。

（5）贷款逾期，从到期之日起改按罚息利率计收罚息，对逾期期间不能按期支付的利息，按罚息利率计收复利，最后一笔贷款清偿时，利随本清。

（6）贷款利息的计算，分为定期结息和利随本清两种方式，在实际工作中，多采用定期结息的方式。

二、正常贷款利息的核算

（一）定期结息

按季结息的，每季末月 20 日为结息日，按月结息的，每月 20 日为结息日，定期结息的计息天数按日历天数，算头不算尾，有一天算一天，全年按 365 天或 366 天计算，从贷出的那一天算起，至还款的前一天止，在结息日计算时包括结息日。

1. 利息计算公式

$$贷款利息＝累计计息积数×月利率÷30（或年利率÷360）$$

按季结息的，每季末月 20 日为结息日，计息期为上季末月 21 日起至本季末月 20 日止。计息一般是计算机自动完成。计息时采用日利率。

2. 利息的核算

（1）利息计算出来后，应编制一式三联的利息清单并入账。

借：应收利息——××贷款

　　贷：利息收入——××贷款利息收入

（2）借款人支付利息时。

借：吸收存款——活期存款——××

　　贷：应收利息——××贷款

[例3-8]　A支行于6月28日发放给甲公司短期贷款一笔,金额为300万元,期限为3个月,月利率6‰,利息约定按季结息,于9月28日归还本金及剩余利息。要求：做出该笔贷款各阶段的账务处理。

（1）6月28日,发放贷款时：

借：贷款——短期贷款——甲公司　　　　　　　　　　　3 000 000

　　贷：吸收存款——活期存款——甲公司　　　　　　　　　　　3 000 000

（2）9月20日结息时,利息＝3 000 000×85×6‰÷30＝51 000（元）

借：吸收存款——活期存款——甲公司　　　　　　　　51 000

　　贷：利息收入　　　　　　　　　　　　　　　　　　　51 000

（3）到期日9月28日,计算贷款利息：

$$贷款利息＝3 000 000×7×6‰÷30＝4 200（元）$$

借：吸收存款——活期存款——甲公司　　　　　　　　3 004 200

　　贷：贷款——短期贷款——甲公司　　　　　　　　　　3 000 000

　　　　利息收入　　　　　　　　　　　　　　　　　　4 200

（二）利随本清

利随本清是指银行按规定的贷款期限,在收回贷款的同时一次性计算并收回利息的方法。贷款的起讫时间算头不算尾,采用对年对月的方法计算,整年按360天计算,整月按30天计算,零头天数按实际天数计算。

期限为整年整月的,则：贷款利息＝贷款本金×期限（年或月）×年利率或月利率。

期限为天数的,则：利息＝本金×天数×日利率。

实行利随本清的贷款,利息应按权责发生制的原则核算,即银行要按季根据贷款的本金和利率计算应收利息,并全部记入"利息收入"账户；待实际收到利息时,冲减应收利息。

[例3-9]　A支行于5月8日发放一笔短期贷款给甲公司,金额为20万元,假定月利率为6‰,期限为4个月,双方约定利随本清,9月8日到期,要求：做出该笔贷款各阶段的账务处理,并计算相应的贷款利息。

（1）5月8日,发放贷款时：

借：贷款——短期贷款——甲公司　　　　　　　　　　200 000

　　贷：吸收存款——活期存款——甲公司　　　　　　　　　　200 000

（2）6月20日,计提利息时,贷款利息＝200 000×43×6‰÷30＝1 720（元）。

借：应收利息——甲公司　　　　　　　　　　　　　　　　　　　1 720
　　　贷：利息收入　　　　　　　　　　　　　　　　　　　　　　　　　1 720

（3）该笔贷款的利息总额＝200 000×4×6‰＝4 800（元）
　　　未计提的利息＝4 800－1 720＝3 080（元）

借：吸收存款——活期存款——甲公司　　　　　　　　　　　　204 800
　　　贷：利息收入　　　　　　　　　　　　　　　　　　　　　　　　　3 080
　　　　　应收利息——甲公司　　　　　　　　　　　　　　　　　　　　1 720
　　　　　贷款——短期贷款——甲公司　　　　　　　　　　　　　　　200 000

三、非正常贷款利息的核算

（一）逾期贷款利息的核算

当贷款到期未收回本金时，从到期日起，银行除了按期根据贷款本金和逾期贷款罚息利率计算逾期贷款利息外，对贷款期内没有收回的欠息要按罚息利率计收贷款逾期阶段的复利。

[例3-10]　A支行于6月28日发放给甲公司短期贷款一笔，金额为300万元，期限为3个月，年利率7.2％，合同约定按季结息。但甲公司一直未按时付息，直到本年10月16日甲公司才归还本息。要求：做出该笔贷款各阶段的账务处理，并计算相应的贷款利息。

（1）6月28日，发放贷款时：

借：贷款——短期贷款——甲公司　　　　　　　　　　　　　　3 000 000
　　　贷：吸收存款——活期存款——甲公司　　　　　　　　　　　　3 000 000

（2）9月20日结息时，利息＝3 000 000×85×7.2％÷360＝51 000（元）

借：应收利息——甲公司　　　　　　　　　　　　　　　　　　　51 000
　　　贷：利息收入　　　　　　　　　　　　　　　　　　　　　　　　51 000

（3）到期日9月28日利息为：

　　　　（3 000 000＋51 000）×7×7.2％÷360＝4 271.40（元）

借：应收利息——甲公司　　　　　　　　　　　　　　　　　　4 271.40
　　　贷：利息收入　　　　　　　　　　　　　　　　　　　　　　　4 271.40
借：贷款——逾期贷款——甲公司　　　　　　　　　　　　　　3 000 000
　　　贷：贷款——短期贷款——甲公司　　　　　　　　　　　　　3 000 000

（4）10月16日还本付息时，逾期贷款利率为贷款利率上浮30％，则逾期利息为：

　　　　（3 000 000＋51 000＋4 271.40）×18×7.2％
　　　　　　×（1＋30％）÷360＝14 298.67（元）

　　　利息合计＝51 000＋4 271.40＋14 298.67＝69 570.07（元）

借：吸收存款——活期存款——甲公司　　　　　　　　　　3 069 570.07

　　贷：贷款——逾期贷款——甲公司　　　　　　　　　　　　3 000 000.00

　　　　应收利息——甲公司　　　　　　　　　　　　　　　　55 271.40

　　　　利息收入　　　　　　　　　　　　　　　　　　　　　14 298.67

（二）非应计贷款利息的核算

对于已计提的贷款应收利息，在贷款到期 90 天后仍未收回的，或在应收利息逾期 90 天后仍未收回的，应冲减原已计入损益的"利息收入"和"应收利息"，应收利息转作表外核算。之后应计利息停止计入当期"利息收入"。

（1）贷款本金应转入"贷款——非应计贷款"。

借：贷款——非应计贷款——贷款人户

　　贷：贷款——逾期贷款——贷款人户

（2）冲减原已计入的"利息收入"和"应收利息"。

借：利息收入

　　贷：应收利息——应收利息户

（3）将应收利息转入表外科目。

收入：未收贷款利息——贷款人户

[例 3 - 11]　A 支行于 20×1 年 5 月 18 日向甲公司发放贷款一笔，金额为 500 万元，期限为 2 年，年利率 6%，次年 20×2 年 12 月 20 日以前，该公司一直能按季支付利息，至第三年 20×3 年 3 月 20 日结息及 20×3 年 5 月 18 日到期时，该公司账户无款偿付，直至 20×3 年 12 月 20 日才一次性将该笔贷款的本息还清。逾期贷款利率为贷款利率上浮 50%。

要求：做出该笔贷款各步骤会计分录。

（1）20×1 年 5 月 18 日，发放贷款时：

借：贷款——中长期贷款——甲公司　　　　　　　　　　　5 000 000

　　贷：吸收存款——活期存款——甲公司　　　　　　　　　　5 000 000

（2）20×1 年 6 月 20 日，结息时：

$$利息＝5\,000\,000×34×6\%÷360＝28\,333.33(元)$$

借：吸收存款——活期存款——甲公司　　　　　　　　　　28 333.33

　　贷：利息收入　　　　　　　　　　　　　　　　　　　　28 333.33

20×1 年 9 月 20 日至次年 20×2 年 12 月 20 日的核算从略。

（3）20×3 年 3 月 20 日结息时：

$$利息＝5\,000\,000×90×6\%÷360＝75\,000(元)$$

借：应收利息——甲公司　　　　　　　　　　　　　　　　75 000

　　贷：利息收入　　　　　　　　　　　　　　　　　　　　　　　75 000

(4) 20×3 年 5 月 18 日贷款到期时：

利息＝(5 000 000＋75 000)×6‰×58÷360＝49 058.33(元)

① 借：应收利息——甲公司　　　　　　　　　　　　　　49 058.33

　　　贷：利息收入　　　　　　　　　　　　　　　　　　　　　49 058.33

② 借：贷款——逾期贷款——甲公司　　　　　　　　　　5 000 000

　　　　贷：贷款——中长期贷款——甲公司　　　　　　　　　　5 000 000

(5) 20×3 年 6 月 19 日,因贷款利息逾期 90 天,将逾期贷款转为非应计贷款。

① 借：贷款——非应计贷款——甲公司　　　　　　　　5 000 000

　　　　贷：贷款——逾期贷款——甲公司　　　　　　　　　　　5 000 000

② 借：利息收入　　　　　　　　　　　　　　　　　　124 058.33

　　　贷：应收利息——甲公司　　　　　　　　　　　　　　124 058.33

③ 收入：未收贷款利息——甲公司　　　　　　　　　　124 058.33

(6) 20×3 年 6 月 20 日结息时：

利息＝(5 000 000＋124 058.33)×34×6‰×(1＋50％)÷360

　　　＝43 554.50(元)

收入：未收贷款利息——甲公司　　　　　　　　　　　43 554.50

(7) 20×3 年 9 月 20 日结息时：

利息＝(5 000 000＋124 058.33＋43 554.50)×92×6‰×(1＋50％)÷360

　　　＝118 855.10(元)

收入：未收贷款利息——甲公司　　　　　　　　　　　118 855.10

(8) 20×3 年 12 月 20 日收到本息。

利息＝(5 000 000＋124 058.33＋43 554.50＋118 855.10)×90×6‰

　　　×(1＋50％)÷360＝118 945.53(元)

未收利息合计＝75 000＋49 058.33＋43 554.50＋118 855.10＋118 945.53

　　　　　＝405 413.46(元)

借：吸收存款——活期存款——甲公司　　　　　　　　5 405 413.46

　　贷：利息收入　　　　　　　　　　　　　　　　　　　　405 413.46

　　　　贷款——非应计贷款——甲公司　　　　　　　　　5 000 000.00

付出：未收贷款利息——甲公司　　　　　　　　　　　286 467.93

第六节　贷款损失准备的核算

按照财政部、国家税务总局、中国人民银行所颁布的相关法规、制度的要求,各商业银行应以贷款的风险分类为基础,建立审慎的贷款损失准备制度和贷款风险识别制度,按风险分类要求,定期对贷款进行分类,及时识别贷款风险,评估贷款的内在损失。建立贷款损失的评估制度,在贷款分类的基础上,定期计提贷款损失准备,准确核算经营成果,增强抗与风险的能力。同时,要建立贷款损失核销制度,及时对损失类贷款按照贷款核销的有关规定进行核销。对于已核销的损失类贷款,银行应继续保留贷款的追索权。

一、贷款损失准备金计提的有关规定

贷款损失准备(原称为呆账准备)是商业银行从事贷款业务过程中,对估计不能收回的贷款进行补偿的专项基金。商业银行的贷款损失准备应根据借款人的还款能力、贷款本息的偿还情况、抵押品的市价、担保人的经营状况及支持力度、商业银行的信贷管理制度等因素,分析其风险和收回贷款的可能性,由商业银行进行综合合理计提。

(一) 计提范围

计提贷款损失准备的资产是商业银行承担风险和损失的资产。具体包括：贷款(含抵押、质押、保证等贷款)、银行卡透支、贴现、银行承兑汇票垫款、信用证垫款、担保垫款、进出口押汇、拆出资金、股票投资和债券投资、应收利息(不含贷款应收利息)应收股利、应收保费、应收租赁款等债权和股权。

(二) 计提种类和计提比例

各商业银行应当按照谨慎性会计原则,合理估计贷款可能发生的损失,按照有关规定制定贷款损失准备的计提核销方案,计提贷款损失准备。

(1) 一般准备,是根据全部贷款余额的一定比例计提的,用于弥补尚未识别的可能性损失的准备。商业银行应根据提取贷款损失准备资产的风险大小确定一般贷款损失准备的计提比例。目前,一般准备年末余额应不低于年末贷款余额的 1%。

(2) 专项准备,是对贷款进行五级分类后,按每笔贷款损失的程度计提的用于弥补专项损失的准备。具体比例根据贷款资产的风险程度和回收的可能性合理确定。商业银行可以参照以下比例按季计提专项准备：正常类计提比例为 0;关注类贷款计提比例为 2%;次级类贷款计提比例为 25%;可疑类贷款计提比例为 50%;损失类贷款计提比例为 100%。次级类和可疑类贷款的损失准备比例上下可浮动 20%。

（3）特种准备,是银行对特定国家和地区发放贷款计提的准备,计提比例根据贷款资产的风险程度和回收的可能性合理确定。

贷款损失准备以原币计提,即人民币资产按人民币计提,外币资产以外币计提。

（三）贷款损失准备由各商业银行按季统一计提

（四）银行应以贷款风险识别为基础,建立审慎的贷款损失准备制度

（1）定期对贷款进行五级分类。

（2）定期对贷款损失准备的充足性进行评估。

（3）建立贷款损失核销制度,及时对损失类贷款或贷款的损失部分进行核销。对已核销的损失类贷款,银行应继续保留对贷款的追索权。

二、贷款损失准备计提的核算

（一）一般准备的计提核算

按现行制度规定,商业银行可按贷款余额的1‰实行差额提取一般准备金。

计提之前"一般风险准备"账户余额在贷方,余额大于应计提数,当期计提数按差额冲减;余额小于应计提数,当期计提数按差额补提。

[例3-12] 某商业银行20×1年1月1日"一般风险准备"账户贷方余额为1亿元。3月31日,该行贷款余额为120亿元。6月30日,该行贷款余额为110亿元。计提比例为1‰,要求:

（1）计提第一季度的一般准备

（2）计提第二季度的一般准备

（1）第一季度末应计提的一般风险准备＝120×1‰＝1.2(亿元)

　　当期计提数＝1－1.2＝－0.2(亿元)

借:利润分配——提取一般风险准备　　　　　　　　　　　　0.2

　　贷:一般风险准备　　　　　　　　　　　　　　　　　　　　0.2

（2）第二季度末应计提的一般风险准备＝110×1‰＝1.1(亿元)

　　当期计提数＝1.2－1.1＝0.1(亿元)

借:一般风险准备　　　　　　　　　　　　　　　　　　　　0.1

　　贷:利润分配——提取一般风险准备　　　　　　　　　　　　0.1

（二）专项准备计提的核算

[例3-13] A支行第一季度季末对应计提贷款的损失准备的资产按风险程度进

行五级分类：正常类 25 亿元；关注类 10 亿元；次级类 5 亿元；可疑类 7 亿元；损失类 3 亿元。按规定分类计提比例分别为 0、2％、25％、50％、100％。年初"贷款损失准备——专项准备"贷方余额为 7.5 亿元。要求：计提第一季度的专项准备。

$$应计提数额＝25×0＋10×2％＋5×25％＋7×50％＋3×100％$$

$$＝7.95(亿元)$$

$$当期计提数＝7.5－7.95＝－0.45(亿元)$$

借：资产减值损失 　　　　　　　　　　　　　　　0.45

　　贷：贷款损失准备——专项准备 　　　　　　　　　　　　0.45

(三) 特种准备的计提核算

核算与前两者基本相同,不再赘述。

三、贷款核销的核算

(一) 贷款核销的条件和有关规定

(1) 借款人和担保人依法宣告破产,经法定清偿后仍未还清的贷款。

(2) 借款人失踪或死亡,以其财产和遗产清偿后仍未归还的部分。

(3) 借款人遭受重大自然灾害或意外事故,损失重大且不能获得保险赔偿,已确定不能偿还的部分,或经保险赔偿后仍未还清的部分。

(4) 借款人依法处置抵押物所得价款不足以补偿的贷款部分。

(5) 经国务院专案批准核销的贷款。

(二) 贷款核销的核算

1. 核销贷款时

借：贷款损失准备

　　贷：贷款——逾期贷款

　　　　(贷款——非应计贷款)

收入：核销贷款(本金)

2. 已核销的贷款又收回

借：贷款——逾期贷款

　　(贷款——非应计贷款)

　　贷：贷款损失准备

同时：

借：吸收存款——活期存款——××单位存款户

　　贷：贷款——逾期贷款

　　　　（贷款——非应计贷款）

办理表外登记，付出登记。

付出：核销贷款（本金）

[例3－14]　A支行核销甲公司一笔贷款120 000元，核销前该笔贷款已逾期112天。

借：贷款损失准备　　　　　　　　　　　　　　120 000

　　贷：贷款——非应计贷款——甲公司　　　　　　　120 000

收入：核销贷款　　　　　　　　　　　　　　　120 000

[例3－15]　假定上例已核销的贷款又收回。

借：贷款——非应计贷款——甲公司　　　　　　120 000

　　贷：贷款损失准备——专项准备　　　　　　　　　120 000

同时：

借：吸收存款——活期存款——甲公司　　　　　120 000

　　贷：贷款——非应计贷款——甲公司　　　　　　　120 000

付出：核销贷款　　　　　　　　　　　　　　　120 000

关 键 术 语

贷款　信用贷款　保证贷款　贴现贷款　贷款损失准备

思 考 题

1. 商业银行贷款业务如何分类？

2. 单位信用贷款业务如何核算？

3. 如何确定非应计贷款的天数？发生非应计贷款时，如何进行账务处理？

4. 贷款损失准备计提种类有哪些？核销贷款的条件如何？

业 务 题

1. A 支行于 20×1 年 6 月 23 日向甲公司发放期限为 2 个月的短期贷款一笔,金额为 100 万元。合同规定利息支付方式为利随本清,利率为 4.5%。要求:作出处置抵押物时的分录。

2. A 支行于 20×1 年 6 月 27 日发放给甲公司贷款一笔,金额为 50 万元,期限为 2 年,按季结息,到期还本,年利率为 6%。要求:作出发放贷款和到期时的分录。

3. A 支行委托红光拍卖公司处置借款单位甲公司抵押物。所得净收入为 46 万元,贷款本金为 50 万元,尚未支付的利息为 1.5 万元(已记入"应收利息"账户),罚息为 1 万元(尚未入账),不足部分向甲公司收取(抵押物价值 80 万元)。要求:作出处置抵押物时的分录。

4. A 支行于 20×1 年 5 月 22 日收到开户单位甲公司持 5 月 11 日签发的商业承兑汇票来行申请贴现,票面金额 10 万元,签发单位为同城乙公司,其开户行为 B 支行,汇票到期日为 7 月 11 日,经银行审查同意,当天办理贴现手续,假定贴现率为 6%。要求:作出 A 支行各阶段的财务处理。

5. 中国工商银行 A 支行于 3 月 22 日收到开户单位甲公司持 3 月 10 日签发的银行承兑汇票来行申请贴现,票面金额 100 万元,签发单位为异地乙公司,乙公司的开户行为当地中国农业银行 B 支行,汇票到期日为 6 月 10 日,经银行审查同意,当天办理贴现手续,假定贴现率为 6%。要求:作出汇票到期时 A 支行和 B 支行的会计分录(假定乙公司有款支付)。

6. A 支行于 4 月 9 日发放一笔短期贷款给甲公司,金额为 50 万元,假定月利率为 6‰,期限为 3 个月,双方约定利随本清,7 月 9 日到期。要求:作出该笔贷款各阶段的账务处理。

7. 某行第一季度季末对应计提贷款的损失准备的资产按风险程度进行五级分类:正常类贷款 70 亿元;关注类贷款 20 亿元;次级类贷款 3 亿元;可疑类贷款 2 亿元;损失类贷款 1 亿元。按规定分类计提比例分别为 0、2%、25%、50%、100%。年初"贷款损失准备——专项准备"贷方余额为 2 亿元,第一季度核销一笔贷款 0.4 亿元。要求:计提第一季度的专项准备。

8. 某支行核销甲公司一笔贷款 100 000 元,核销前该笔贷款已逾期 102 天。要求:作出核销该笔贷款的账务处理。

9. 假定上题已核销的贷款又收回。要求:作出收回时的账务处理。

第四章　国内支付结算业务的核算

┌───┐
重点提示 ▌▌▌▌

　　学习本章,学生应重点掌握票据业务的内容及核算,其他结算业务的内容和核算,银行卡业务的内容及核算,熟知国内八种结算方式的核算流程,了解银行结算业务的纪律和原则。
└───┘

第一节　国内支付结算业务的概述

一、支付结算的意义

支付结算是指单位、个人在社会经济活动中使用票据、信用卡和汇兑、托收承付、委托收款等结算方式进行货币给付及其资金清算的行为。

支付结算按支付范围,分为国内支付和国际支付,本章主要介绍国内支付方式。

支付结算按照给付手段的不同,分为现金结算和转账结算。现金结算是收、付款双方直接以现金进行清算,是货币作为流通手段的表现;转账结算通过银行划账将款项从付款人账户划转到收款人账户,实现资金在银行账户之间的转移,是货币作为支付手段的结果。转账结算实现了资金在银行之间的转移,同时也稳定了银行的信贷资金来源,加速了资金的周转速度,减少现金使用量,节约全社会流通费用。因此,转账结算具有重要的现实意义。

本章主要介绍国内转账结算的内容。

支付结算实行集中统一和分级管理相结合的管理体制。中国人民银行总行负责制定统一的支付结算制度,组织、协调、管理、监督全国的支付结算工作,调解、处理银行之间的支付结算纠纷。中国人民银行省、自治区、直辖市分行根据统一的支付结算制度制定实施细则,报总行备案;根据需要可以制定单项支付结算办法,报经中国人民银行总行批准后执行。中国人民银行分、支行负责组织、协调、管理、监督本辖区的支付结算工作,调解、处理本辖区银行之间的支付结算纠纷。

二、转账结算方式

目前,国内支付结算方式主要包括银行汇票、商业汇票、银行本票、支票、汇兑、托收承付、委托收款和信用卡等。其中,银行汇票、商业汇票、银行本票、支票属于票据结算,汇兑、托收承付、委托收款属于结算方式。按照收付款的地区不同,属于异地支付结算工具包括汇兑和托收承付;属于同城结算方式包括银行本票;属于同城异地均可使用的结算方式包括银行汇票、商业汇票、委托收款和信用卡。另外,随着 2006 年全国支票影像系统的推广,支票也逐渐成为同城异地均可使用的结算方式,形成了以票据为结算主体,各种结算方式合理配置、互为补充的结算体系。

三、转账结算的核算要求

(1) 遵循的结算原则:恪守信用,履约付款;谁的钱进谁的账,由谁支配;银行不垫款。

(2) 疏通支付结算渠道,减少不必要的结算环节,及时、准确地办理支付结算手续。

(3) 规范支付结算行为,维护收款人的权利,明确当事人的责任。

(4) 严格结算纪律,实行结算监督。

四、本章会计科目的设置

(一) 辖内存放款项(分行使用)

本科目属负债类科目,用来核算分行吸收下属分支机构的存款。

分行吸收下属机构存款时,借记相关科目,贷记本科目。支行在分行的存款减少时,借记本科目,贷记相关科目。本科目余额在贷方反映分行吸收的下属机构的存款。本科目按存款的种类及下属机构的名称进行明细核算。

(二) 上存系统内款项(分行使用)

本科目属资产类科目,用来核算商业银行的分行存放在同系统总行的款项。

分行在总行的存款增加,借记本科目,贷记相关科目。分行在总行的存款减少,借记相关科目,贷记本科目。本科目余额在借方反映分行存放在总行的款项。本科目按存款的种类及总行名称进行明细核算。

(三) 系统内存放款项(总行使用)

本科目属负债类科目,用来核算各商业银行总行吸收下级分行的存款。

　　总行吸收下级分行存款时,借记相关科目,贷记本科目。分行在总行的存款减少时,借记本科目,贷记相关科目。本科目余额在贷方反映总行吸收的下级分行的存款。本科目按存款的种类及下属机构的名称进行明细核算。

第二节　票据结算业务的核算

一、票据概述

　　票据是出票人自己或委托他人在见票时,或在票据到期日无条件支付确定金额或实际结算金额给收款人或持票人的有价证券。广义的票据包括各种有价证券和商业凭证。《中华人民共和国票据法》(以下简称《票据法》)规定的是狭义的票据,是指银行汇票、商业汇票、银行本票和支票。

　　票据包括汇票、本票和支票。其中,汇票包括银行汇票和商业汇票。对票据结算业务的会计核算主要是对票据行为的会计核算。票据行为是指引起票据权利和义务的法律行为,包括出票、背书、承兑、保证、付款和追索。

　　(1)出票是指出票人签发票据并将其交付给收款人的票据行为。汇票、本票、支票的出票是出票人按照《票据法》规定的记载事项和方式做成票据并交付的一种票据行为,是基本的票据行为,也是各种票据产生的前提。出票人按照《票据法》规定的记载事项、记载方式做成票据并缴付收款人后,出票行为完成并生效。

　　(2)背书是指持票人可以将汇票权利转让给他人或者将一定的汇票权利授予他人行使。在票据背面或者粘单上记载有关事项并签章的票据行为,包括转让背书、委托收款背书和质押背书。背书生效后,被背书人从背书人手中取得并享有票据权利,背书人即成为票据上的债务人,必须承担担保、承兑和付款的责任。背书必须是单纯背书,禁止附加条件背书和部分背书。背书附加条件的,所附条件无效,背书仍然有效。

　　(3)承兑是指汇票付款人承诺在汇票到期日支付汇票金额的票据行为。承兑是汇票独有的行为,本票和支票不涉及承兑。汇票的付款人按照《票据法》的规定,在汇票上记载一定的事项,以表示其愿意支付汇票金额的票据行为。承兑包括持票人的提示承兑和付款人承兑或拒绝承兑。提示承兑指持票人向付款人出示汇票请求其承兑的行为。付款人对向其提示承兑的汇票应当自收到之日起3日内承兑或拒绝承兑。

　　(4)保证制度票据法上的保证称为票据保证,是指票据债务人以外的他人以担保特定债务人履行票据债务为目的,而在票据上作为的一种票据行为。保证行为生效后,保证人即成为票据上的债务人,必须向被保证人的一切后手承担保证责任。如果保证人为出票人或背书人提供保证的,就取得票据上次债务人的地位,必须承担担保票据承和付款的责任;持票人可以不分先后向保证人或被保证人行使票据上的权利。

(5) 追索权制度是指持票人在票据不获承兑或不获付款时,可向其前手,包括出票人、背书人、承兑人和保证人请求偿还票据金额、利息以及有关费用的一种票据权利。追索权的行使必须具备两种条件,首先,票据期前不获承兑、到期不获付款以及其他法定原因;其次,持票人行使追索权必须履行保全票据权利的手续,必须在法定的期限提示承兑、提示付款请求做成拒绝证明。

二、银行汇票

(一) 概念

银行汇票是出票银行签发的,由其在见票时按照实际结算金额无条件支付给收款人或持票人的票据。银行汇票的出票银行为银行汇票的付款人。单位和个人在异地、同城或统一票据交换区域的各种款项结算,均可使用银行汇票。

(二) 基本规定

(1) 银行汇票可以用于转账,填明"现金"字样的银行汇票也可以用于支取现金。签发现金银行汇票,申请人和收款人必须均为个人。

(2) 银行汇票的出票银行为银行汇票的付款人,银行汇票的付款地为代理付款人或出票人所在地。

(3) 银行汇票的出票人在票据上的签章,应为经中国人民银行批准使用的该银行汇票专用章加其法定代表人或其授权经办人的签名或者盖章。

(4) 签发银行汇票必须记载下列事项:表明"银行汇票"的字样;无条件的承诺;出票金额;付款人名称;收款人名称;出票日期;出票人签章等。欠缺记载以上事项之一的,银行汇票无效。

(5) 银行汇票的提示付款期限自出票日起 1 个月。持票人超过付款期限提示付款的,代理付款人(银行)不予受理。

(6) 代理付款人不得受理未在本行开立存款账户的持票人为单位直接提交的银行汇票。省、自治区、直辖市内和跨省、市的经济区域内银行汇票的出票和付款,按照有关规定办理。

(7) 银行汇票的实际结算金额不得更改,更改实际结算金额的银行汇票无效。

(8) 银行汇票可以背书转让,但填明"现金"字样的银行汇票不得背书转让。银行汇票的背书转让以不超过出票金额的实际结算金额为准。未填写实际结算金额或实际结算金额超过出票金额的银行汇票不得背书转让。

(9) 填明"现金"字样和代理付款人的银行汇票丧失,可以由失票人通知付款人或者代理付款人挂失止付。未填明"现金"字样和代理付款人的银行汇票丧失,不得挂失止付。

(10) 银行汇票丧失,失票人可以凭人民法院出具的其享有票据权利的证明,向出票银行请求付款或退款。

(三) 银行汇票的核算

1. 银行汇票出票的核算

出票行受理申请人提交的第二、第三联申请书时,应认真审查其内容是否填写齐全、清晰,其签章是否为预留银行的签章;申请书填明"现金"字样的,要看申请人和收款人是否均为个人,并交存现金。经审查无误后,才能受理其签发银行汇票的申请。银行受理申请人申请,办理银行汇票,其会计处理为:

(1) 转账交付的,以第二联申请书作借方凭证,第三联作贷方凭证。其会计分录为:

借:吸收存款——活期存款——申请人

贷:开出汇票

(2) 现金交付的,注销第二联申请书,以第三联申请书作贷方凭证。其会计分录为:

借:库存现金

贷:开出汇票

填写的汇票经复核无误后,在第二联上加盖汇票专用章并由授权的经办人签名或盖章,签章必须清晰;在实际结算金额栏的小写金额上端用总行统一制作的压数机压印出票金额,然后连同第三联一并交给申请人。第一联上加盖经办、复核名章,在逐笔登记汇出汇款账并注明汇票号码后,连同第四联一并专夹保管。

2. 银行汇票付款的核算

代理付款行接到在本行开立账户的持票人直接交来的汇票、解讫通知和二联进账单时,应认真审查:

① 汇票和解讫通知是否齐全,汇票号码和记载的内容是否一致。

② 汇票是否是统一规定印制的凭证,汇票是否真实,提示付款期限是否超过。

③ 汇票填明的持票人是否在本行开户,持票人名称是否为该持票人,与进账单上的名称是否相符。

④ 出票行的签章是否符合规定,加盖的汇票专用章是否与印鉴相符。

⑤ 使用密押的,密押是否正确;压数机压印的金额是否由统一制作的压数机压印,与大写的出票金额是否一致。

⑥ 汇票的实际结算金额大小写是否一致,是否在出票金额以内,与进账单所填金额是否一致,多余金额结计是否正确。如果全额进账,必须在汇票和解讫通知的实际结算金额栏内填入汇票金额,多余金额栏填写"θ"。

⑦ 汇票必须记载的事项是否齐全,出票金额、实际结算金额、出票日期、收款人名称

是否更改,其他记载事项的更改是否由原记载人签章证明。

⑧ 持票人是否在汇票背面"持票人向银行提示付款签章"处签章,背书转让的汇票是否按规定的范围转让,其背书是否连续,签章是否符合规定,背书使用粘单的是否按规定在粘接处签章。

代理付款行办理付款,以汇票作借方凭证,第二联进账单作贷方凭证,其会计分录为:

借:存放中央银行款项

　　(上存辖内款项)

　　贷:吸收存款——活期存款——持票人户

3. 银行汇票结清的核算

出票行接到代理付款行的资金汇划数据后,抽出原专夹保管的汇票卡片,经核对确属本行出票,资金汇划借方报单与实际结算金额相符,多余金额结计正确无误后,根据不同情况作出相应处理。

(1) 汇票全额付款的核算。汇票全额付款的,持票人应在汇票卡片的实际结算金额栏填入汇票金额,在多余金额栏填写"θ",以汇票卡片作借方凭证,解讫通知作附件,同时销记"开出汇票"。会计分录为:

借:开出汇票

　　贷:存放中央银行款项

　　　　(上存辖内款项)

(2) 汇票有多余款的核算。汇票有多余款,是指汇票金额大于实际结算金额,汇票结清时余款归还汇票申请人。以汇票卡片作借方凭证,解讫通知作多余款贷方凭证。会计分录为:

借:开出汇票

　　贷:存放中央银行款项

　　　　(上存辖内款项)

　　　　吸收存款——活期存款——申请人

同时销记汇出汇款账,在"多余款收账通知"多余金额栏填写多余金额,加盖转讫章,通知申请人。

[例 4-1]　西安市中国工商银行长安路支行受理开户单位甲公司提交的银行汇票申请书及转账支票一张金额 60 万元,委托银行签发银行汇票持往上海乙公司采购材料,经审核无误予以受理办理转账(乙公司开户行为上海市中国工商银行淮海路支行)。要求:做出相关的会计分录。

(1) 长安路支行办理转账并签发银行汇票:

借:吸收存款——活期存款——甲公司　　　　　　　　　　600 000

　　贷:开出汇票——甲公司　　　　　　　　　　　　　　　　600 000

（2）中国工商银行淮海路支行收到乙公司银行汇票和解讫通知及两联进账单,审核无误,办理兑付。实际结算金额为58.5万元,余额1.5万元。

借:上存辖内款项——上存×分行备付金　　　　　　　585 000
　　贷:吸收存款——活期存款——乙公司　　　　　　　　　585 000

（3）长安路支行结清款项:

借:开出汇票——甲公司　　　　　　　　　　　　　600 000
　　贷:上存辖内款项——上存×分行备付金　　　　　　　585 000
　　　　吸收存款——活期存款——甲公司　　　　　　　　　 15 000

三、商业汇票

(一) 概念

商业汇票是出票人签发的,委托付款人在指定日期无条件支付确定的金额给收款人或者持票人的票据。商业汇票分为商业承兑汇票和银行承兑汇票。商业承兑汇票由银行以外的付款人承兑。银行承兑汇票由银行承兑。商业汇票的付款人为承兑人。承兑是指汇票付款人承诺在汇票到期日支付汇票金额的行为。

(二) 基本规定

（1）在银行开立存款账户的法人以及其他组织之间,必须具有真实的交易关系或债权债务关系,才能使用商业汇票。出票人不得签发无对价的商业汇票用以骗取银行或其他票据当事人的资金。

（2）商业承兑汇票可以由付款人签发并承兑,也可以由收款人签发交由付款人承兑。银行承兑汇票应由在承兑银行开立存款账户的存款人签发。

（3）签发商业汇票必须记载的事项:无条件支付的委托;确定的金额;付款人名称;收款人名称;出票日期;出票人签章。

（4）商业汇票的付款期限,最长不得超过6个月。

（5）商业汇票的提示付款期限,自汇票到期日起10日。

（6）持票人应在提示付款期限内通过开户银行委托收款或直接向付款人提示付款。对异地委托收款的,持票人可匡算邮程,提前通过开户银行委托收款。

（7）商业承兑汇票的付款人开户银行收到通过委托收款寄来的商业承兑汇票,将商业承兑汇票留存,并及时通知付款人,付款人收到开户银行的付款通知,应在当日通知银行付款。付款人在接到通知日的次日起3日内(遇法定节假日顺延)未通知银行付款的,视同付款人承诺付款,银行应于付款人接到通知的次日起第四天(遇法定节假日顺延)上午开始营业时,将票款划给持票人。付款人若提前收到由其承兑的商业汇票,并同意付款的,银行应于汇票到期日将票款划给持票人。

（8）银行承兑汇票承兑时,应按票面金额向出票人收取 5‰的手续费。

（9）持票人超过提示付款期限提示付款的,持票人开户银行不予受理。

（10）银行承兑汇票的出票人于汇票到期日未能足额交存票款时,承兑银行除凭票向持票人无条件付款外,对出票人尚未支付的汇票金额每天按照逾期贷款规定的利率计收利息。

（11）商业汇票允许贴现,并允许背书转让。

（三）商业承兑汇票的核算

1. 汇票到期时,持票人开户行受理汇票

持票人凭商业承兑汇票委托开户行收款时,应填制邮划或电划委托收款凭证,并在"委托收款凭据名称"栏注明"商业承兑汇票"及其汇票号码,连同汇票一并送交开户行。银行应认真审查以下内容:

（1）汇票是否统一规定印制的凭证,提示付款期限是否超过。

（2）汇票上填明的持票人是否在本行开户。

（3）出票人、承兑人的签章是否符合规定。

（4）汇票必须记载的事项是否齐全,出票金额、出票日期、收款人名称是否更改,其他记载事项的更改是否由原记载人签章证明。

（5）是否做成委托收款背书,背书转让的汇票其背书是否连续,签章是否符合规定,背书使用粘单的是否按规定在粘接处签章。

（6）委托收款凭证的记载事项是否与汇票记载的事项相符。

银行审查无误,在委托收款凭证各联上加盖"商业承兑汇票"戳记。其余手续按照发出委托收款凭证的手续处理。应注意,在款项未划回之前,不可办理转账。

2. 付款人开户行收到汇票的核算

付款人开户行接到持票人开户行寄来的委托收款凭证及汇票时,应核对付款人是否在本行开户,承兑人在汇票上的签章与预留银行印鉴是否一致,将委托收款凭证第五联及汇票交给付款人,通知付款人付款。

付款人开户行接到付款人的付款通知或在付款人接到开户行的付款通知的次日起 3 日内仍未接到付款人的付款通知的,按照支付结算办法规定的划款日期分别处理。

（1）全额付款。付款人的银行账户有足够的票款可以支付的,银行应以第三联委托收款凭证作借方凭证,汇票加盖转讫章作附件办理转账。会计分录为:

借:吸收存款——活期存款——付款人户

　　贷:存放中央银行款项

　　　　（上存辖内款项）

（2）无款或款项不足支付。付款人银行账户余额为零或不足支付的，银行应填制付款人"未付票款通知书"在委托收款凭证备注栏注明"付款人无款支付"字样，将商业汇票退回。

（3）拒付。银行在付款人接到通知的次日起3日内，收到付款人拒绝付款通知证明时，按照委托收款方式的拒绝付款办理，将商业汇票退回。

3. 持票人开户行收到划回票款或退回凭证的核算

（1）持票人开户行接到付款人开户行通过同系统上级行、中央银行电子汇划系统或同城票据交换等方式划来的票款时，以第二联委托收款结算凭证办理转账。其会计分录为：

借：存放中央银行款项

（上存辖内款项）

　　贷：吸收存款——活期存款——收款人户

（2）持票人开户行接到付款人开户行发来的付款人"未付票款通知书"或付款人的拒绝付款证明、汇票以及委托收款凭证，按照委托收款付款人不足支付退回凭证或拒绝付款退回凭证的手续处理，将委托收款凭证、"未付票款通知书"或拒绝付款证明及汇票退给持票人，并由持票人签收。

[例4-2]　A支行收到商业承兑汇票的承兑人甲公司的付款通知，向外省同系统B支行开户单位乙公司划付汇票金额80 000元。要求：做出两个支行的会计分录。

（1）A支行划付票款。

借：吸收存款——活期存款——甲公司　　　　　　　　　　80 000

　　贷：上存辖内款项——上存×分行备付金　　　　　　　　　　80 000

（2）B支行划收票款。

借：上存辖内款项——上存×分行备付金　　　　　　　　　80 000

　　贷：吸收存款——活期存款——乙公司　　　　　　　　　　80 000

假定A支行和B支行为异地跨系统行。

（1）A支行划付票款。

借：吸收存款——活期存款——甲公司　　　　　　　　　　80 000

　　贷：存放中央银行款项　　　　　　　　　　　　　　　　80 000

（2）B支行划收款项。

借：存放中央银行款项　　　　　　　　　　　　　　　　80 000

　　贷：吸收存款——活期存款——乙公司　　　　　　　　　　80 000

（四）银行承兑汇票的核算

1. 承兑银行办理汇票承兑的处理

出票人或持票人持银行承兑汇票一式三联向汇票上记载的付款银行申请或提示承

兑时,承兑银行的信贷部门按照支付结算办法和有关规定审查同意后,即可与出票人签署两联银行承兑协议及其副本,其中一联留存,另一联及其副本和第一、第二联汇票一并交本行会计部门。

会计部门接到汇票和承兑协议,应认真审查汇票:必须记载的事项是否齐全;出票人的签章是否符合规定;出票人是否在本行开立存款账户;汇票上记载的出票人名称、账号是否相符;汇票是否是按统一规定印制的凭证。

审核无误后,在第一、第二联汇票上注明承兑协议编号,并在第二联汇票"承兑人签章"处加盖汇票专用章并由授权的经办人签名或盖章。由出票人申请承兑的,将第二联汇票连同一联承兑协议交给出票人;由持票人提示承兑的,将第二联汇票交给持票人,一联承兑协议交给出票人。同时,按照规定向出票人收取承兑手续费。会计分录为:

借:吸收存款——活期存款——申请人

贷:手续费及佣金收入

2. 持票人开户行受理汇票的核算

持票人委托开户行向承兑银行收取票款时,应填制一式五联的"委托收款凭证"连同汇票一并交开户行。

银行按有关规定审查无误后,在委托收款凭证各联上加盖"银行承兑汇票"戳记。第一联交给持票人,留第二联委托收款凭证,其余各联连同汇票寄给承兑银行。

3. 承兑银行到期收取票款的核算

(1) 有款支付。承兑银行应每天查看汇票的到期情况,对到期的汇票,在到期日(法定休假日顺延)向申请人收取票款,填制两联特种转账借方凭证,一联特种转账贷方凭证,其会计分录为:

借:吸收存款——活期存款——出票人

贷:应解汇款——出票人

另一联特种转账借方凭证加盖转讫章后作为付款通知交给出票人。

(2) 无款支付。汇票到期,如果出票人账户无款,应作为"垫款"处理,或作为"逾期贷款"处理,每日按 5‰ 计收罚息。日后催收。其会计分录为:

借:垫款——出票人

(贷款——逾期贷款——出票人)

贷:应解汇款——出票人

另一联特种转账借方凭证加盖业务公章后交给出票人。

(3) 款项不足。当出票人账户资金不足支付,但尚能支付一部分时,应办理部分转账部分作为"垫款"或"逾期贷款"处理。会计分录为:

借：吸收存款——活期存款——出票人

　　垫款——出票人

　　（贷款——逾期贷款——出票人）

　　贷：应解汇款——出票人

一联特种转账借方凭证加盖转讫章后作为付款通知交给出票人；另一联特种转账借方凭证加盖业务公章后交给出票人。

4. 承兑银行到期支付票款的核算

承兑银行接到持票人开户行寄来的委托收款凭证及汇票，抽出专夹保管的汇票卡片和承兑协议副本，并认真审查以下内容：① 该汇票是否为本行承兑，与汇票卡片的号码和记载事项是否相符。② 是否作成委托收款背书，背书转让的汇票其背书是否连续，签章是否符合规定，背书使用粘单的是否按规定在粘接处签章。③ 委托收款凭证的记载事项是否与汇票记载的事项相符。

审查无误后，应于汇票到期日或到期日之后的见票当日办理转账。会计分录为：

借：应解汇款——出票人

　　贷：存放中央银行款项

　　　　（上存辖内款项）

5. 持票人开户行收到汇票款项的核算

持票人开户行接到承兑银行发来的资金汇划数据信息和委托收款结算凭证，联行报单等，按照委托收款的款项划回办理。其会计分录为：

借：存放中央银行款项

　　（上存辖内款项）

　　贷：吸收存款——活期存款——持票人

以委托收款凭证的第四联作为收账通知交给持票人。

[例4-3] A支行在银行承兑汇票到期日应向申请承兑人甲公司收取票款10万元，但甲公司存款账户只有8万元。收款人乙公司开户行为外省同系统B支行。要求做出两个支行的会计分录。

（1）A支行向甲公司收取票款。

借：吸收存款——活期存款——甲公司　　　　　　　　　　80 000

　　垫款——甲公司　　　　　　　　　　　　　　　　　　20 000

　　贷：应解汇款——甲公司　　　　　　　　　　　　　　　　　　100 000

（2）A支行支付票款。

借：应解汇款——甲公司　　　　　　　　　　　　　　　　100 000

　　贷：上存辖内款项——上存×分行备付金　　　　　　　　　　　100 000

A支行对甲公司所欠2万元日后收取罚息。

（3）B支行收到票款。

借：上存辖内款项——上存×分行备付金　　　　　　　100 000
　　贷：吸收存款——活期存款——乙公司　　　　　　　　　100 000

如果A支行和B支行为异地跨系统行。

（1）A支行支付票款。

借：吸收存款——活期存款——甲公司　　　　　　　　100 000
　　贷：存放中央银行款项　　　　　　　　　　　　　　　　100 000

（2）B支行收到票款。

借：存放中央银行款项　　　　　　　　　　　　　　　100 000
　　贷：吸收存款——活期存款——乙公司　　　　　　　　　100 000

四、银行本票

（一）概念

银行本票是银行签发的，承诺自己在见票时无条件支付确定的金额给收款人或者持票人的票据。

（二）基本规定

（1）单位和个人在同一票据交换区域需要支付各种款项，均可以使用银行本票。银行本票可以用于转账，注明"现金"字样的银行本票可以用于支取现金。现金银行本票的申请人和收款人均为个人。

（2）银行本票按照其金额是否固定可分为不定额和定额两种。不定额银行本票是指凭证上金额栏是空白的，签发时根据实际需要填写金额，并用压数机压印金额的银行本票；定额银行本票是指凭证上预先印有固定面额的银行本票。定额银行本票面额为1 000元，5 000元，10 000元和50 000元。

（3）银行本票的出票人，为经中国人民银行当地分支行批准办理银行本票业务的银行机构。

（4）提示付款期限自出票日起最长不得超过2个月。超过付款期限提示付款的代理付款人不予受理。银行本票的代理付款人是代理出票银行审核支付银行本票款项的银行。

（5）签发银行本票必须记载下列事项：标明"银行本票"的字样；无条件支付的承诺；确定的金额；收款人名称；出票日期；出票人签章。欠缺记载上列事项之一的，银行本票无效。

（6）申请人使用银行本票，应向银行填写"银行本票申请书"，填明收款人名称、申请人名称、支付金额、申请日期等事项并签章。申请人和收款人均为个人需要支取现金的，应在支付金额栏先填写"现金"字样，后填写支付金额。申请人或收款人为单位的，银行不得为其签发"现金银行本票"，申请人应将银行本票交付给本票上记名的收款人。

（7）出票银行受理银行本票申请书，收妥款项签发银行本票。用于转账的，在银行本票上划去"现金"字样；申请人和收款人均为个人需要支取现金的，在银行本票上划去"转账"字样。不定额银行本票用压数机压印出票金额。出票银行在银行本票上签章后交给申请人。

（8）银行本票无金额起点，注明"转账"字样的银行本票可以背书转让，但填明"现金"字样的银行本票不能背书转让。

（9）银行本票丧失，失票人可以凭人民法院出具的享有票据权利的证明，向出票银行请求付款或退款。

（10）在银行开立存款账户的持票人向开户银行提示付款时，应在银行本票背面"持票人向银行提示付款签章"处签章，签章须与预留银行签章相同。未在银行开立存款账户的个人持票人，持注明"现金"字样的银行本票向出票银行支取现金时，应在银行本票背面签章，记载本人身份证件名称、号码及发证机关。

（三）银行本票的核算

1. 银行本票签发的核算

申请人需要使用银行本票时，应向银行填写"银行本票申请书"。申请书一式三联，第一联存根，第二联借方凭证，第三联贷方凭证。交现金办理本票的，第二联注销。

银行受理申请人提交的第二、第三联申请书时，应认真审查其填写的内容是否齐全、清晰；申请书填明"现金"字样的，经审查申请人和收款人是否均为个人，经审查无误后，才能受理。

转账交付的，以第二联申请书作借方凭证，第三联作贷方凭证。其会计分录为：

借：吸收存款——活期存款——申请人

　　贷：开出本票

现金交付的，注销第二联申请书，以第三联申请书作贷方凭证。会计分录为：

借：库存现金

　　贷：开出本票

出票行在办理转账或收妥现金以后，签发银行本票。签发本票要注意以下几点：

（1）本票的出票日期和出票金额必须大写，如果填写错误应将本票作废。

（2）用于转账的本票，须在本票上划去"现金"字样；按照支付结算办法规定可以用于支取现金的本票，须在本票上划去"转账"字样。

（3）申请书的备注栏内注明"不得转让"的，出票行应当在本票正面注明。

2. 银行本票付款及结清的核算

(1) 申请人和持票人不在同一行开户。

① 代理付款行付款的核算。代理付款行接到在本行开立账户的持票人直接交来的本票和二联进账单时,应认真审查:本票是否是统一规定印制的凭证,本票是否真实,提示付款期限是否超过;本票填明的持票人是否在本行开户,持票人名称是否为该持票人,与进账单上的名称是否相符;出票行的签章是否符合规定,加盖的本票专用章是否与印鉴相符;不定额本票是否有压数机压印金额,与大写的出票金额是否一致;本票必须记载事项是否齐全,出票金额、出票日期、收款人名称是否更改,其他记载事项的更改是否由原记载人签章证明;持票人是否在本票背面"持票人向银行提示付款签章"处签章,背书转让的本票是否按规定的范围转让,其背书是否连续,签章是否符合规定,背书使用粘单的是否按规定在粘接处签章。

代理付款行审查无误后,第二联进账单作贷方凭证。其会计分录为:

借:清算资金往来

　　贷:吸收存款——活期存款——持票人

② 出票行结清的核算。出票行收到票据交换提入的本票,抽出专夹保管的本票卡片或存根经审核无误后,其会计处理为:

借:开出本票

　　贷:清算资金往来

(2) 申请人和持票人在同一行开户。

出票行受理持票人交来转账本票的核算。出票行接到在本行开户的持票人交来的本票和两联进账单时,经审查无误后,第二联进账单作贷方传票。会计分录为:

借:开出本票

　　贷:吸收存款——活期存款——持票人户

五、支票

(一) 概念

支票是出票人签发的,委托办理支票存款业务的银行在见票时无条件支付确定的金额给收款人或者持票人的票据。

支票分为现金支票、转账支票。支票上印有"现金"字样的为现金支票,现金支票只能用于支取现金;支票上印有"转账"字样的为转账支票,转账支票只能转账。

(二) 基本规定

(1) 支票的使用范围为同一票据交换区域,单位和个人在同一票据交换区域的各种款项结算均可使用支票(中国人民银行于 2007 年 6 月 25 日建成全国支票影像交换系统,实现了支票在全国范围的互通使用)。

(2) 支票的使用涉及出票人、付款人和收款人。出票人即填制支票的单位或个人。出票人是经中国人民银行当地分支机构批准办理支票业务的银行机构开立支票的存款账户的单位或个人。支票的付款人为支票上记载的出票人开户银行。支票的收款人为支票上标明的收款单位或个人。

(3) 支票的提示付款期自出票日起 10 日,到期日遇节假日可以顺延,超过提示付款期的支票,出票人开户行不予受理,付款人不予付款。

(4) 记载的内容和填写要求。

第一,记载的内容:① 标明"转账支票"或"现金支票"字样;② 无条件支付的委托;③ 确定的金额;④ 付款人的名称;⑤ 出票日期;⑥ 出票人签章。

第二,填写要求:签发支票应使用碳素墨水或墨汁填写,字迹不得涂改。

(5) 支票一律记名,填明收款人名称的转账支票允许背书转让,现金支票不能背书转让。

(6) 禁止出票人签发空头支票或与银行预留印鉴不符的支票。否则,银行应予以退票,并处以按票面金额 5% 但不低于 1 000 元的罚款;持票人有权要求出票人赔偿支票金额 2% 的赔偿金。对屡次签发空头支票或与银行印鉴不符的支票,银行应停止其签发支票。

(7) 支票的丧失,失票人可以到付款行申请挂失止付。挂失前已经支付的,银行不予受理。

(8) 存款人领购支票,必须填写"票据和结算凭证领用单"并签章,签章应与预留银行印鉴相符。存款账户结清时,必须将全部剩余空白支票交回银行注销。

(三) 支票的核算

现金支票业务核算已在存款业务核算中讲述,本节讲述转账支票的核算。

1. 出票人、收款人在同一开户行的核算

(1) 银行受理收款人送交支票的核算。银行接到收款人送来的支票和两联进账单时,应认真审查以下内容:支票是否是统一规定印制的凭证,支票是否真实,提示付款期限是否超过;支票填明的收款人是否在本行开户,收款人的名称是否为该持票人,与进账单上的名称是否一致;出票人账户是否有足够支付的款项;出票人的签章是否符合规定,与预留银行的签章是否相符,使用支付密码的,其密码是否正确;支票的大小写金额是否一致,与进账单的金额是否相符;支票必须记载的事项是否齐全,出票金额、出票日期、收款人名称是否更改,其他记载事项的更改是否由出票人签章证明;背书转让的支票是否按规定的范围转让,其背书是否连续,签章是否符合规定,背书使用粘单的是否按规定在粘接处签章;持票人是否在支票的背面作委托收款背书。

经审查无误后办理付款,支票作借方凭证,第二联进账单作贷方凭证,第一联进账单加盖转讫章作收账通知交给收款人。其会计分录为:

借:吸收存款——活期存款——出票人

贷:吸收存款——活期存款——收款人

(2) 银行受理出票人送交支票的核算。银行接到出票人送来的支票和三联进账单时,经审查无误后,支票作借方凭证,第二联进账单作贷方凭证。第一联进账单加盖转讫章作回单交给出票人,第三联进账单加盖转讫章作收账通知交给收款人。会计分录为:

借:吸收存款——活期存款——出票人

贷:吸收存款——活期存款——收款人

2. 出票人、收款人不在同一开户行的核算

(1) 收款人开户行受理收款人送交支票的核算。

① 收款人开户行的核算。收款人开户行收到收款人送交的支票及两联进账单时,应按规定认真审核,经审核无误后,在第二联进账单上加盖"收托后入账"的戳记,与第一联进账单专夹保管。支票按票据交换规定及时提出交换。会计分录为:

借:清算资金往来

贷:其他应付款——收款人

待退票时间过后,若未收到退票,则转销"其他应付款"科目,并为收款人入账。以第二联进账单作贷方传票,第一联进账单加盖转讫章交给收款人。会计分录为:

借:其他应付款——收款人

贷:吸收存款——活期存款——收款人

若在退票期内收到退票时,会计分录为:

借:其他应付款——收款人

贷:清算资金往来

② 出票人开户行的核算。出票人开户行收到提入的支票后按有关规定认真审查,无误后不予退票的,支票作借方凭证。会计分录为:

借:吸收存款——活期存款——出票人账户

贷:清算资金往来

如果审查时发现支票透支、支票签章与预留银行印鉴不符等均应退票。将支票款项记入"其他应收款"科目,会计分录为:

借:其他应收款

贷:清算资金往来

下场交换时,将支票退回。会计分录为:

借:清算资金往来

　　贷:其他应收款

出票人开户行对因出票人签发空头支票或签章与预留银行印鉴不符的支票,除办理退票外,还应按规定向出票人扣收罚金,会计分录为:

借:吸收存款——活期存款——出票人

　　贷:营业外收入

(2) 出票人开户行受理出票人送交支票的核算。

① 出票人开户行的核算。接到出票人送来的支票和三联进账单时,审查无误后,支票作借方凭证,第一联进账单加盖转讫章交给出票人,进账单第二、第三联按票据交换的规定及时提出交换。会计分录为:

借:吸收存款——活期存款——出票人

　　贷:清算资金往来

② 收款人开户行的核算。收款人开户行收到交换提入的第二、第三联进账单,经审查无误后,第二联进账单作贷方凭证,第三联进账单加盖转讫章交收款人。会计分录为:

借:清算资金往来

　　贷:吸收存款——活期存款——收款人

[例4-4] A支行收到开户单位甲公司提交的转账支票一张及两联进账单,支票为在B支行开户单位乙公司签发,金额为10 000元,作出A、B两个支行的账务处理。

(1) A支行的核算。

① 支票按照规定及时提出交换。

借:清算资金往来　　　　　　　　　　　　　　　　　　　10 000

　　贷:其他应付款——甲公司　　　　　　　　　　　　　　　　10 000

② 如提出的支票超过时间未退回(未发生退票),办理转账。

借:其他应付款——甲公司　　　　　　　　　　　　　　　10 000

　　贷:吸收存款——活期存款——甲公司　　　　　　　　　　　10 000

③ 若支票由于某种原因发生退票,将支票和进账单退持票人。

借:其他应付款——甲公司　　　　　　　　　　　　　　　10 000

　　贷:清算资金往来　　　　　　　　　　　　　　　　　　　10 000

(2) B支行的核算。

① 提入支票经审查无误。不予退票,支票作借方票据。

借:吸收存款——活期存款——乙公司　　　　　　　　　　10 000

　　贷:清算资金往来　　　　　　　　　　　　　　　　　　　10 000

② 提入支票有误的,专夹保管支票,待下次交换时退回。

借:其他应收款——乙公司　　　　　　　　　　　　　　10 000

　　贷:清算资金往来　　　　　　　　　　　　　　　　　　　　10 000

③ 下次交换退回时。

借:清算资金往来　　　　　　　　　　　　　　　　　　10 000

　　贷:其他应收款——乙公司　　　　　　　　　　　　　　　　10 000

④ 如所退支票属空头支票,或印鉴与预留印鉴不符等原因,除退票外,还应按规定处以罚款。

借:吸收存款——活期存款——出票人　　　　　　　　　1 000

　　贷:营业外收入　　　　　　　　　　　　　　　　　　　　1 000

[例4-5]　依[例4-4],B 支行收到开户单位乙公司提交的三联进账单及转账支票一张,金额 10 000 元,委托其将款项付给在 A 支行开户的甲公司。按照有关规定审查无误后,支票作借方凭证,办理转账。

(1) B 支行的核算(提出贷方票据,即第二、第三联进账单)。

借:吸收存款——活期存款——乙公司　　　　　　　　　10 000

　　贷:清算资金往来　　　　　　　　　　　　　　　　　　　10 000

第一联进账单加盖转讫章交给乙公司,第二、第三联进账单加盖业务公章按照规定及时提出交换。

(2) A 支行的核算(提入第二、第三联进账单)。A 支行收到交换提入的两联进账单,经审核无误后,第二联加盖转讫章作贷方凭证。

借:清算资金往来　　　　　　　　　　　　　　　　　　10 000

　　贷:吸收存款——活期存款——甲公司　　　　　　　　　　10 000

第三联进账单加盖转讫章作收账通知交甲公司。

第三节　非票据结算业务的核算

非票据结算包括汇兑、托收承付和委托收款等不使用票据的结算方式。

一、汇兑

(一) 概念

汇兑是汇款人委托银行将款项汇给收款人的结算方式。

汇兑结算适用于汇款人向收款人主动汇款。

（二）基本规定

（1）单位和个人的各种款项结算均可使用汇兑结算方式。

（2）汇款人和收款人均为单位的，款项可直接汇入收款人的银行账户，严禁转入储蓄和信用卡账户。

（3）汇款人和收款人均为个人的，信汇、电汇凭证上必须填明的"现金"字样，才能支取现金，未填明"现金"字样，需要支取现金的，由汇入银行按照国家现金管理规定审查支付。

（4）汇款人对汇出款项要求退汇时，应备正式函件或本人身份证连同原信、电汇回单向汇出行申请退汇，由汇出银行通知汇入银行，经汇入银行证实汇款确未支付，并将款项汇回汇出行后方可办理退汇。

（5）汇入银行对于收款人拒绝接受的汇款，应即办理退汇。汇入银行对于向收款人发出取款通知，经过2个月无法交付的汇款，应主动办理退汇。

（三）汇兑的核算

1. 汇出行的核算

汇款人委托银行办理汇款时，汇款人应填写信汇凭证或电汇凭证，详细填明汇入地点、汇入银行名称、收款人名称及银行账号、汇款用途等内容，信汇凭证一式四联，第一联为回单，第二联为借方凭证，第三联为贷方凭证，第四联为收账通知。电汇凭证一式三联，第一联为回单，第二联为借方凭证，第三联为发电依据。

汇出行收到汇兑凭证后，按规定审核：汇兑凭证必须记载的各项内容是否齐全、正确；汇款人账户内是否有足够支付的余额；汇款人的签章是否与预留银行签章相符；对填明"现金"字样的信汇凭证，还应审查汇款人和收款人是否均为个人。审核无误后，即可办理汇款。

（1）转账汇款。以汇兑凭证的第二联作为借方凭证办理转账。会计分录为：

借：吸收存款——活期存款——汇款人

　　贷：存放中央银行款项

　　　　（上存辖内款项）

（2）以现金汇款。现金收托后，银行另填一联特种转账凭证，以第二联汇兑凭证作为借方凭证，会计分录为：

借：库存现金

　　贷：存放中央银行款项

　　　　（上存辖内款项）

转账后，第一联作为回单交汇款人，信汇凭证第三联加银行专用章，与第四联随同联行报单寄给汇入行；电汇的则根据第三联凭证录入数据，通过资金划汇系统向汇入行传输信息。

2. 汇入行的核算

（1）汇款人和收款人均为单位的，且收款人在汇入行开户。收款人开户行收到资金汇划系统划收款凭证，应填制电子汇划补充报单代记账凭证，将款项转入收款人账户，并向收款人发出收款通知。会计分录为：

借：存放中央银行款项

（上存辖内款项）

贷：吸收存款——活期存款——收款人

汇入行接到汇出行或转汇行寄来的邮划贷方报单，或本地跨系统转汇行交来的转汇清单和划收凭证，以及第三、第四联信汇凭证，应审查第三联信汇凭证上的联行专用章与联行报单印章是否一致（转汇的由转汇行代审查），审核无误后，第四联信汇凭证加盖转讫章作收账通知交给收款人。会计分录同上。

（2）汇款人和收款人均为个人的核算。

① 收款人在汇入行开户的，可将汇入的款项直接转入收款人的账户，会计分录为：

借：存放中央银行款项

（上存辖内款项）

贷：吸收存款——活期储蓄存款——收款人

② 收款人不在汇入行开户的。汇入行先将款项转入"应解汇款"科目。会计分录为：

借：存放中央银行款项

（上存辖内款项）

贷：应解汇款——收款人

然后，以便条通知收款人来行解付汇款。收款人持便条来行办理取款，必须携带个人身份证明。银行抽出第四联信汇凭证，并认真审查收款人的身份证件，信汇凭证上是否注明其证件名称、号码及发证机关以及收款人是否在"收款人签章"处签章。需要支取现金的，信汇凭证上必须有汇出银行按规定填明的"现金"字样，应一次办理现金支付手续，会计分录为：

借：应解汇款——收款人

贷：库存现金

[例4-6]　老王向中国工商银行A支行提交电汇凭证一份，交存现金1 000元。要求汇往异地同系统B支行开户的小王，审核无误，办理转账。

（1）A支行：

借：库存现金　　　　　　　　　　　　　　　　　　　　　　1 000

　　贷：上存辖内款项——上存×分行备付金　　　　　　　　　　　1 000

（2）B 支行：

借：上存辖内款项——上存×分行备付金　　　　　　　　　1 000

　　贷：吸收存款——活期储蓄存款——小王　　　　　　　　　　 1 000

如果小王未在 B 支行开户。

借：上存辖内款项——上存×分行备付金　　　　　　　　　1 000

　　贷：应解汇款——小王　　　　　　　　　　　　　　　　　　 1 000

另以便条通知小王办理取款手续。

小王需要支取现金的,另填制一联现金付出传票。

借：应解汇款——小王　　　　　　　　　　　　　　　　　1 000

　　贷：库存现金　　　　　　　　　　　　　　　　　　　　　　 1 000

［例 4-7］　依［例 4-6］,如果小王的开户行为异地中国农业银行 B 支行,做出 A 支行和 B 支行的账务处理。

（1）A 支行：

借：库存现金　　　　　　　　　　　　　　　　　　　　　1 000

　　贷：存放中央银行款项　　　　　　　　　　　　　　　　　　 1 000

（2）B 支行：

借：存放中央银行款项　　　　　　　　　　　　　　　　　1 000

　　贷：吸收存款——活期储蓄存款——小王　　　　　　　　　　 1 000

二、托收承付

(一) 概念

托收承付是指根据购销合同由收款人发货后委托银行向异地付款人收取款项,由付款人向银行承认付款的结算方式。

(二) 基本规定

(1) 办理托收承付结算的款项,必须是商品交易,以及因商品交易而产生的劳务供应的款项。代销、寄销、赊销商品的款项,不得办理托收承付结算。

(2) 收款人办理托收承付必须具有商品已经发运的证明(包括铁路、航空、公路等运输部门签发的运单、运单副本和邮局包裹回执),特殊情况下没有发运证件的,可凭其他有关证件办理托收承付。

(3) 签发托收凭证必须记载:标明"托收承付"的字样;确定的金额;付款人名称与账号;收款人名称与账号;付款人和收款人的开户银行;托收附寄单证张数或册数;合同名称、号码;委托日期;收款人签章。缺少上述任何一项记载的,银行不予受理。

（4）托收承付结算每笔的金额起点为 1 万元。新华书店系统每笔的金额起点为 1 000 元。

（5）付款人付款分为验单付款和验货付款两种。验单付款。验单付款的承付期为 3 天，从付款人开户银行发出承付通知的次日算起；验货付款。验货付款的承付期为 10 天，从运输部门向付款人发出提货通知的次日算起。

（6）收款人使用托收承付结算必须签发符合《经济合同法》的购销合同，并在合同上注明使用托收承付结算方式。

（7）收款人对同一付款人发出托收累计 3 次未收回款项的，收款人开户行应暂停收款人向该付款人办理托收；付款人累计 3 次提出无理拒付的，付款人开户行应暂停其向外办理托收。

（8）付款人在承付期内，未向银行提出异议，银行即视作同意付款，并在承付期满的次日（遇节假日顺延）上午银行开始营业时，主动将款项从付款人账户内划出，按照收款人指定的划款方式，划给收款人。

（9）付款人在承付期满日银行营业终了时，如无足够资金支付款项，其不足部分即为逾期付款。付款人开户行应当根据逾期付款的金额和逾期天数，每天按 5‰ 计算逾期付款赔偿金给收款人。

（10）付款人开户行对逾期未付款的托收凭证，负责进行扣款的期限为 3 个月（从承付期满日算起）。期满时，对付款人尚未支付的欠款，银行应于次日通知付款人将有关交易单证（单证已作账务处理或已经部分支付的，可以填制应付款项证明单）在 2 日内退回银行（遇节假日顺延），付款人逾期不退回单证的，银行于发出通知的第三天起，按照未付清欠款金额，每天处以 5‰ 但不低于 50 元的罚款，并暂停其向外办理结算业务，直到退回单证为止。

（三）托收承付的核算

1. 收款人开户行受理托收

（1）收款人申请办理托收时，采取邮寄划款的，应填制邮划托收承付凭证。邮划托收承付凭证一式五联，第一联回单，第二联贷方凭证，第三联借方凭证，第四联收账通知，第五联承付通知。采取电报划款的，应填制电划托收承付凭证。电划托收承付凭证一式五联，第一联回单，第二联贷方凭证，第三联借方凭证，第四联发电依据，第五联承付通知。收款人在第二联托收凭证上签章后，将托收凭证和有关单证提交开户行。

（2）收款人开户行收到上述凭证后，应认真审查：

① 托收款项是否符合托收承付结算方式规定的范围、条件、金额起点，以及其他有关规定。

② 有无商品确已发运的证件。如提供的证件需要取回的，收款人在托收凭证上是

否注明"发运日期"和"证件号码"。对提供发运证件有困难的,要审查其是否符合托收承付结算方式规定的其他条件。

③ 托收凭证必须记载的各项内容是否齐全。

④ 第二联托收凭证上是否有收款人签章,其签章是否符合规定。并查验收付双方签订的购销合同。

托收凭证应及时审查,审查时间不得超过次日。经审查无误后,对托收凭证作如下处理:在邮划或电划第一联托收凭证加盖业务公章后退给收款人。对收款人向银行提交发运证件需要带回保管或自寄的,应在各联凭证和发运证件上加盖"已验发运证件"戳记,然后将发运证件退给收款人。凭邮划或电划第二联托收凭证登记发出托收结算凭证登记簿(以下简称登记簿)后专夹保管。将邮划或电划第三、第四、第五联托收凭证(均在第三联上加盖带有联行行号的结算专用章)连同交易单证,一并寄交付款人开户行。

2. 付款人开户行的核算

付款人开户行接到收款人开户行寄来的邮划或电划第三、第四、第五联托收凭证及交易单证时,应审查付款人是否在本行开户,所附单证的张数与凭证的记载是否相符。审查无误后,在凭证上填注收到日期和承付期,及时通知付款人。验单付款的承付期为3天,从银行对付款人发出承付通知日的次日(付款人来行自取的,为银行收到托收凭证日的次日)算起(承付期内遇法定休假日顺延),必须邮寄的,应加邮寄时间;验货付款的承付期为10天,从运输部门向付款人发出提货通知日的次日算起。然后根据邮划或电划第三、第四联托收凭证,逐笔登记定期代收结算凭证登记簿。将邮划或电划第三、第四联托收凭证专夹保管,将第五联托收凭证加盖业务公章,连同交易单证一并及时交给付款人。对非属本行开户的托收凭证误寄本行的,应代为转寄,并将情况通知收款人开户行引起重视。如不能肯定付款人开户行时,则退回原托收行。

审查无误,第三联托收凭证作借方凭证,分别不同情况作如下处理:

(1) 全额付款。付款人在承付期内没有提出拒付,其账户内有足够的资金,视同默认付款。承付期满次日上午,付款人开户行主动将托收款项从付款人账户付出。以第三联托收凭证代借方传票办理转账。会计分录为:

借:吸收存款——活期存款——付款人账户

　　贷:存放中央银行款项

　　　　(上存辖内款项)

(2) 逾期付款。付款人在承付期满日银行营业终了时,无足够资金支付,其不足部分,即为逾期未付款项,付款人开户行应在承付凭证和登记簿备注栏分别注明"逾期付款"字样,并填制三联"托收承付结算到期未收通知书"将第一、第二联寄收款人开户行,第三联通知书及第三、第四联托收凭证一并保管,对未付款项按逾期付款处理。

① 付款人开户行对付款人逾期付款的部分,应根据逾期付款金额和逾期天数,按每

天 5‰计算赔偿金。赔偿金＝逾期付款金额×逾期天数×0.5‰。

逾期付款天数从承付期满日算起。承付期满日银行营业终了时,付款人如无足够资金支付,其不足部分,应当算作逾期 1 天,计算 1 天赔偿金。在承付期满的次日(遇法定节假日,逾期付款赔偿金的天数计算相应顺延,但在以后遇法定节假日应当照算逾期付款天数)银行营业终了时,仍无足够资金支付,其不足部分,应当作逾期 2 天,计算 2 天的赔偿金,以此类推。

银行审查拒绝付款期间,不能算作付款人逾期付款,但对无理拒绝付款,而增加银行审查时间的,应从承付期满日起,计算逾期付款的赔偿金。

② 赔偿金实行定期扣付,每月计算一次,于次月 3 日内单独划给收款人。在月内有部分付款的,其赔偿金随同部分支付的款项划给收款人,对尚未支付的款项,月终再计算赔偿金,于次月 3 日内划给收款人。

次月又有部分付款时,从当月 1 日起计算赔偿金随同部分支付的款项划给收款人,对尚未支付的部分从当月 1 日起至月终再计算赔偿金,于第三个月 3 日划给收款人。

第三个月仍有部分付款的,按照上述方法计扣赔偿金。

赔偿金的扣付列为企业销货收入扣款顺序的首位。

③ 付款人开户行对逾期未付款的托收凭证,负责进行扣款的期限为 3 个月(从承付期满日算起)。在此期间,银行必须按照扣款顺序陆续扣款。期满时,付款人仍无足够资金支付的,银行应于次日通知付款人将有关单证在 2 天内退回银行。银行将有关结算凭证退收款人开户行转交收款人,并将应付的赔偿金划给收款人。

对付款人逾期不能退回的单证,开户行应当自发出通知的第三天起,按照该笔尚未付清的金额,每天处以 5‰但不低于 50 元的罚款,并停止付款人向外办理结算业务,直到退回单证为止。

(3) 拒绝付款。付款人在付款期内,对下列情况,可以向银行提出全部或部分拒绝付款:

① 没有签订合同或购销合同未定明使用托收承付结算方式的款项。

② 未经双方事先达成协议,收款人提前交货或因逾期交货,付款人不再需要该项货物的款项。

③ 未按合同规定的到货地址发货的款项。

④ 代销、寄销、赊销商品的款项。

⑤ 验单付款,发现所到货物的品种、规格、数量价格与合同不符,或货物已到,经查验货物与合同规定或发货清单不符的款项。

⑥ 验货付款,经查验货物与合同规定或与发货清单不符的款项。

⑦ 货款已经支付或计算错误的款项。

不属于以上情况的,付款人不得向银行提出拒绝付款。

全部拒付的,付款人在承付期内对拒付的全部款项,应填写四联"拒付理由书",连同有关拒付证明、第五联托收凭证及所附单证送交开户行。银行严格审查,对无理拒付的,要强制扣款,并从承付期满日起,为收款人计扣逾期付款赔偿金。对符合规定拒付的,经银行主管部门审批后,在托收凭证和登记簿备注栏注明"全部拒付"或"部分拒付"的字样,然后将第一联"拒付理由书"加盖业务公章退给付款人,将第二联"拒付理由书"连同第三联托收凭证留存备查,其余所有单证一并寄给收款人开户行。

如果为部分拒付,应在托收凭证和登记簿备查栏注明"部分拒付"字样及部分拒付的金额,对同意承付的部分,以第二联"拒付理由书"代借方凭证,会计分录为:

借:吸收存款——活期存款——付款人账户(同意承付部分)

　　贷:存放中央银行款项(同意承付部分)

　　　〔上存辖内款项(同意承付部分)〕

然后,将第一联"拒付理由书"加盖转讫章交付款人,第三、第四联部分拒付理由书连同拒付部分的商品清单和有关证明寄给收款人开户行。

3. 收款人开户行收到划回款项的核算

(1)全额划回。收款人开户行接到付款人开户行或转汇行寄来的相关凭据,审查无误后,第二联托收凭证作贷方凭证,按实际金额办理收款,会计分录为:

借:存放中央银行款项

(上存辖内款项)

　　贷:吸收存款——活期存款——收款人

转账后,将第四联凭证加盖转讫章作收款通知交给收款人,并销记登记簿。如系电报划回的,应编制三联联行电划贷方补充报单,以第一联代联行来账卡片,第二联代贷方凭证,第二联托收凭证作贷方凭证附件,第三联代收账通知,其余手续与邮寄划回相同。

(2)部分划回款项的核算。银行收到付款人开户行部分划回的款项,在第二联托收凭证和登记簿上注明部分划回的金额,为收款人及时入账。其会计分里录全额划回基本相同。

(3)逾期划回、无款支付退回凭证或单独划收赔偿金的核算。收款人开户行收到第一、第二联"到期未付款通知书"后,应在第二联托收凭证上注明"逾期付款"的字样及日期,然后将第二联通知书交给收款人,第一联通知书、第二联托收凭证一并保管。待接到下一次划款或单独划回赔偿金时,比照部分划回核算办法处理。

收款人开户行在逾期付款期满后接到第四、第五联托收凭证(部分无款支付第四联托收凭证),及两联无款支付通知书各有关单证,核对无误后,抽出第二联托收凭证注明"无款支付"字样,销记登记簿,然后将其余托收凭证、无款支付通知书及有关单证交给收款人。

〔**例4-8**〕　20×1年6月1日,A支行收到外省同系统B支行寄来的托收凭证等,于当日通知付款单位甲公司,收付双方合同规定验单付款,6月4日接到甲公司的承付通知,全额划付B支行开户单位乙公司的托收款项75 000元。

（1）A支行承付款项：

借：吸收存款——活期存款——甲公司　　　　　　　　　75 000
　　贷：上存辖内款项　　　　　　　　　　　　　　　　　　75 000

（2）B支行收到划回款项：

借：上存辖内款项　　　　　　　　　　　　　　　　　　75 000
　　贷：吸收存款——活期存款——乙公司　　　　　　　　75 000

[例4-9]　承[例4-8]，假定20×1年6月4日乙公司账户上只有55 000元，逾期金额为20 000元。逾期部分按每天5‰计算赔偿金。

（1）6月4日，甲公司支付款项55 000元。

① A支行的核算：

借：吸收存款——活期存款——甲公司　　　　　　　　　55 000
　　贷：上存辖内款项　　　　　　　　　　　　　　　　　55 000

② B支行的核算：

借：上存辖内款项　　　　　　　　　　　　　　　　　　55 000
　　贷：吸收存款——活期存款——乙公司　　　　　　　　55 000

（2）6月30日，计算赔偿金。

$$赔偿金＝20 000×27×0.5‰＝270（元）$$

（3）7月3日。

① A支行划付赔偿金。

借：吸收存款——活期存款——甲公司　　　　　　　　　270
　　贷：上存辖内款项　　　　　　　　　　　　　　　　　　270

② B支行划收赔偿金。

借：上存辖内款项　　　　　　　　　　　　　　　　　　270
　　贷：吸收存款——活期存款——乙公司　　　　　　　　　270

（4）7月10日，甲公司支付10 000元货款及本次赔偿金。

$$赔偿金＝20 000×9×0.5‰＝90（元）$$

① A支行划付货款及赔偿金。

借：吸收存款——活期存款——甲公司　　　　　　　　　10 090
　　贷：上存辖内款项　　　　　　　　　　　　　　　　　10 090

② B支行划收货款及赔偿金。

借：上存辖内款项　　　　　　　　　　　　　　　　　　10 090
　　贷：吸收存款——活期存款——乙公司　　　　　　　　10 090

（5）7 月 30 日，甲公司支付 10 000 元货款及本次赔偿金。

$$赔偿金＝10\ 000\times20\times0.5‰＝100（元）$$

① A 支行划付 10 000 元货款及赔偿金。

借：吸收存款——活期存款——甲公司　　　　　　　　　　10 100
　　贷：上存辖内款项　　　　　　　　　　　　　　　　　　　10 100

② B 支行划收货款及赔偿金。

借：上存辖内款项　　　　　　　　　　　　　　　　　　　　10 100
　　贷：吸收存款——活期存款——乙公司　　　　　　　　　　10 100

三、委托收款

（一）概念

委托收款是指收款人委托银行向付款人收取款项的结算方式。按其划回方式，分邮寄和电报两种。单位和个人凭已承兑商业汇票、债券、存单等付款人债务证明办理款项的结算，均可以使用委托收款结算方式。

（二）基本规定

1. 委托

收款人办理委托收款应向银行提交委托收款凭证和有关的债务证明。

2. 付款

银行接到寄来的委托收款凭证及债务证明，审查无误办理付款。

（1）以银行为付款人的，银行应在当日将款项主动支付给收款人。

（2）以单位为付款人的，银行应及时通知付款人，按照有关办法规定，需要将有关债务证明交给付款人的应交给付款人，并签收。

付款人应于接到通知的当日书面通知银行付款。

按照有关办法规定，付款人未在接到通知日的次日起 3 日内通知银行付款的，视同付款人同意付款，银行应于付款人接到通知日的次日起第四日上午开始营业时，将款项划给收款人。

（三）委托收款的核算

1. 收款人开户行受理委托收款

收款人办理委托收款时，采取邮寄划款的，应填制邮划委托收款凭证。邮划委托收款凭证一式五联，第一联回单，第二联贷方凭证，第三联借方凭证，第四联收账通知，第五联付款通知。采取电报划款的,应填制电划委托收款凭证,电划委托收款凭证一式五联,第一联回单,第二联贷方凭证,第三联借方凭证,第四联发电依据,第五联付款通知。收款人在第二联委托收款凭证上签章后,将有关委托收款凭证和债务证明提交开户行。

收款人开户行收到上述凭证后,应按照规定和填写凭证的要求进行认真审查,无误后,对委托收款凭证作如下处理:将第一联邮划或电划凭证加盖业务公章,退给收款人。将第二联邮划或电划凭证专夹保管,并登记发出委托收款凭证登记簿。将第三联邮划或电划凭证加盖带有联行行号的结算专用章,连同第四、第五联凭证及有关债务证明,一并寄交付款人开户行。

2. 付款人开户银行付款的核算

付款人开户银行接到收款人开户银行寄来的委托收款凭证和有关债务证明,审核无误后,第三联委托收款凭证作借方凭证,有关债务证明作借方凭证附件,按实际收到的金额,办理付款,其会计分录为:

借:吸收存款——活期存款——付款人户
　　贷:上存辖内款项(等)

3. 收款人开户行办理收款的核算

收款人开户行接到付款人开户行或转汇行寄来的委托收款相关单据,审核无误后,以第二联委托收款凭证作贷方凭证,按实际收款金额,会计分录为:

借:上存辖内款项(等)
　　贷:吸收存款——活期存款——收款人户

转账后,将第四联委托收款凭证加盖转讫章作收账通知交给收款人,并销记发出委托收款凭证登记簿。如系电报划回的,应填制三联联行电划贷方补充报单,以第一联代联行来账卡片,第二联代贷方凭证,第二联委托收款凭证作附件,第三联代收账通知,其余手续与邮寄划回相同。

4. 付款人无款支付的核算

收款人开户行接到第四联委托收款凭证和第二、第三联付款人未付款项通知书以及付款人开户行留存的债务证明,抽出第二联委托收款凭证,并在该联凭证"备注栏"注明"无款支付"字样,销记发出委托收款凭证登记簿。然后,将第四联委托收款凭证及一联未付款项通知书以及收到的债务证明退给收款人。收款人在未付款项通知书上签收后,收款人开户行将一联未付款项通知书连同第二联委托收款凭证一并保管备查。

5. 拒绝付款的核算

收款人开户行接到第四、第五联委托收款凭证及有关债务证明和第三、第四联拒绝付款理由书,经核对无误后,抽出第二联委托收款凭证,并在该联凭证备注栏注明"拒绝付款"字样。销记发出委托收款凭证登记簿。然后,将第四、第五联委托收款凭证及有关债务证明和第四联拒付理由书一并退给收款人。收款人在第三联拒付理由书上签收后,收款人开户行将第三联拒付理由书连同第二联委托收款凭证一并保管备查。

第四节　银行卡业务的核算

一、银行卡的概念

银行卡是指银行向个人和单位发行的,凭以向特约单位购物、消费和向银行存取现金,具有消费信用的特制载体卡片。

二、银行卡的分类

(一) 按是否可以透支分

银行卡根据其是否可以透支划分为信用卡和借记卡。信用卡又分为贷记卡和准贷记卡。

(1) 贷记卡。贷记卡是指发卡银行给予持卡人一定的信用额度,持卡人可在信用额度内先消费或取现,后付款的信用卡。

(2) 准贷记卡。准贷记卡是指持卡人须先按发卡银行的要求交存一定金额的备用金,当备用金账户余额不足支付时,可在发卡银行规定的信用额度内透支的信用卡。

(3) 借记卡。借记卡是指先存款后消费(或取现),没有透支功能的银行卡。其按功能不同,又可分为转账卡(含储蓄卡)、专用卡及储值卡。借记卡不能透支。转账卡具有转账、存取现金和消费的功能。专用卡是在特定区域、专用用途使用的借记卡,具有转账、存取现金的功能。储值卡是银行根据持卡人的要求将资金转至卡内储存,交易时直接从卡内扣款的借记卡。

(二) 信用卡的其他分类

(1) 信用卡按发行对象不同分为单位卡和个人卡。
(2) 按币种不同分为人民币卡和外币卡。
(3) 按信息载体不同分为磁条卡和芯片卡。

借记卡的核算与活期存款的核算基本相同,不再赘述。本节主要介绍信用卡(贷记卡)的核算内容。

三、信用卡的基本规定

(一) 信用卡的当事人

(1) 发卡机构。发卡机构必须是经中国人民银行批准的商业银行和非银行金融机构。

(2) 持卡单位。凡在金融机构开立基本存款账户的单位可申领单位卡。

(3) 持卡个人。凡具有完全民事行为能力的公民可申领个人卡。

(二) 信用卡存取资金的规定

(1) 单位卡存取资金的规定。单位卡账户的资金一律从其基本户转账存入,不得交存现金,也不能将销货收入的款项存入其账户。单位卡一律不得支取现金。严禁将单位的款项存入个人卡账户。当持信用卡在特约单位购物、消费时,单位卡不得用于10万元以上的商品交易、劳务供应款项的结算。

(2) 个人卡存取资金的规定。个人卡持卡人在银行支取现金时,应将信用卡和身份证一并交发卡行或代理行。个人卡账户的资金以其持有的现金存入或以其工资性款项及属于个人劳务报酬收入转账存入。

(三) 信用卡计息的规定

(1) 对贷记卡账户内的存款(指超过信用额度的存款)不计息。

(2) 信用卡透支付息的规定:贷记卡透支利息,自签单日或银行记账日起,15日内按 0.5‰计算,超过15日按1‰计算,超过30日或透支金额超过规定限额的,按日息 1.5‰计算。

(四) 透支额度

信用卡在规定的限额和期限内允许善意透支,透支额度金卡最高不得超过10 000元,普通卡最高不得超过5 000元,或另有其他规定。透支期限最长为60天,禁止恶意透支。恶意透支是指持卡人超过规定限额或超过规定期限,并且经发卡银行催收无效的透支行为。

(五) 信用卡的收费标准

持卡人使用贷记卡消费,特约单位开户行应当按下列标准向商户收取手续费:

(1) 宾馆、餐饮、娱乐、旅游等行业不得低于交易金额的2%。

(2) 其他行业不得低于交易金额的1%。

四、信用卡(贷记卡)业务的核算

(一)信用卡发卡的手续

1. 单位卡发卡的手续

单位申请使用信用卡,应按发卡行的规定填写申请表。银行审查申请资料无误,确定信用额度后,即可向申请人发放贷记卡。

2. 个人卡发卡的手续

个人申请信用卡,应按规定向发卡行填写申请表。发卡银行批准后,应及时通知申请人前来办理领卡手续,或将个人卡寄给申请人。

(二)信用卡购物消费的核算

1. 特约单位开户行的核算

持卡人持信用卡在特约单位购物、消费时,应将信用卡交特约单位。特约单位审查无误后填制四联签购单并由持卡人签名确认,将签购单回单联连同信用卡和身份证交还持卡人。每日营业终了,特约单位根据签购单汇总填制汇计单计算手续费和净计金额,连同签购单和进账单一并送交开户行办理转账。手续费支付给中国银联和发卡行特约单位开户行收到特约单位送交的有关单证,经审查无误后,区别不同情况进行账务处理。

(1)特约单位开户行与持卡人发卡行在同一行的,会计分录为:

借:吸收存款——信用卡存款——××信用卡户

　　贷:吸收存款——活期存款——特约单位户

　　　　手续费及佣金收入(特约单位开户行收取的)

　　　　其他应付款

(2)特约单位开户行与持卡人发卡行在同一城市不同银行的,特约单位开户行应向持卡人发卡行提出票据交换,等无退票时办理转账。会计分录为:

借:清算资金往来

　　贷:吸收存款——活期存款——特约单位户

　　　　手续费及佣金收入

　　　　其他应付款

(3)特约单位开户行与持卡人发卡行为异地同系统的,通过同系统资金汇划向持卡人发卡行收取款项。会计分录为:

借:上存辖内款项——上存×分行备付金

　　贷:吸收存款——活期存款——特约单位户

　　　　手续费及佣金收入

　　　　其他应付款

（4）特约单位开户行与持卡人发卡行为异地跨系统的,通过中国人民银行现代化支付系统或异地跨系统转汇方式向持卡人发卡行收取款项,会计分录为:

借：存放中央银行款项

　　贷：吸收存款——活期存款——特约单位

　　手续费及佣金收入

　　其他应付款

2. 持卡人发卡行的核算

持卡人发卡行收到特约单位开户行同城交换提入的或寄来的有关单证时,应认真审查,无误后据以办理转账。会计分录为:

借：吸收存款——信用卡存款——××信用卡户

　　贷：存放中央银行款项

　　（清算资金往来）

　　（上存辖内款项——上存×分行备付金）

"吸收存款——信用卡存款"科目,相当于"贷款"科目。

(三) 持卡人还款的核算

持卡人还款时,其会计分录为:

借：吸收存款——活期存款——××基本存款户

　　（活期储蓄存款——××存款户）

　　贷：吸收存款——信用卡存款——持卡人信用卡户

持卡人在还款日对尚未还清的款项,持卡人开户行按计收利息的有关规定计收利息,直到还清为止。

(四) 信用卡销户的核算

1. 单位卡销户的核算

单位卡销户时,应向银行提交授权单位的销户证明和基本存款账户开户许可证及单位卡,银行核对无误后,收回单位卡,由持卡人签名后结清账户。并将存款数超过信用额度的部分转入该单位的基本存款户。

借：吸收存款——信用卡存款——××信用卡户

　　贷：吸收存款——活期存款——××基本存款户

对尚未归还的款项一并还清方能销户。

2. 个人卡销户的核算

个人卡销户时应向银行提交持卡人的身份证和个人卡,银行核对无误后,收回个人卡,由持卡人签名后结清账户,并将存款数超过信用额度的部分付给现金或转入持卡人储蓄账户。

借:吸收存款——信用卡存款——××信用卡户

　　贷:库存现金

　　　　(吸收存款——活期储蓄存款——××存款户)

归还尚未还清的款项,会计分录为:

借:吸收存款——活期储蓄存款——××存款户

　　(库存现金)

　　贷:吸收存款——信用卡存款——××信用卡户

关　键　术　语

支付结算　票据结算　银行本票　银行汇票　商业汇票　托收承付　委托收款
汇兑　转账支票　信用卡

思　考　题

1. 简述银行本票核算流程。
2. 简述银行汇票核算流程。
3. 简述委托收款和托收承付的异同点。
4. 简述代理付款行受理银行本票应审查的内容。
5. 简述支票核算流程。
6. 简述委托收款的基本核算流程。
7. 简述托收承付结算方式的基本规定。
8. 简述银行承兑汇票的基本核算流程。
9. 简述个人信用卡消费的核算过程。
10. 简述汇兑结算的基本核算流程。

业　务　题

中国工商银行甲支行20×1年12月份发生下列经济业务。要求:编制会计分录。

（金额：万元）

1. 1 日，收到 A 公司转账支票及两联进账单，金额 10 万元，出票人为在本行开户的 B 公司，审核无误，办理转账。

2. 2 日，收到 A 公司转账支票及三联进账单，金额 5 万元，收款人为在本行开户的 C 公司，审核无误，办理转账。

3. 3 日，收到 B 公司交来的转账支票和两联进账单，金额 6 万元，出票人在同城他行开户的 D 公司，审核无误，将支票提出交换。

4. 4 日，收到 B 公司交来的转账支票和三联进账单，金额为 2.5 万元，收款人为在他行开户的 E 公司，审核无误，将进账单提出交换。

5. 5 日，提入进账单金额 5.5 万元，收款人为在本行开户的 F 公司，出票人为在同城本系统乙支行开户的 G 公司，审核无误，办理转账。

6. 6 日，提入转账支票金额 8 万元，出票人为在本行开户的 L 公司，审核无误，不退票。

7. 7 日，收到本行开户的甲公司交来的"银行本票申请书"，现金 5 万元，审核无误，收妥款项，签发银行本票。

8. 8 日，收到开户单位乙公司交来银行本票和进账单，银行本票为其他系统行签发，金额为 2.6 万元，审核无误，办理转账。

9. 9 日，提入转账银行本票审定为本行签发，金额为 8 万元，代理付款行为同城其他系统行，审核无误，办理转账。

10. 10 日，收到开户单位丙公司交来的转账银行本票、两联进账单金额 7.5 万元，银行本票为本行签发，审核无误，办理转账。

11. 11 日，收到丁公司交来的银行汇票申请书及现金 5 万元，收妥款项，审核无误，签发银行汇票。

12. 12 日，收到持票人戊公司交来银行汇票第二、第三联，出票金额为 9.5 万元，实际结算金额为 9 万元，出票行为外省同系统行，审核无误，办理转账。

13. 13 日，收到开户单位光明工厂的承付通知，划付外省跨系统某支行的托收款项 7.5 万元。

14. 14 日，收到外省跨系统某支行划回的委托收款 1.5 万元，收款人为在本行开户的华夏公司。

15. 15 日，储户张某持活期存折办理汇兑业务，要求将 3 万元汇往外地同系统开户的李某，审核无误，办理转账。

16. 16 日，收到外省同系统×支行寄来的委托收款凭证及储户王×的 1 年期整存整取定期存单，存款金额 5 万元已到期，利息 0.15 万元，审核无误，向外省×支行划付款项。

17. 17 日，一张银行承兑汇票到期，向承兑申请人 F 公司收取票款 20 万元，但 F 公司当日活期存款账户余额只有 18 万元。

18. 18 日，收到开户单位东方商厦提交的签购单、进账单，金额 6 万元，信用卡的持卡人发卡行在同城他行，按 1% 收取手续费，审核无误，办理转账。

19. 20 日，已贴现的商业汇票到期，未从付款人那收到票款，贴现申请人为在本行开户的秦川厂，票据金额为 20 万元，扣收秦川厂当天活期存款 15 万元，其余 5 万未收到。

第五章 资金汇划与清算业务的核算

重点提示

　　学习本章,学生应重点掌握商业银行系统内资金清算业务的核算,熟知资金清算业务的分类和我国资金清算业务支付系统的架构体系,了解中国现代化支付系统中大额支付系统和小额支付系统的核算。

第一节 资金汇划与清算业务的概述

一、资金清算业务的概念

　　资金清算是金融机构之间办理资金调拨、划拨支付结算款项,并对由此引起的资金存欠进行的清偿。

　　对资金清算可以从实现支付结算的工具和由划拨支付结算款项而形成的行与行之间的资金存欠进行清偿两个层面上理解。资金清算分为系统内资金清算与跨系统资金清算。

二、资金清算业务的分类

(一) 同城清算与异地清算

　　同城清算是指同一城市不同银行之间的资金往来。同城清算有广义和狭义之分,广义的同城清算指的是同处于一个经济带的若干城市群银行之间的清算,这些城市群处于同一票据交换区域,也称大同城,如珠江三角洲、京津唐之间不同银行的清算,狭义的同城清算就是仅限于同一个城市的商业银行,如北京市、上海市等银行之间的清算。

　　异地清算是指不同城市或区域之间的银行资金往来清算。

(二) 往账清算与来账清算

对于商业银行来说,在办理资金清算业务时,按资金的流向,可以将资金划分为来账和往账两大类。对于一笔社会支付结算业务,资金由付款人流向收款人,商业银行在办理这笔业务时,通常由资金付款人的银行,发出往账报单,即发报行,办理资金支付;而作为资金收款人的银行接收发报行发过来的报单,即收报行,办理资金来账。对于一个商业银行来说,每天既要处理往账业务又要处理来账业务,因此,要求商业银行在进行资金清算时,要严格区分来账和往账,这就形成了往账清算和来账清算。

(三) 全额实时清算和差额定时清算

全额实时清算,即参加资金清算的银行,采用实时处理方式,对每一笔收款或付款业务实时转发,并对其账户实时清算。

差额是指银行按同一币种,在同一交易日的交易金额的净差额。即银行将各自应收应付款项的金额进行轧差,得到应收差额或应付差额,然后在固定时间通过人民银行的清算账户进行资金划拨。这就是差额定时清算。

三、资金汇划清算业务支付系统的架构体系

资金汇划清算业务支付体系通过不断建设和发展,目前已逐步形成一个以中国现代化支付系统为核心,商业银行系统内电子汇划系统为基础,各地同城票据交换所并存,支撑多种支付工具的应用和满足各种经济活动支付需要的中国支付清算体系。

单位、个人办理结算,收、付款双方有的在同系统银行开户,有的不在同一银行系统开户,有的在同城开户,有的在异地开户,这样就形成商业银行之间的资金汇划业务有的是同系统的,有的是跨系统的,有的是同城的,有的是异地的。同城的商业银行之间款项汇划与清算无论是同系统还是跨系统,均可通过"同城票据交换"或"同业存放"款项的划转来完成。而异地商业银行跨系统资金汇划与清算,分为两种情况:一是开通现代化支付系统地区的商业银行,其资金汇划与清算通过中国人民银行现代化支付系统完成;二是没有建立现代化支付系统地区的商业银行,其资金汇划与清算就要通过商业银行之间相互转汇的方式完成,即采用"跨系统汇划款项,相互转汇"的方式。根据不同汇划与清算情况,可将资金汇划清算业务的支付系统分为以下几种。

(一) 中国现代化支付系统

为了适应我国金融改革发展的要求,2000 年 10 月,中国人民银行在原有的全国电子联行的基础上建立了一套更为先进的中国现代化支付系统,由大额实时支付系统和小额批量系统组成。大额实时支付系统实行逐笔处理支付指令,全额清算资金,旨在为

各银行和广大企事业单位提供快捷、安全、可靠的支付清算服务。小额批量支付系统实行批量发送支付指令,轧差净额清算资金,旨在为社会提供低成本、大业务量的支付清算服务。2002 年 10 月 8 日,大额实时支付系统在北京、武汉成功投产运行。标志着中国现代化支付系统建设取得了突破性进展。2005 年 6 月 27 日,大额实时支付系统在全国推广完成,实现了我国异地跨系统支付系统从手工联行到电子联行再到现代化支付系统的跨越式发展的历史性飞跃。2006 年 6 月 26 日,小额批量支付系统完成了在全国的推广运行。标志着存续了几十年的传统联行方式正式退出历史舞台。

(二)商业银行系统内电子汇划系统

商业银行系统内电子汇划系统是系统内联行办理结算资金和内部资金汇划与清算的工具,是一套全新的集汇划业务、资金清算与划拨业务、结算业务为一体的综合性运用系统。商业银行系统内电子汇划系统是以现代通信技术的发展和计算机网络在银行业务中的广泛应用为平台,将商业银行所有的营业机构有机地结合在一起,替代了传统的联行业务,使得资金的汇划速度得以提高,确保汇划资金安全,更好的发挥商业银行在市场经济中的服务职能。

(三)同城票据交换系统

同城票据交换系统是指同一城市(或区域)范围内,各商业银行之间相互代收、代付的票据,定时、定点集中相互交换并清算资金存欠的一套系统。同城票据交换由人民银行监督并清算资金,具体办法由中央银行各分支行自行制定,设立统一的交换场所,规定统一的交换时间。参加清算的各商业银行需向中央银行申请,经批准并发给交换号码后方能参加交换。各商业银行之间的资金清算一律通过在中央银行开立的备付金账户划转。同城票据交换系统可以概括为:定时定点、集中交换、当场轧平、划转差额。

(四)银行卡支付系统

银行卡支付系统是由银行卡跨行支付系统以及发卡行内银行卡支付系统组成的专门处理银行卡跨行加以信息转接盒交易清算业务,由中国银联建设和运营,具有借记卡和信用卡、密码方式和签名方式共享等特点。2004 年,银行卡跨行支付系统成功接入中国人民银行大额实时支付系统,实现了银行卡跨行支付的实时清算。

(五)商业银行异地跨系统转汇系统

异地商业银行跨系统资金汇划与清算业务,对尚未开通现代化支付系统的城市,就要通过商业银行间相互转汇的方式完成,即采用"跨系统汇划款项,相互转汇"的方式。根据商业银行机构设置的不同,可分别采用三种划款方式,分别是"先横后直"方式、"先直后横"方式及"先直后横再直"方式。

　　本章主要讲述商业银行系统内资金汇划业务的核算、中国现代化支付系统业务的核算。而同城票据交换业务的核算、商业银行异地跨系统转汇的核算将在第六章中讲述。银行卡支付业务的核算已在第四章中讲述,在此不再赘述。

第二节　商业银行系统内资金汇划业务的核算

　　商业银行系统内资金汇划业务又称电子汇划业务,是由于商业银行系统内各银行间办理资金调拨、货币结算、相互间代收、代付款项而引起的,是我国的资金清算业务支付体系的基础,是加速社会资金流动的有力工具。及时、准确、快捷、安全地组织商业银行系统内资金汇划业务的核算是银行会计的重要任务。

一、电子汇划系统的架构

　　电子汇划系统由汇划业务经办行(简称经办行)、清算分中心、省区分行和总行清算中心组成,各行间通过计算机网络连接,如图5-1所示。

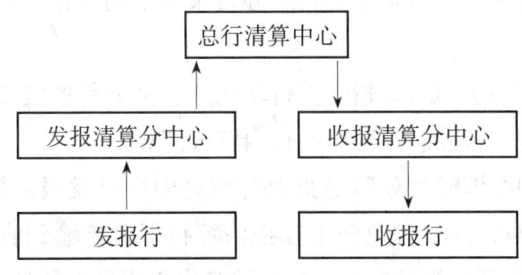

图5-1　电子汇划系统的架构

　　经办行就是办理结算和资金汇划的银行。经办行在清算分中心开立账户,具体办理汇划业务,汇划业务的发生行是发报经办行(简称发报行),汇划业务的接受行是收报经办行(简称收报行)。各经办行负责电子汇划业务往来的发报、收报以及办理查询查复业务。

　　清算分中心是在总行清算中心开立备付金存款账户的银行,各直辖市分行和二级分行均为清算分中心。清算分中心负责办理辖属银行电子汇划业务往来报文的转发、账务核算管理、资金清算,并对辖属经办行进行业务指导。

　　总行清算中心主要办理系统内各经办行之间的资金汇划、各清算分中心之间的资金清算及资金拆借、清算账户等账务的核算与管理。

清算行及经办行的设立、撤销，应由主管分行向总行提出书面申请，总行核准同意后颁发或撤销电子汇划联行账号。电子汇划联行账号是参加电子汇划系统的专用标识，经办行依据电子汇划联行账号办理资金汇划清算业务的发报和收报。

二、电子汇划业务的基本做法

电子联行资金汇划清算基本做法是实存资金，同步清算，头寸控制，集中监督。

（1）实存资金。实存资金是指以清算行为单位在总行清算中心开立备付金存款账户，用于汇划款项时资金的清算。

（2）同步清算。同步清算是指发报经办行通过其清算行经总行清算中心将款项划至收报经办行的同时，总行清算中心办理清算行之间的资金清算。

（3）头寸控制。头寸控制是指各清算行在总行清算中心开立的备付金存款账户应保留足够余额，不得透支，便于总行清算中心对各行汇划款项实行集中清算。如清算行备付金存款余额不足，应及时调入。

（4）集中监督。集中监督是指总行清算中心对汇划往来数据发送、资金清算、备付金存款账户资信情况和行际间查询查复事宜进行管理和监督。

在电子联行汇划中，通过计算机网络系统，采取"汇划数据实时发送，各清算行控制进出，总行清算中心即时处理，汇划资金按时到达"的办法。

所谓"汇划数据实时发送"，是指发报经办行录入汇划数据后，全部即时发送到发报清算行。

所谓"各清算行控制进出"，是指清算行辖属所有经办行的资金汇划、查询查复等全部通过清算行进出，清算行控制辖属经办行内资金清算。

所谓"总行清算中心即时处理"，是指总行清算中心对发报清算行传输来的汇划数据即时传输到收报清算行。实时业务由收报清算行即时传输到收报经办行，批量业务由收报清算行次日传输到收报经办行。总行清算中心当日更新各清算行备付金存款。

所谓"汇划资金按时到达"，是指实时业务即时到达，批量业务次日到达收报经办行。为了区分轻重缓急，实时业务实时处理，对紧急款项和查询查复事项即时处理。即时到达收报经办行。批量业务批量处理，可次日到达收报经办行。

三、电子汇划的日常账务处理

收付款人之间的资金往来通过电子汇划系统，要经过发报行、清算分中心、总行清算中心、收报清算分中心和收报行五个处理环节。实际操作中，应根据资金的流向，按照"先收款、后记账"和"先记账、后付款"的要求办理账务核算。

1. 发报行

发报行根据联行业务种类，进行业务处理。若贷报业务，经办人员根据汇划凭证录入有关内容。其会计分录如下：

借：吸收存款——活期存款——付款人户

　　贷：上存辖内款项——上存分行备付金存款户

若借报业务，则会计分录相反。业务数据经过复核，按规定权限内授权无误后，产生有效汇划数据发送至发报清算分中心。

2. 发报清算分中心

发报清算分中心收到发报行传输过来的数据，若贷报业务，其会计分录如下：

借：辖内存放款项——发报行备付金存款户

　　贷：上存系统内款项——上存总行备付金存款户

若借报业务，则会计分录相反。

经过按规定权限授权、编押及账务处理后由计算机自动传输至总行清算中心。

3. 总行清算中心

总行清算中心收到各发报清算分中心汇划款项，由计算机自动登记后，将款项传送至收报清算分中心。每日营业结束终了更新各清算分中心在总行开立的备付金存款账户。

如贷方汇划款项，其会计分录如下：

借：系统内存放款项——发报清算分中心备付金存款户

　　贷：系统内存放款项——收报清算分中心备付金存款户

若借方汇划款项，则会计分录相反。

4. 收报清算分中心

收报清算分中心收到总行清算中心传来的汇划业务数据，计算机自动检测收报行是否为辖属行处，并经核押无误后自动进行账务处理。实时业务及时处理并传至收报经办行；批量业务处理后次日传至收报经办行。

如为贷方汇划业务，其会计分录如下：

借：上存系统内款项——上存总行备付金存款户

　　贷：辖内存放款项——×支行备付金存款户

借：上存系统内款项——上存总行备付金存款户

　　贷：辖内存放款项——××行处备付金存款户

5. 收报行

收报行收到收报清算分中心传来的汇划业务数据，经检查无误后，打印"资金汇划（贷方）补充凭证"或"资金汇划（借方）补充凭证"一式两份，并自动进行账务处理。

如贷方汇划业务，其会计分录如下：

借：上存辖内款项——上存×分行备付金存款户

　　贷：吸收存款——活期存款——收款人户

若借方汇划业务，则会计分录相反。

[例 5 - 1]　中国农业银行陕西省西安市分行甲支行于 5 月 15 日通过电汇代开户单位开元公司支付货款 80 000 元,收款单位为中国农业银行广东省广州分行乙支行开户的华丰公司。各行的会计分录为:

甲支行:

借:吸收存款——活期存款——开元公司户　　　　　　　　　80 000
　　贷:上存辖内款项——上存西安市分行备付金存款户　　　　　　　80 000

西安市分行:

借:辖内存放款项——甲支行备付金存款户　　　　　　　　　80 000
　　贷:上存系统内款项——上存总行备付金存款户　　　　　　　　　80 000

中国农业银行总行:

借:系统内存放款项——西安市分行备付金存款户　　　　　　80 000
　　贷:系统内存放款项——广州市分行备付金存款户　　　　　　　　80 000

广州市分行:

借:上存系统内款项——上存总行备付金存款户　　　　　　　80 000
　　贷:辖内存放款项——乙支行备付金存款户　　　　　　　　　　　80 000

乙支行:

借:上存辖内款项——上存广州市分行备付金存款户　　　　　80 000
　　贷:吸收存款——活期存款——华丰公司户　　　　　　　　　　　80 000

四、汇差资金清算

汇差资金是指参加资金汇划往来业务的各行处代收代付款项形成的资金占用额,在其清算资金往来账户实时结算后的差额。汇差资金管理按照"共同管理、逐级清算、及时划回"的原则,适时监控,既保证支付需要,又不占用过多资金。

1. 总行清算中心的处理

总行清算中心根据资金汇划系统自动生成的各级清算行的汇差金额,调增应收汇差行的备付金存款,调减应付汇差行的备付金存款,其会计分录为:

借:系统内款项存放——××分行备付金存款户(应付汇差行)
　　贷:系统内款项存放——××分行备付金存款户(应收汇差行)

2. 清算行的处理

清算行根据资金汇划系统自动生成的本行汇差金额及所辖各经办行的汇差金额,对所辖各经办行进行资金清算。若清算行为应收汇差行,则会计分录为:

借:上存系统内款项——上存总行备付金存款户
　　辖内存放款项——××行处(应付汇差行)
　　贷:辖内存放款项——××行处(应收汇差行)

若清算行为应付汇差行,则会计分录为:

借:辖内存放款项——××行处(应付汇差行)

　　贷:上存系统内款项——上存总行备付金存款户

　　　　辖内存放款项——××行处(应收汇差行)

第三节　中国现代化支付系统业务的核算

一、中国现代化支付系统概述

(一) 现代化支付系统的体系结构

中国人民银行通过建设现代化支付系统,将逐步形成一个以中国现代化支付系统为核心,商业银行行内系统为基础,各地同城票据交换所并存,支撑多种支付工具的应用和满足社会各种经济活动支付需要的中国支付清算体系。为适应各类支付业务处理的需要,现代化支付系统由大额支付系统(HVPS)和小额批量支付系统(BEPS)两个应用系统组成。

中国现代化支付系统建有两级处理中心,即国家处理中心(NPC)和全国省会(首府)及深圳城市处理中心(CCPC)。国家处理中心分别与各城市处理中心连接,其通信网络采用专用网络,以地面通信为主,卫星通信备份。

政策性银行和商业银行是支付系统的重要参与者。各政策性银行、商业银行可利用行内系统通过省会(首府)城市的分支行与所在地的支付系统 CCPC 连接,也可由其总行与所在地的支付系统 CCPC 连接。同时,为解决中小金融机构结算和通汇难问题,允许农村信用合作社自建通汇系统,比照商业银行与支付系统的连接方式处理;城市商业银行银行汇票业务的处理,由其按照支付系统的要求自行开发城市商业银行汇票处理中心,依托支付系统办理其银行汇票资金的移存和兑付的资金清算。

(二) 中国现代化支付系统的作用

(1) 加快资金周转,提高社会资金的使用效益。社会经济、金融的运行,每天都有大量巨额资金进入支付清算环节,处于流转状态。支付清算效率的高低、资金流转的快慢,对市场经济的发展将会产生巨大的影响。中国现代化支付系统是现代经济的血脉。大额支付系统,采取从发起行到接收行的全过程的自动化处理,实行逐笔发送、实时清算。通过支付系统处理的每笔支付业务不到 60 秒即可到账。

(2) 支撑多样化支付工具的使用,满足各种社会经济活动的需要。中国现代化支付系统,尤其是其中的小额批量处理系统能够支撑各种贷记、借记支付业务的快速处理,并能为其提供大业务量、低成本的服务,可以满足社会各种经济活动的需要。

（3）培育公平竞争的环境,促进银行业整体服务水平的提高。随着我国金融体制改革的不断深化,逐步形成了政策性银行、国有独资商业银行、股份制银行、城市商业银行、农村合作银行、城乡信用合作社以及外资银行的组织体系,相互之间既有合作也有竞争。建设运行的中国现代化支付系统,是中国人民银行为金融机构提供的一个公共的支付清算服务平台,所有符合条件的银行及其分支机构都可以参与到这个系统中,从而为各金融机构创造一个公平竞争的经营环境,推动各银行的有序竞争,促进银行业整体服务水平的提高。

二、大额支付系统

大额支付系统实行逐笔实时处理,全额清算资金。建设大额支付系统的目的,就是为了给各银行和广大企业单位以及金融市场提供快速、高效、安全、可靠的支付清算服务,防范支付风险。同时,该系统对中央银行更加灵活、有效地实施货币政策具有重要作用。

（一）大额支付系统业务范围

大额支付系统业务范围包括一般大额支付业务、即时转账业务和城市商业银行银行汇票业务。

（1）一般大额支付业务,是由发起行发起,逐笔实时发往国家处理中心,国家处理中心清算资金后,实时转发接收行的业务,包括汇兑、委托收款划回、托收承付划回、中央银行和国库部门办理的资金汇划等。

（2）即时转账支付业务,是由与支付系统国家处理中心直接连接的特许参与者（第三方）发起,通过国家处理中心实时清算资金后,通知被借记行和被贷记行的业务,目前主要由中央债券综合业务系统发起。

（3）城市商业银行银行汇票业务,是支付系统为支持中小金融机构结算和通汇而专门设计的支持城市商业银行银行汇票资金的移存和兑付的资金清算的业务。

（二）参与者

大额支付系统参与者分为直接参与者、间接参与者和特许参与者。

直接参与者是指直接与支付系统城市处理中心连接并在中国人民银行开设清算账户的银行机构以及中国人民银行地市级（含）以上中心支行（库）。

间接参与者是指未在中国人民银行开设清算账户而委托直接与者办理资金清算的银行和非银行金融机构以及中国人民银行县（市）支行（库）。

特许参与者是指经中国人民银行批准通过大额支付系统办理特定业务的机构。

(三) 业务处理程序

大额支付系统处理的支付业务,其信息从发起行发起,经发起清算行、发报中心、国家处理中心、收报中心、接收清算行,至接收行止(见图5-2)。

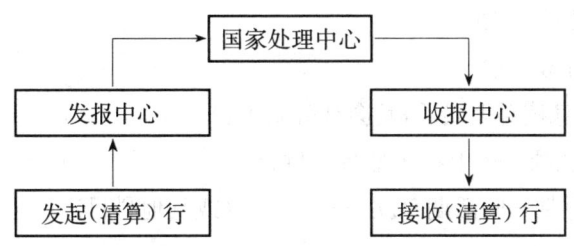

图 5-2 大额支付系统处理程序

发起行是向发起清算行提交支付业务的参与者。

发起清算行是向支付系统提交支付信息并开设清算账户的直接参与者或特许参与者。发起清算行也可作为发起行向支付系统发起支付业务。

发报中心是向国家处理中心转发发起清算行支付信息的城市处理中心。

国家处理中心是接收、转发支付信息,并进行资金清算处理的机构。

收报中心是向接收清算行转发国家处理中心支付信息的城市处理中心。

接收清算行是向接收行转发支付信息并开设清算账户的直接参与者。

接收行是从接收清算行接收支付信息的参与者。接收清算行也可作为接收行接收支付信息。

在该程序参与中,发起行和接收行为间接参与者;发起清算行、发报中心、收报中心、接收清算行均为直接参与者。

(四) 大额支付系统业务的核算

在大额支付系统的核算中,发起行与清算行之间以及清算行与接收行之间的支付信息传输后的处理,按各行系统内往来的规定处理,这里只介绍发起行(发起清算行)、接收行(接收清算行)的处理方法,且发起行(发起清算行)、接收行(接收清算行)均为商业银行。

1. 发起行(发起清算行)大额支付业务的核算

借:××科目

　　贷:存放中央银行款项

2. 接收行(接收清算行)大额支付业务的核算

接收行清算行接收到支付信息后,如果属于本行业务,则本行进行业务处理;如果属于辖内接收行的业务,则输出给接收行。

接收清算行接收本行的业务,其会计分录为:

借:存放中央银行款项

　　贷:吸收存款——活期存款——××户(或其他科目)

接收清算行接收属于辖内接收行的业务,需输出给接收行,其会计分录为:

借:存放中央银行款项

　　贷:辖内存放款项

接收行收到信息核对无误后,其会计分录为:

借:上存辖内款项——上存×分行备付金

　　贷:吸收存款——活期存款——××户(或其他科目)

三、小额支付系统

小额支付系统在一定时间内对多笔支付业务进行轧差处理,净额清算资金。建设小额批量支付系统的目的,为社会提供低成本、大业务量的支付清算服务,支撑各种支付业务的使用,满足社会各种经济活动的需要。

小额支付系统主要处理同城或异地 2 万元以下的跨行交易,可支持汇兑、委托收款、代发工资、实时缴税、实时扣税、通存通兑、公用事业费收缴、支票截留等多种支付工具和支付方式,为社会提供低成本、大业务量的支付清算服务。

小额支付系统与大额支付系统最大的区别就在于批量处理支付业务,轧差净额清算资金。小额支付系统和大额支付系统在运作原理上基本相同,两者共享清算账户清算资金。

(一) 小额支付系统业务范围

(1) 普通贷记业务,主要包括规定金额以下的进账单、电汇、委托收款划回、托收承付划回、行间转账以及国库汇划款项等主动汇款业务。

(2) 定期贷记业务,主要包括代付工资、保险金等定期批量付款的业务。

(3) 普通借记业务,主要包括双方或三方签订的跨行利息汇划、国库汇划款项等业务。

(4) 定期借记业务,主要包括收取水、电、煤、气等定期批量收款的业务。

(5) 信息服务业务,主要包括查询、查复以及支票圈存等非支付类信息业务。

(二) 小额支付系统业务的核算

发起行(发起清算行)与接收行(接收清算行)小额支付系统业务的账务处理与大额支付基本相同。

1. 发起行(发起清算行)小额支付业务的核算

借：××科目

　　贷：存放中央银行款项

2. 接收行(接收清算行)小额支付业务的核算

接收清算行接收到支付信息后,如果属于本行业务,则本行进行业务处理;如果属于辖内接受行的业务,则输出给接收行。

接收清算行接收本行业务,其会计分录为：

借：存放中央银行款项

　　贷：吸收存款——活期存款——××户(或其他科目)

接收清算行接收属于辖内接收行的业务,需输出给接收行,其会计分录为：

借：存放中央银行款项

　　贷：辖内存放款项

接收行收到信息核对无误后,其会计分录为：

借：上存辖内款项——上存×分行备付金

　　贷：吸收存款——活期存款——××户(或其他科目)

关 键 术 语

资金清算　电子汇划　款项汇划　大额支付系统　小额支付系统

思 考 题

1. 什么是资金清算业务? 资金清算业务如何分类?

2. 我国资金清算业务支付系统的架构体系由哪些组成?

3. 商业银行系统内电子汇划业务的基本做法是什么?

4. 中国现代化支付系统有哪些作用?

5. 简述大额支付系统与小额支付系统各自的业务范围。

业 务 题

1. 中国建设银行西安分行长安路支行为其开户单位国贸公司支付一笔货款100 000元,

汇至中国农业银行上海市分行南京路支行的开户单位华普科贸公司。要求：做出汇出行、汇入行的账务处理。

2. 中国民生银行南京分行淮河分理处代其开户单位红星公司收取一笔60 000元的货款，其付款单位为中国民生银行天津分行长乐分理处的开户单位大华公司。请就此业务进行发报行、发报清算分中心、总行清算中心、收报清算分中心、收报行的账务处理。

第六章　金融机构往来业务的核算

重点提示 ||||||

　　金融机构往来有广义往来和狭义往来之分。广义往来包括金融机构之间的相互往来;狭义往来是指商业银行与中央银行之间以及商业银行之间的往来,本章介绍狭义往来。学习本章,学生应重点掌握狭义往来的业务中商业银行的账务处理。

第一节　金融机构往来业务概述

　　金融机构,尤其是银行,是国民经济运行的枢纽,货币信用和资金融通活动在很大程度上都要由金融机构办理。经过改革开放 40 多年的发展,我国目前形成了以中央银行(即中国人民银行)为核心,以商业银行和政策性银行为主体,多种金融机构并存,分工协作并相互竞争的金融机构体系。国民经济中各部门、各单位和个人之间的资金划拨、结转与清算都必须通过金融机构来完成,各金融机构之间必然存在频繁的资金往来。

一、金融机构往来的内容

　　金融机构往来是指各金融机构之间由于办理资金的调拨与缴存、款项汇划与结算、资金的融通与拆借等原因而引起的资金账务往来。往来的主体有三个,即中央银行、商业银行和非银行金融机构。金融机构往来包括广义往来和狭义往来。广义的金融机构往来,是指各商业银行之间、商业银行与中央银行之间、商业银行与非银行金融机构之间、中央银行与非银行金融机构之间以及各非银行金融机构之间的往来等。狭义的金融机构往来,主要包括中央银行与商业银行之间、各商业银行之间的往来等。本章主要阐述狭义的金融机构往来。

（一）商业银行与中央银行往来

商业银行与中央银行往来,是指中央银行与国有商业银行、股份制商业银行以及地方性商业银行之间由于资金调拨与融通、款项汇划与结算等引起的资金账务往来。商业银行与中央银行往来的业务,主要包括各商业银行向中央银行存取款项;商业银行向中央银行缴存的财政性存款和法定存款准备金;商业银行向中央银行借款以及再贴现、同城票据交换、通过中央银行办理异地跨系统资金汇划等。

（二）商业银行之间的往来

商业银行之间往来又称同业往来,是指商业银行之间由于办理资金结算、汇划相互拆借等业务引起的资金账务往来。商业银行之间的往来的主要业务包括尚未开通现代化支付系统城市的商业银行跨系统汇划款项、同业拆借、转贴现、同业存放等。

二、金融机构往来业务核算的基本要求

金融机构往来反映了各金融机构之间的债权债务关系,其核算基本要求如下:

(1) 资金分开、独立核算。各金融机构与中央银行、各金融机构之间的往来资金、账务要严格分开并独立核算。

(2) 金融机构之间的资金占用要及时清算。如遇到临时资金不足,可相互进行资金拆借,到期应及时还本付息;相互代收、代付款项的汇划和票据交换的差额也应及时办理资金划拨手续。

(3) 有利于畅通汇路。金融机构应准确、及时、迅速地传递结算凭证,及时办理转账手续,以提高社会资金融通周转效率。

三、本章会计科目的设置

（一）向中央银行借款

本科目属于负债类科目,用来核算银行向中央银行借入的款项。本科目可按借款性质进行明细核算。

银行应按实际收到向中央银行借入的款项,借记"存放中央银行款项"科目,贷记本科目;归还借款做相反的会计分录。资产负债表日,应按计算确定的向中央银行借款的利息费用,借记"利息支出"科目,贷记"应付利息"科目。本科目期末贷方余额,反映银行尚未归还的借款。

（二）贴现负债

本科目属于负债类科目,用来核算企业(银行)办理商业汇票的再贴现、转贴现等业

务所融入的资金。

企业(商业银行)持贴现票据向中央银行或其他金融机构办理再贴现、转贴现时,应按实际收到的金额,借记"存放中央银行款项"等科目,按贴现票据金额,贷记本科目(面值),按其差额,借记本科目(利息调整)。

资产负债表日,按计算确定的利息费用,借记"利息支出"科目,贷记本科目(利息调整)。

贴现票据到期,应按贴现票据的票面金额,借记本科目(面值),按实际支付的金额,贷记"存放中央银行款项"等科目,按其差额,借记"利息支出"科目。存在利息调整的,也应同时结转。

本科目可按贴现金融机构,分别"面值""利息调整"进行明细核算。

(三) 拆出资金

"拆出资金"科目属于资产类科目,用来核算拆出行拆出资金的增减变动情况及其结余情况。拆出资金时,借记本科目,贷记"存放中央银行款项"科目;当收回拆出的资金时,借记"存放中央银行款项"科目,贷记本科目;本科目余额在借方,表示尚未收回的拆出资金。本科目应按拆借单位进行明细核算。

(四) 拆入资金

"拆入资金"科目属于负债类科目,用来核算拆入行拆入资金的增减变动及其结余情况。当拆入资金时,借记"存放中央银行款项"科目,贷记本科目;当归还拆入资金时,借记本科目,贷记"存放中央银行款项"科目;本科目余额在贷方,表示尚未归还的拆入资金。本科目应按拆出单位进行明细核算。

(五) 存放同业

"存放同业"科目属于资产类科目,用来核算存放于境内、外银行和非金融机构的款项的增减变动及其结余情况。当本行增加在同业的存款时,借记本科目,贷记"存放中央银行款项"科目;减少在同业的存款时,借记"存放中央银行款项"科目,贷记本科目。本科目期末余额在借方,表示本行存放在同业的各种存款。本科目应按存放款项的性质和存放的金融机构进行明细核算。

(六) 同业存放

"同业存放"科目属于负债类科目,用来核算境内、外银行和非金融机构存放本行款项的增减变动及其结余情况。当同业增加在本行存放款项时,借记"存放中央银行款项"等科目,贷记本科目;当减少在同业存放款项时,借记本科目,贷记"存放中央银行款项"等科目。本科目期末余额在贷方,反映其他同业在本行的存放款项余额。本科目应按存放款项的性质和存放金融机构进行明细核算。

第二节　商业银行与中央银行
往来业务的核算

商业银行与中央银行往来的业务主要包括:各商业银行向中央银行存取款项;商业银行向中央银行缴存法定存款准备金和缴存财政性存款;商业银行向中央银行借款以及再贴现、同城票据交换、通过中央银行办理异地跨系统资金汇划等。

一、商业银行向中央银行存取款项的核算

根据货币发行制度的规定,商业银行应对其所属行处的业务库存核定必须保留的现金的限额,并报开户中央银行发行库备案,超过业务库存限额的现金缴存开户行发行库;需用现金时,可签发现金支票到开户行发行库提取现金。

(一) 商业银行向中央银行存取现金的核算

1. 商业银行向中央银行存入现金的核算

商业银行向中央银行交存现金时,填制现金交款单一式两联,连同现金一并交存中央银行。中央银行点收无误办妥缴库手续后,退回一联现金交款单,商业银行据以进行账务处理,会计分录为:

借:存放中央银行款项
　　贷:库存现金

[例6-1]　某支行填写现金缴款单,向人民银行缴存现金800万元。

借:存放中央银行款项　　　　　　　　　　　　　　　　　　　800
　　贷:库存现金　　　　　　　　　　　　　　　　　　　　　　　800

2. 商业银行向中央银行支取现金的核算

商业银行向中央银行支取现金时,填制现金支票,经中央银行审查同意后办理取款手续,将现金取回,进行账务处理,会计分录为:

借:库存现金
　　贷:存放中央银行款项

[例6-2]　某支行填写现金支票向人民银行提取现金500万元。

借:库存现金　　　　　　　　　　　　　　　　　　　　　　　500
　　贷:存放中央银行款项　　　　　　　　　　　　　　　　　　　500

（二）商业银行向中央银行转账存取款项的核算

商业银行通过中央银行转账存取款项的业务,主要包括商业银行系统内资金调拨、异地跨系统结算资金清算、同城票据交换差额清算、商业银行向中央银行借款、再贴现、同业拆借、缴存财政性存款等。商业银行由于办理这些业务而在人民银行增加存款或减少存款是通过各商业银行在人民银行开立的"存放中央银行款项"账户进行核算。

1. 商业银行向中央银行转账存入款项的核算

商业银行在中央银行转账存入的业务,主要包括调整减少缴存财政性存款、取得的中央银行借款和再贴现款项、异地跨系统结算收入款项、同城票据交换应收差额、系统内调入资金、向同业拆入资金和收到同业拆借资金等。应根据相关业务凭证办理转账。会计分录为:

借:存放中央银行款项

　　贷:××科目

[例6-3]　中国工商银行A支行收到开户单位甲公司托收的款项50万元,付款单位为异地中国农业银行B支行开户单位乙公司。则A支行的会计分录为:

借:存放中央银行款项　　　　　　　　　　　　　　　　50

　　贷:吸收存款——活期存款——甲公司　　　　　　　　　　　50

2. 商业银行向中央银行转账支取款项的核算

商业银行在中央银行转账支取的业务,主要包括调整增加缴存财政性存款、归还中央银行借款和再贴现款项、异地跨系统结算支付款项、同城票据交换应付差额、系统内调出资金、向同业拆出资金和归还同业拆借资金等。会计分录为:

借:××科目

　　贷:存放中央银行款项

[例6-4]　依[例6-3],B支行划付款项时的账务处理。

借:吸收存款——活期存款——乙公司　　　　　　　　　50

　　贷:存放中央银行款项　　　　　　　　　　　　　　　　50

商业银行应随时掌握"存放中央银行款项"账户余额情况,如果该账户余额不足,应及时补充,确保不透支,同时还要保证该账户余额不低于法定存款准备金率计算的金额。

二、缴存存款的核算

(一)概述

商业银行向中央银行缴存的存款包括财政性存款和一般性存款。财政性存款是指国家金库款、地方财政预算内存款、财政部发行的国库券及各项债券款项等,属于中央银行的信贷资金,中央银行委托商业银行办理,但商业银行不得占用,应全部缴存中央银行。

一般性存款是指除财政性存款以外的各项存款,包括企业存款、储蓄存款、信托存款、机关团体存款和财政预算外存款等。金融机构应按规定比例(即存款准备金率)将一般存款的一部分作为法定存款准备金存入中央银行,由中央银行统一使用。在具体办理缴存款时,采取首次缴存后,定期调整缴存存款差额的做法。即存款增加则调增缴存款,存款减少则调减缴存款。

商业银行向中央银行缴存的一般性存款,即准备金存款由两部分构成,一是法定存款准备金,二是超额存款准备金,而只有超额准备金才是商业银行的可用资金。

法定存款准备金是按照法定存款准备金率向中央银行缴存的存款准备金。法定存款准备金是指金融机构为保证客户提取存款和资金清算需要而准备的资金,金融机构按规定向中央银行缴纳的存款准备金占其吸收的一般存款总额的比例就是存款准备金率。

(二)商业银行备付金账户的开立

商业银行准备金包括法定准备和支付准备金。法定准备金是根据商业银行吸收存款的增减变化,按照法定的比例必须保留在中央银行的存款准备金。支付准备又称备付金,是保证日常资金支付的备用金。商业银行各分支机构为满足通过中央银行存取现金、办理各种存、贷业务、资金清算以及考核法定存款准备金的需要,必须在中央银行开立备付金存款账户。

各商业银行的总行在中央银行开立的存款账户,除用于考核法定准备金外,还用于向中央银行存取现金、资金调拨、资金清算以及其他日常支付的事项。因此,该账户的余额应大于等于规定的法定存款准备金,而不能低于法定存款准备金。

各商业银行分支机构在中央银行开立的存款账户,属于"备付金存款"账户,不用于考核法定存款准备金,只用于向中央银行存取现金、资金调拨、资金清算和其他日常支付,不能透支,如果账户存款余额不足,可以通过上级行调拨或通过同业拆借等及时补充。

(三)缴存法定存款准备金的核算

1. 缴存法定存款准备金的一般规定

(1)缴存范围。一般性存款包括吸收的机关团体存款、财政预算外存款、单位存款、个人储蓄存款以及其他各项存款,商业银行办理的委托、代理业务的负债项目减去资产项目后的贷方余额,如委托存贷款轧差后的贷方余额、代理发行与兑付债券轧差后的贷方余额、国家与地方委托贷款基金与贷款轧差的贷方余额等。凡轧差余额为借方余额的,视同该交存款项目为零,不允许以借方余额抵减其他交存款项目。

（2）缴存比例。该比例由中央银行根据货币政策的运用适时进行调整。通过变动存款准备金率,影响货币乘数,进而调控货币供应量和社会信用规模。

（3）调整缴存款的时间。各商业银行每旬调整缴存一次,于旬后 5 日内办理。

（4）调整缴存的计算方法。各商业银行总行应按照每旬计算调整增加（或减少）准备金存款,集中向中央银行总行缴存,不足的中央银行按欠缴金额和欠缴天数处以一定比例的罚款。然后各分支行及时填制上报"一般存款余额表"在系统内进行逐级清缴。

$$\begin{array}{l}\text{调整缴}\\\text{存数额}\end{array}=\left(\begin{array}{l}\text{本旬一般性}\\\text{存款余额}\end{array}-\begin{array}{l}\text{上旬一般性}\\\text{存款余额}\end{array}\right)\times\begin{array}{l}\text{本旬缴}\\\text{存比例}\end{array}$$

如果计算结果为正数则为调增数,相反为调减数。

2. 缴存法定存款准备金的核算

根据现行规定,各商业银行内部汇划法定存款准备金的会计处理由各自总行决定,因此,各商业银行的处理方法不完全相同,但最终都必须按照中央银行规定的比例和时间,汇总到各商业银行总行所在地的中央银行的"××银行准备金存款"账户上。目前,大部分商业银行采取由商业银行总行按旬统一缴存,然后再在系统内逐级清缴。缴存分为首次缴存和调整缴存。

商业银行缴存存款准备金的明细科目设置:

① 存放中央银行款项——缴存中央银行财政性存款（各级商业银行使用）。

② 存放中央银行款项——缴存中央银行一般性存款（总行使用）。

③ 存放中央银行款项——备付金存款。

④ 系统内存放款项——×分行一般性存款（总行使用）下同。

⑤ 系统内存放款项——×分行备付金存款（总行使用）。

⑥ 上存系统内款项——上存总行一般性存款（分行使用）。

⑦ 上存系统内款项——上存总行备付金存款（分行使用）。

⑧ 辖内存放款项——×支行一般性存款（分行使用）。

⑨ 辖内存放款项——×支行备付金存款（分行使用）。

⑩ 上存辖内款项——上存×分行一般性存款（支行使用）。

⑪ 上存辖内款项——上存×分行备付金存款（支行使用）。

（1）首次缴存的核算。商业银行总行按照规定的时间向中央银行缴存存款时,应根据有关存款科目余额填制"缴存存款各科目余额表"一式两份,按规定的比例计算出应缴存金额,并填制"缴存一般存款划款凭证"一式四份,会计分录为:

借:存放中央银行款项——缴存中央银行一般性存款

　　贷:存放中央银行款项——备付金存款

转账后,将第三、第四联划拨凭证和一份余额表一并送交中央银行;另一份余额表留存备查。

(2) 调整缴存的核算。商业银行于每旬(或每月)对已缴存的存款进行调整时,也应填制"缴存存款各科目余额表"一式两份,然后与上次已办缴存的同类各科目旬末(月末)余额总数进行比较。若本次的余额总数大于上次调整时的余额总数,则应调增;反之,则应调减。其差额为本次调整的金额,再乘以本旬规定的缴存比例就是本次应上缴或退回的调整数额,并据此填制划拨凭证。上缴(调增)存款时,会计分录同首次缴存,退回(调减)存款时,会计分录相反。其余手续同首次缴存。

[例 6 - 5] 假定某商业银行总行下属甲、乙、丙三个分行本旬末一般性存款余额分别为 50 亿元、40 亿元、30 亿元;上旬余额分别为 60 亿元、30 亿元、10 亿元。缴存比例假定为 13%。

要求:(1) 做出总行缴存的分录。

(2) 做出分行与总行清缴的分录。

(1) 总行:

$$总行本旬余额 = 50 + 40 + 30 = 120(亿元)$$
$$总行上旬余额 = 60 + 30 + 10 = 100(亿元)$$
$$调整数 = (120 - 100) \times 13\% = 2.6(亿元)$$

会计分录为:

借:存放中央银行款项——缴存中央银行一般性存款　　　　　　2.6

　　贷:存放中央银行款项——备付金存款　　　　　　　　　　　　　2.6

(2) 各分行调整数分别为:

$$甲分行:(50 - 60) \times 13\% = -1.3(亿元)$$
$$乙分行:(40 - 30) \times 13\% = 1.3(亿元)$$
$$丙分行:(30 - 10) \times 13\% = 2.6(亿元)$$

总行与三个分行之间调增或调减清算账务处理如下:

① 总行退回甲分行一般性存款:

借:系统内存放款项——甲分行一般性存款　　　　　　　　　　1.3

　　贷:系统内存放款项——甲分行备付金存款　　　　　　　　　　1.3

② 甲分行收到总行退回一般性存款:

借:上存系统内款项——上存总行备付金存款　　　　　　　　　1.3

　　贷:上存系统内款项——上存总行一般性存款　　　　　　　　　1.3

③ 总行向乙分行收取一般性存款:

借：系统内存放款项——乙分行备付金存款　　　　　　　　　　1.3
　　贷：系统内存放款项——乙分行一般性存款　　　　　　　　　　1.3
④ 乙分行向总行缴存一般性存款：
借：上存系统内款项——上存总行一般性存款　　　　　　　　　1.3
　　贷：上存系统内款项——上存总行备付金存款　　　　　　　　1.3
⑤ 总行向丙分行收取一般性存款：
借：系统内存放款项——丙分行备付金存款　　　　　　　　　　2.6
　　贷：系统内存放款项——丙分行一般性存款　　　　　　　　　2.6
⑥ 丙分行向总行缴存一般性存款：
借：上存系统内款项——上存总行一般性存款　　　　　　　　　2.6
　　贷：上存系统内款项——上存总行备付金存款　　　　　　　　2.6

[例6-6]　假定乙分行下属 A、B 两个支行，本旬一般性存款余额分别为 25 亿元、15 亿元，上旬一般性存款余额分别为 10 亿元、20 亿元，则乙分行与其支行的调整清算核算如下：

调整数分别为：

$$A 支行：(25-10)\times13\%=1.95（亿元）$$
$$B 支行：(15-20)\times13\%=-0.65（亿元）$$

乙分行向 A 支行收取一般性存款：
借：辖内存放款项——A 支行备付金存款　　　　　　　　　　　1.95
　　贷：辖内存放款项——A 支行一般性存款　　　　　　　　　　1.95
A 支行向乙分行缴存一般性存款：
借：上存辖内款项——上存乙分行一般性存款　　　　　　　　　1.95
　　贷：上存辖内款项——上存乙分行备付金存款　　　　　　　　1.95
乙分行退回 B 支行一般性存款：
借：辖内存放款项——B 支行一般性存款　　　　　　　　　　　0.65
　　贷：辖内存放款项——B 支行备付金存款　　　　　　　　　　0.65
B 支行收到乙分行退回一般性存款：
借：上存辖内款项——上存乙分行备付金存款　　　　　　　　　0.65
　　贷：上存辖内款项——上存乙分行一般性存款　　　　　　　　0.65

(四) 缴存财政性存款的核算

1. 缴存财政性存款的一般规定

(1) 缴存范围。财政性存款包括国家金库款，地方财政预算内、外存款，代理财政发行的国库券及各项债券款项(抵减代理兑付数)。

(2) 缴存比例。缴存比例为 100%,即按全额缴存当地的人民银行,商业银行不得占用。

(3) 调整缴存的时间。城市分支行包括所属处所每旬调整缴存一次,于旬后 5 日内办理;县支行及其所属处所,每月调整缴存一次,于月后 8 日内办理;如遇调整日后最后一天为法定节假日,则可顺延。

(4) 调整缴存的计算方法。商业银行按规定的时间,按本旬(月)末各科目余额总数与上期同类科目旬(月)末余额总数对比,按实际增加或减少数进行调整。缴存金额以千元为单位,千元以下的四舍五入。

2. 缴存财政性存款的核算

(1) 首次缴存的核算。填制"缴存存款各科目余额表"一式两份及"缴存(调整)财政性存款划拨凭证"一式四联。会计分录为:

借:存放中央银行款项——缴存中央银行财政性存款

　　贷:存放中央银行款项——备付金存款

(2) 调整缴存的核算。商业银行向人民银行办理调整缴存财政性存款时,应根据有关存款科目余额填制"缴存财政性存款各科目余额表"一式两份,计算应缴存金额。同时填制缴存财政性存款划款凭证一式四份,商业银行以划款凭证的第一、第二联作传票进行账务处理。若本次的余额总数大于上次调整时的余额总数,则应调增,会计分录为:

借:存放中央银行款项——缴存中央银行财政性存款

　　贷:存放中央银行款项——备付金存款

若本次的余额总数小于上次调整时的余额总数,则应调减。会计分录为:

借:存放中央银行款项——备付金存款

　　贷:存放中央银行款项——缴存中央银行财政性存款

[例 6-7]　中国工商银行某支行于 20×1 年 8 月 21 日成立,8 月 31 日该行财政性存款余额为 50 万元,9 月 1 日,第一次办理缴存手续。

借:存放中央银行款项——缴存中央银行财政性存款　　　　　　　　50

　　贷:存放中央银行款项——备付金存款　　　　　　　　　　　　　　　50

[例 6-8]　依[例 6-7],20×1 年 9 月 10 日,该行财政性存款余额为 40 万元,则该期应缴财政性存款的账务处理为:

调整数＝40－50＝－10(万元)

借:存放中央银行款项——备付金存款　　　　　　　　　　　　　10

　　贷:存放中央银行款项——缴存中央银行财政性存款　　　　　　　　10

三、向中央银行借款的核算

（一）概述

商业银行在经营过程中出现暂时性的资金头寸不足时，除了采取向上级行申请调入资金、同业拆借和通过资金市场融通资金等手段外，还可以向中央银行申请借款。根据 2003 年 12 月 27 日修正后的《中华人民共和国中国人民银行法》第二十八条规定"中国人民银行根据执行货币政策的需要，可以决定对商业银行贷款的数额、期限、利率和方式，但贷款的期限不得超过一年"。向中央银行借款是相对商业银行而言，再贷款是相对中央银行而言。两者是同一业务的两个主体、两种表现形式。中央银行通过对商业银行发放再贷款，可以支持商业银行的业务发展，又可以通过放松或紧缩贷款调节社会信用规模，影响市场货币供给量，实现对信贷资金的宏观调控。

（二）向中央银行借款的种类

1. 按照期限划分

（1）年度性借款。商业银行因经济合理增长，引起年度信贷资金不足，向中央银行申请的借款。期限为 1 年以上，最长不超过 2 年。一般限于省分行或二级分行，借入款后可在系统内拨给所属各行使用。

（2）季节性借款。季节性借款是商业银行因信贷资金先支后收和存贷款季节性上升、下降等情况以及汇划款未达和清算资金不足等因素，造成临时性资金短缺，而向中央银行申请的借款。季节性借款一般为 2 个月，最长不超过 4 个月。

（3）日拆性借款。商业银行因汇划款项未达和清算资金不足等原因发生临时性资金短缺，向中央银行申请的借款。期限一般为 10 天，最长不超过 20 天。

2. 按借款用途划分

（1）流动性借款。商业银行头寸不足或支援农户生产而向中央银行申请的借款。

（2）金融稳定借款。商业银行为解决中小金融机构支付困难以及用于化解地方金融风险的地方政府专用借款而向中央银行申请的借款。

（3）专项政策性借款。为解决中国农业发展银行、金融资产管理公司以及商业银行用于指定用途而向中央银行申请的借款。

3. 按借款对象划分

（1）金融机构借款。金融机构借款是指商业银行、政策性银行、城市信用社、中小金融机构、资产管理公司、信托投资公司和金融租赁公司等各类金融机构向中央银行申请的借款,也是中央发放贷款的主要对象。

(2)非金融机构借款。中央及地方政府以及部分企业和事业单位向中央银行申请的借款。

(三)向中央银行借款的核算

1. 取得借款

商业银行向中央银行申请借款时,应填制一式五联借款凭证。经中央银行审核无误后,根据退回的第三联借款凭证办理转账。会计分录为:

借:存放中央银行款项

　　贷:向中央银行借款

2. 归还借款

借款到期,商业银行归还借款时,应填制一式四联还款凭证交中央银行办理还款手续。经中央银行审核无误后,根据退回的第四联还款凭证及借据办理转账。会计分录为:

借:向中央银行借款

　　利息支出

　　贷:存放中央银行款项

如果借款银行在借款到期后无款偿还,中央银行应于到期日将该笔贷款转入逾期贷款账户,并按规定标准计收逾期贷款利息,待商业银行存款账户有款支付时再一并扣收。

[例6-9]　中国银行某支行因季节性信贷资金不足,于20×1年5月8日向中央银行申请借款500万元,期限为3个月,利率为4%,中央银行审查后同意办理。借款到期该支行归还本息。

取得借款时:

借:存放中央银行款项　　　　　　　　　　　　　　　　　　　500

　　贷:向中央银行借款　　　　　　　　　　　　　　　　　　　500

借款到期时:

$$借款利息＝500×4\%×3÷12＝5(万元)$$

还本付息时:

借:向中央银行借款　　　　　　　　　　　　　　　　　　　　500

　　利息支出　　　　　　　　　　　　　　　　　　　　　　　　5

　　贷:存放中央银行款项　　　　　　　　　　　　　　　　　505

四、再贴现的核算

(一) 再贴现业务概述

再贴现是指商业银行持已贴现但尚未到期的商业汇票,向中国人民银行办理的贴现。它是中央银行对商业银行的一种贷款方式。

当商业银行在经营过程中出现暂时性的资金头寸不足时,除了采取向上级行申请调入资金、同业拆借、向中央银行借款等融通资金外,还可以凭借本行贴现的商业票据,以再贴现的方式向中央银行融资。但是由于中央银行再贴现是货币政策的操作工具之一,商业银行能否取得中央银行的贷款,在很大程度上取决于货币政策的需要和商业银行的经营状况。当中央银行的货币政策偏紧时,或者商业银行经营状况不是很好时,从中央银行获得再贴现就比较困难。再贴现的期限,最长不超过 6 个月,从再贴现之日起至贴现票据到期日的前一天止。

(二) 再贴现的核算

1. 再贴现的方式

再贴现的方式分为两种:一种是买断式,另一种是回购式。

(1) 买断式再贴现。买断式再贴现是指商业银行将已贴现但尚未到期的商业汇票转让给中央银行,票据到期时,中央银行作为票据的债权人向承兑人收取票款。

(2) 回购式再贴现。回购式再贴现是指商业银行将已贴现但尚未到期的票据转让给中央银行,票据到期时,商业银行将票据从中央银行手里购回并作为票据的债权人向承兑人收取票款。

以上两种方式的区别在于是否转移票据的权利,转移票据权利的为买断式再贴现,不转移票据权利的为回购式再贴现。

2. 买断式再贴现的核算

下面为申请再贴现的商业银行申请再贴现业务各环节的核算,再贴现银行即中央银行的核算从略。

(1) 取得再贴现款并支付贴息。买断式再贴现,由于转移了票据的所有权,因此,申请再贴现的商业银行可不使用"贴现负债"科目。

商业银行持未到期的商业汇票向中国人民银行申请再贴现时,应填制再贴现凭证,并交中央银行信贷部门审查。中央银行审查同意后,收取再贴现利息并将实付贴现金额转到申请行再贴现行的存款账户。

申请行收到再贴现金额并一次性支付再贴现利息时,会计分录为:

借：存放中央银行款项

　　贴现负债——利息调整

　　贷：贴现资产——贴现——贴现申请人

（2）资产负债表日。按照权责发生制原则，计算应由本期负担的贴现利息，会计分录为：

借：利息支出

　　贷：贴现负债——利息调整

（3）商业汇票到期。

① 票据到期，中央银行作为票据的债权人向承兑人收取票款，则申请行只结转尚未调整的利息，会计分录为：

借：利息支出

　　贷：贴现负债——利息调整

② 商业汇票到期，如果中央银行未从承兑人处收到票款，按照规定应行使追索权，向申请再贴现的商业银行账户收取票款。并将汇票和拒绝付款书或付款人未付票据通知书交给申请再贴现的商业银行。同时，商业银行按规定向其前手行使追索权，如果其前手无款或票款不足时，应通过"垫款"科目核算。会计分录为：

借：吸收存款——活期存款——××贴现申请人

　　（垫款——××贴现申请人）

　　利息支出

　　贷：存放中央银行款项

　　　　贴现负债——利息调整

[例 6-10]　西安市中国农业银行甲支行 20×1 年 7 月 1 日，持未到期银行承兑汇票一张，金额 800 000 元，向中国人民银行西安市分行申请再贴现（买断式）。该票据的承兑行为西安市中国工商银行乙支行。汇票到期日为当月 31 日。中央银行审查同意办理再贴现，再贴现利率为 1.8%。

要求：（1）计算再贴现的利息。

　　　　（2）做出申请再贴现行（甲支行）该笔业务各阶段的会计分录。

（1）再贴现利息＝800 000×30×1.8%÷360＝1 200（元）

　　　实得再贴现金额＝800 000－1 200＝798 800（元）

（2）收到实得再贴现款项并支付再贴现利息时，会计分录为：

借：存放中央银行款项　　　　　　　　　　　　　　　　　　　798 800

　　利息支出　　　　　　　　　　　　　　　　　　　　　　　　1 200

　　贷：贴现资产——贴现——贴现申请人　　　　　　　　　　　800 000

（3）票据到期时，中国人民银行西安市分行直接向票据的承兑人中国工商银行乙支行收取票款。由于不存在利息调整，因此，甲支行无账务处理。

[例 6 - 11]　承[例 6 - 10]，假定该票据的到期日为 10 月 1 日。其他条件不变。

（1）再贴现利息＝800 000×92×1.8％÷360＝3 680(元)

　　实得再贴现金额＝800 000－3 680＝796 320(元)

（2）收到实得再贴现款项并支付再贴现利息时，会计分录为：

借：存放中央银行款项　　　　　　　　　　　　　　　　　　796 320

　　贴现负债——利息调整　　　　　　　　　　　　　　　　　3 680

　　　贷：贴现资产——贴现——贴现申请人　　　　　　　　　　　800 000

（3）资产负债表日，按权责发生制原则，计算各期应负担的贴息。

7 月 31 日，该月贴息＝3 680×31÷92＝1 240(元)

借：利息支出　　　　　　　　　　　　　　　　　　　　　　1 240

　　贷：贴现负债——利息调整　　　　　　　　　　　　　　　　1 240

8 月 31 日，该月贴息＝3 680×31÷92＝1 240(元)

借：利息支出　　　　　　　　　　　　　　　　　　　　　　1 240

　　贷：贴现负债——利息调整　　　　　　　　　　　　　　　　1 240

9 月 30 日，该月贴息＝3 680－(1 240＋1 240)＝1 200(元)

借：利息支出　　　　　　　　　　　　　　　　　　　　　　1 200

　　贷：贴现负债——利息调整　　　　　　　　　　　　　　　　1 200

（4）10 月 1 日，汇票到期，中国人民银行西安市分行直接向票据的承兑人中国工商银行乙支行收取票款。此时，该支行无账务处理。

3. 回购式再贴现的核算

（1）取得再贴现款并支付贴息。由于回购式再贴现不转移票据的所有权，因此，申请再贴现行可以使用"贴现负债"科目进行核算。

申请再贴现银行收到再贴现实得金额并支付再贴现利息时，按照实际收到的金额，借记"存放中央银行款项"科目，按票面金额，贷记"贴现负债——再贴现(面值)"科目，按其差额，借记"贴现负债——再贴现(利息调整)"科目。会计分录为：

借：存放中央银行款项

　　贴现负债——利息调整

　　　贷：贴现负债——再贴现——再贴现行

（2）资产负债表日，账务处理同买断式。

（3）商业汇票到期。商业汇票到期时，应回购票据并向承兑人收取票款。

① 回购商业汇票，存在尚未调整的利息也同时结转，会计分录为：

借：贴现负债——再贴现——再贴现行

　　利息支出

　　　贷：贴现负债——利息调整

　　　　存放中央银行款项

② 向票据的承兑人收取票款,会计分录为:

借:存放中央银行款项(等)

    贷:贴现资产——贴现——贴现申请人

③ 如果票据的承兑人无款或票款不足,则应向票据的贴现申请人行使追索权,会计分录为:

借:吸收存款——活期存款——贴现申请人

    [垫款——贴现申请人(贴现申请人票款不足部分)]

    贷:贴现资产——贴现——贴现申请人

[**例 6 - 12**]　西安市中国农业银行甲支行 20×1 年 1 月 8 日持未到期商业承兑汇票一张,金额 100 万元,向中国人民银行西安市分行申请再贴现(回购式)。该票据的承兑人为同城中国农业银行乙支行开户单位东方公司,贴现申请人为在本行开户的华夏公司。汇票到期日为 4 月 18 日。人行西安市分行审查同意,办理再贴现,再贴现利率为 1.8%。

要求:(1)计算再贴现的利息。

          (2)做出申请再贴现行(甲支行)各阶段的会计分录。

(1)再贴现利息 = 1 000 000×100×1.8%÷360 = 5 000(元)

    实得再贴现金额 = 1 000 000 - 5 000 = 995 000(元)

(2)甲支行各阶段的会计分录如下:

① 收到贴现款项并支付贴息时:

借:存放中央银行款项　　　　　　　　　　　　　　　　995 000

    贴现负债——利息调整　　　　　　　　　　　　　　 5 000

    贷:贴现负债——再贴现——中国人民银行西安市分行　1 000 000

② 资产负债表日,按权责发生制原则,计算各期应负担的贴息。

1 月 31 日,该月贴息 = 5 000×24÷100 = 1 200(元)

借:利息支出　　　　　　　　　　　　　　　　　　　　1 200

    贷:贴现负债——利息调整　　　　　　　　　　　　 1 200

2 月 28 日,该月贴息 = 5 000×28÷100 = 1 400(元)

借:利息支出　　　　　　　　　　　　　　　　　　　　1 400

    贷:贴现负债——利息调整　　　　　　　　　　　　 1 400

3 月 31 日,该月贴息 = 5 000×31÷100 = 1 550(元)

借:利息支出　　　　　　　　　　　　　　　　　　　　1 550

    贷:贴现负债——利息调整　　　　　　　　　　　　 1 550

③ 4 月 18 日,票据到期时,该行回购票据。

尚未结转的利息＝5 000－(1 200＋1 400＋1 550)＝850(元)

借：贴现负债——再贴现——中国人民银行西安市分行   1 000 000

  利息支出   850

    贷：存放中央银行款项   1 000 000

      贴现负债——利息调整   850

④ 该行向承兑人东方公司收取票款时。

借：存放中央银行款项(或上存辖内款项)   1 000 000

    贷：贴现资产——贴现——华夏公司   1 000 000

⑤ 如果承兑人东方公司款项不足支付票款,则该行应向贴现申请人华夏公司收取票款。

借：吸收存款——活期存款——华夏公司   1 000 000

    贷：贴现资产——贴现——华夏公司   1 000 000

如果华夏公司活期存款余额只有 80 万元,不足部分 20 万元为"垫款"。

借：吸收存款——活期存款——华夏公司   800 000

  垫款——华夏公司   200 000

    贷：贴现资产——贴现——华夏公司   1 000 000

第三节　商业银行往来业务的核算

商业银行往来又称同业往来,是商业银行之间办理跨系统汇划款项,相互融通资金等业务引起的资金账务往来。商业银行之间的往来的主要业务包括尚未开通现代化支付系统城市的商业银行异地跨系统汇划款项、同业拆借、同业存放、同城票据交换、转贴现等。

一、商业银行异地跨系统汇划款项的核算

(一) 概述

商业银行异地跨系统汇划款项是指异地的跨系统商业银行之间,因各户办理异地结算等,而相互转划的款项。

异地商业银行跨系统资金汇划,分为两种情况:一是开通现代化支付系统地区的商业银行,其资金汇划通过中国人民银行现代化支付系统完成;二是没有建立现代化支付系统地区的商业银行,其资金汇划就要通过商业银行之间相互转汇的方式完成,即采用"跨系统汇划款项,相互转汇"的办法。根据商业银行机构设置的不同,可分别采用三种

划款方式,分别是"先横后直"方式、"先直后横"方式及"先直后横再直"方式。

(二)商业银行异地跨系统汇划款项的核算

1."先横后直"方式

这种方式适用于汇出行所在地为双设机构地区的跨系统资金汇划。所谓双设机构,是指汇出行所在地设有汇入行系统的银行机构。在这种情况下,必须采用"先横后直"方式在汇出行所在地办理转汇。所谓"横",是指同城不同银行系统之间的汇划与清算。所谓"直",是指异地同系统银行之间的汇划与清算。其汇划程序分为两步:第一步,由汇出行将客户填写的汇划凭证,按不同的系统填写转汇清单,并汇总"划收"或"划付"凭证,通过"同业存放"或"同城票据交换",将款项划至转汇行。第二步,转汇行再通过本系统联行将款项划转给汇入行。汇划程序,如图 6-1 所示。

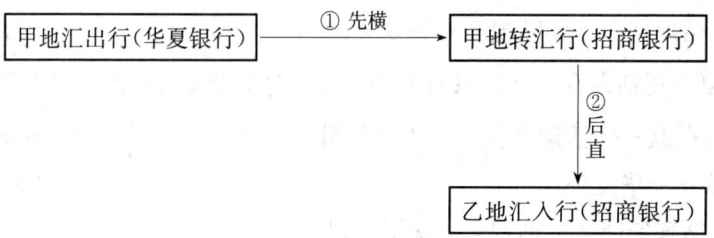

图 6-1 "先横后直"汇划程序

现举例说明这种方式的核算过程:

[例 6-13] 甲地华夏银行开户单位开元公司,委托其将款项 50 000 元,汇给乙地招商银行开户的东方公司,假定华夏银行和招商银行均为支行,在甲地设有招商银行的分支机构。要求做出汇出行、转汇行、汇入行的会计分录。

汇出行(甲地华夏银行):

借:吸收存款——活期存款——开元公司　　　　　　　　　　50 000

　　贷:存放同业——甲地招商银行　　　　　　　　　　　　　　50 000

　　　　(存放中央银行款项 50 000)

转汇行(甲地招商银行):

借:同业存放——甲地华夏银行　　　　　　　　　　　　　50 000

　　(存放中央银行款项 50 000)

　　贷:上存辖内款项——上存招商银行×分行备付金　　　　　　50 000

汇入行(乙地招商银行):

借:上存辖内款项——上存招商银行×分行备付金　　　　　　50 000

　　贷:吸收存款——活期存款——东方公司　　　　　　　　　　50 000

2."先直后横"方式

这种方式适用于汇出行所在地为单设机构地区的跨系统资金汇划。所谓单设机构，是指汇出行所在地没有汇入行系统的银行机构。在这种情况下，必须采用"先直后横"方式在汇出行所在地办理转汇。其汇划程序分为两步：第一步，由汇出行通过本系统联行将款项划转至异地本系统的转汇行。第二步，本系统的转汇行通过"同城票据交换"或"同业存放"将款项划转给汇入行。汇划程序，如图6-2所示。

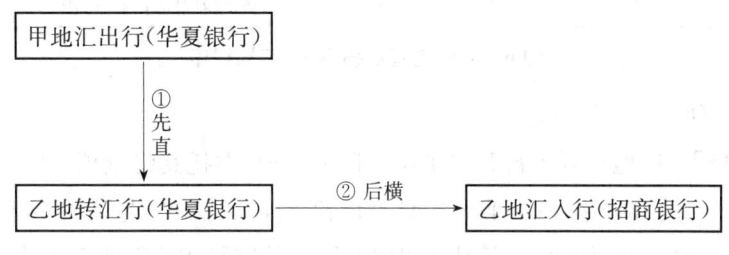

图6-2　"先直后横"汇划程序

现举例说明这种方式的核算过程：

[例6-14]　甲地华夏银行开户单位宏达公司，委托其将款项10 000元，汇给乙地招商银行开户的汇丰公司，假定华夏银行和招商银行均为支行，在乙地设有华夏银行的分支机构。要求做出汇出行、转汇行、汇入行的会计分录。

汇出行(甲地华夏银行)：

借：吸收存款——活期存款——宏达公司　　　　　　　　　　　　　　10 000

　　贷：上存辖内款项——上存华夏银行×分行备付金　　　　　　　　10 000

转汇行(乙地华夏银行)：

借：上存辖内款项——上存华夏银行×分行备付金　　　　　　　　　　10 000

　　贷：存放同业——乙地招商银行　　　　　　　　　　　　　　　　10 000

　　　　(存放中央银行款项10 000)

汇入行(乙地招商银行)：

借：同业存放——乙地华夏银行　　　　　　　　　　　　　　　　　　10 000

　　(存放中央银行款项10 000)

　　贷：吸收存款——活期存款——汇丰公司　　　　　　　　　　　　10 000

3."先直后横再直"方式

这种方式适用于汇出行和汇入行所在地均为单设机构地区的汇划款项，这种情况需要选择一个汇出行和汇入行均为双设机构地区代为转划。其汇划程序分为三步：第一步，由汇出行通过本系统联行将款项划转至选定的双设机构地区本系统的转汇行。第二步，本系统的转汇行通过"同城票据交换"或"同业存放"将款项划转至汇入行的同系统转汇行。第三步，汇入行的同系统转汇行通过本系统联行将款项划转至汇入行。

汇划程序,如图 6-3 所示。

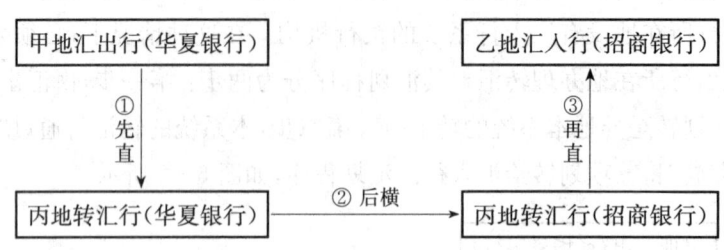

图 6-3 "先直后横再直"汇划程序

现举例说明这种方式的核算过程:

[例 6-15] 甲地华夏银行开户单位好运来公司,委托其将款项 80 000 元,汇给乙地招商银行开户的万事达公司,假定华夏银行和招商银行均为支行,甲地和乙地均为单设机构地区,款项通过丙地的华夏银行和招商银行某支行进行转汇。要求做出汇出行、两个转汇行、汇入行的会计分录。

汇出行(甲地华夏银行):

借:吸收存款——活期存款——好运来公司　　　　　　　　80 000

　　贷:上存辖内款项——上存华夏银行×分行备付金　　　　　80 000

转汇行(丙地华夏银行):

借:上存辖内款项——上存华夏银行×分行备付金　　　　　80 000

　　贷:存放同业——丙地招商银行　　　　　　　　　　　　80 000

　　　(存放中央银行款项 80 000)

转汇行(丙地招商银行):

借:同业存放——丙地华夏银行　　　　　　　　　　　　　80 000

　　(存放中央银行款项 80 000)

　　贷:上存辖内款项——上存招商银行×分行备付金　　　　　80 000

汇入行(乙地招商银行):

借:上存辖内款项——上存招商银行×分行备付金　　　　　80 000

　　贷:吸收存款——活期存款——万事达公司　　　　　　　　80 000

二、同业拆借的核算

(一) 同业拆借概述

1. 概念

同业拆借是指金融机构之间为解决临时性资金不足而相互融通资金余缺的一种短期借贷行为。

2. 同业拆借的特点

(1) 期限短。同业拆借的交易期限较短,属临时性的资金融通。我国目前同业拆借期限最长不超1年。

(2) 利率相对较低。同业拆借利率是以基准利率为基准,再根据资金供求关系由拆借双方自由议定。由于拆借双方都是商业银行或其他金融机构,其信誉比一般工商企业要高,拆借风险较小,加之拆借期限较短,因而利率水平较低。同业拆借的参与者是商业银行和其他金融机构,交易一般无担保,仅依靠参与者自身的信誉。

3. 同业拆借的原则

(1) 自主性原则。同业拆借是一种信用行为,在进行拆借资金交易时,必须承认和尊重市场主体(交易双方)的权利和义务,严格遵循自愿协商、平等互利、自主成交的原则,维护市场经营者的合法权益,形成平等竞争的有序环境,保证资金的合理流动。

(2) 偿还性原则。对拆出方来说,由于拆出的是本行暂时闲置不用的资金,有一定期限限制,因此必须按期收回。对拆入方来说,拆入资金只是拥有一定期限内的资金使用权,并不拥有长期使用的权利,也不改变资金的所有权,因而必须到期如数偿还。

(3) 短期性原则。同业拆借属于一种典型的短期融资。从拆出方看,拆出的资金是银行暂时闲置的资金,从数量和期限上都具有不确定性,因而其资金运用必须是短期的。就拆入方而言,向同业拆入资金主要是解决临时性储备不足的资金需要。因此,拆入方也应坚持拆入资金的短期性原则,一旦贷款收回或存款增加,就应立即归还这种借款。

4. 同业拆借的市场准入

根据我国法律法规,中国人民银行依法对同业拆借市场进行监督管理。金融机构进入同业拆借市场须经中国人民银行批准,目前申请进入同业拆借市场的金融机构有:政策性银行、中资商业银行、外商独资银行、中外合资银行、城市信用合作社、企业集团财务公司、信托公司、金融资产管理公司、融资租赁公司、汽车租赁公司、证券公司、保险公司、保险资产管理公司、中资商业银行授权的一级分支机构、外国银行分行、中国人民银行确定的其他机构。

从事同业拆借交易接受中国人民银行的监督和检查,对拆入资金不能用于发放固定资产贷款及投资。同业拆借的资金清算涉及不同银行的,应直接或委托开户银行通过中国人民银行大额实时支付系统办理。同业拆借的资金清算可以在同一银行完成的,以转账方式进行,任何同业拆借清算均不得使用现金支付。

5. 同业拆借的期限

(1) 政策性银行、中资商业银行、中资商业银行授权的一级分支机构、外商独资银行、中外合资银行、外国银行分行、城市信用合作社、农村信用合作社县级联合社拆入资金的最长期限为1年。

（2）金融资产管理公司、融资租赁公司、汽车租赁公司、保险公司拆入资金的最长期限为3个月。

（3）企业集团财务公司、信托公司、证券公司、保险资产管理公司拆入资金的最长期限为7天。

（4）金融机构拆出资金的最长期限不得超过对方由中国人民银行规定的拆入资金最长期限。中国人民银行可以根据市场发展和管理的需要调整金融机构的拆借资金最长期限，同业拆借到期后不得展期。

6. 同业拆借的金额

我国对金融机构同业拆借实行限额管理，拆借限额由中国人民银行及其分支机构按照以下原则核定：政策性银行的最高拆入限额和最高拆出限额均不超过该机构上年年末待偿还金融债券余额的8%；中资商业银行、城市信用合作社、农村信用合作社县级联合社的最高拆入限额和最高拆出限额均不超过该机构各项存款份额的8%；外商独资银行、中外合资银行的最高拆入限额和最高拆出限额均不超过该机构实收资本的2倍；外国银行分行的最高拆入限额和最高拆出限额均不超过该机构人民币营运资金的2倍；中资商业银行（不包括城市商业银行、农村商业银行和农村合作银行）授权的一级分支机构的最高拆入限额和最高拆出限额由该机构的总行授权确定，纳入总行法人统一考核。中国人民银行可以根据金融机构的申请临时调整拆借资金限额。中国人民银行分支机构可在总行授权的范围内临时调整辖内金融机构的拆借资金限额。

（二）资金拆借的核算

1. 拆出行拆出资金的核算

同业拆借业务发生前，拆借双方应先签订借款合同（或借据）。拆出行以借款合同第一联（或拆入行借据）为依据，向当地人民银行分支机构填交转账支票和进账单，并编制特种转账传票予以记账。会计分录为：

借：拆出资金——拆入行
　　贷：存放中央银行款项

2. 拆入行拆入资金的核算

当地中央银行分支机构收到拆出行的转账支票和进账单后，以此为依据办理转账。转账后将回单转交拆入行。拆入行根据进账单回单，编制特种转账借、贷方传票各一联，凭此记账。会计分录为：

借：存放中央银行款项
　　贷：拆入资金——拆出行

资产负债表日,应该根据计算确定的拆入资金的利息费用,借记"利息支出"科目,贷记"应付利息"科目。

3. 拆借资金归还的核算

拆入行应根据规定的利率计算利息,到期将本息一并归还拆出行。

(1)拆入行的核算。同业拆借到期后,填制转账支票和进账单,送交当地人民银行,并按照进账单回单联和支票存根填制特种转账传票记账。会计分录为:

借:拆入资金——拆出行

　　利息支出

　　　贷:存放中央银行款项

(2)拆出行的核算。当地中国人民银行转账后,将进账单收账通知联转交拆出行。拆出行根据进账单收账通知联编制特种转账传票,并记账。会计分录为:

借:存放中央银行款项

　　贷:拆出资金——拆入行

　　　　利息收入

[例 6-16]　某市中国农业银行甲支行向中国银行乙支行申请拆借资金 600 万元,期限 1 个月,利率为 2%。做出甲、乙两个支行拆入、拆出资金及到期归还本息的会计分录。

(1)甲支行取得拆入资金:

借:存放中央银行款项　　　　　　　　　　　　　　　　　6 000 000

　　贷:拆入资金——中国银行乙支行　　　　　　　　　　　　　　6 000 000

(2)乙支行拆出资金:

借:拆出资金——中国农业银行甲支行　　　　　　　　　　6 000 000

　　贷:存放中央银行款项　　　　　　　　　　　　　　　　　　6 000 000

(3)拆入资金到期:

$$拆借利息 = 6\,000\,000 \times 2\% \div 12 = 10\,000(元)$$

甲支行还本付息的分录:

借:拆入资金——中国银行乙支行　　　　　　　　　　　　6 000 000

　　利息支出　　　　　　　　　　　　　　　　　　　　　　10 000

　　　贷:存放中央银行款项　　　　　　　　　　　　　　　　6 010 000

(4)乙支行收到本息:

借:存放中央银行款项　　　　　　　　　　　　　　　　　6 010 000

　　贷:拆出资金——中国农业银行甲支行　　　　　　　　　　6 000 000

　　　　利息收入　　　　　　　　　　　　　　　　　　　　　10 000

三、同业存放的核算

(一) 同业存放概述

同业存放款项是指商业银行与其他金融机构之间,因资金往来、代理等业务需要而互相存放的资金。

除了库存现金和在中央银行的存款外,大多数商业银行还在其他金融机构保持一定数量的活期存款,即同业存放款项。这是因为,任何一家银行,由于业务特点和人力、物力的限制,都不可能在其业务触及的每一个地方都设立分支机构,在没有分支机构的地区的一些金融业务就需要委托当地的银行等金融机构来代理。那些较大的银行一般都是双重角色,一方面,它作为其他银行的代理行而接受其他银行存放的款项;另一方面,它又是被代理行,将一部分资金存放在代理行。银行之间开展代理业务,需要花费一定的成本,商业银行在其他代理行保持一定数量的存款,主要目的就是为了支付代理行代办业务的款项汇划及手续费等。

(二) 存放同业的核算

商业银行增加在同业的存款,应按照实际增加的存款金额,借记"存放同业"科目,贷记"存放中央银行款项"等科目,会计分录为:

借:存放同业
　　贷:存放中央银行款项(等)

商业银行减少在同业的存款,应按照实际减少的金额,借记"存放中央银行款项"等科目,贷记"存放同业"科目,会计分录为:

借:存放中央银行款项(等)
　　贷:存放同业

(三) 同业存放的核算

金融企业增加在本行的存款,应按实际收到的金额,借记"存放中央银行款项"等科目,贷记"同业存放"科目,会计分录为:

借:存放中央银行款项(等)
　　贷:同业存放

金融企业减少在本行的存款,应按实际减少金额,借记"同业存放"科目,贷记"存放中央银行款项"等科目,会计分录为:

借:同业存放
　　贷:存放中央银行款项(等)

[例 6 - 17]　中国农业银行甲支行向中国银行乙支行存放资金 800 万元。做出甲支行和乙支行的会计分录。

（1）甲支行存出资金：

借：存放同业——中国银行乙支行　　　　　　　　　　　　8 000 000

　　贷：存放中央银行款项　　　　　　　　　　　　　　　　　　8 000 000

（2）乙支行吸收存款：

借：存放中央银行款项　　　　　　　　　　　　　　　　　　8 000 000

　　贷：同业存放——中国农业银行甲支行　　　　　　　　　　　8 000 000

四、同城票据交换的核算

(一)同城票据交换概述

由于国民经济中资金往来日益频繁、银行机构数量不断增加,银行之间的往来更加频繁。在同一城市的资金结算中,大量与结算业务有关的收付款单位在同城不同的银行机构开户。同一城市的银行之间往来交叉,联系密切,业务量极大。如果每笔业务都采取逐笔送交对方转账或逐笔清偿款项的方式,必然使核算工作繁重,延缓凭证传递,也降低了资金周转效率。因此,有必要对同一城市的各银行机构之间的资金往来采取同城票据交换的方法,简化核算手续,加快凭证传递,缩短资金清算时间。由于在一个城市区域内,所有债权银行的应收总额一定是所有其他债务银行应付总额;所有债务银行的应付总额一定是所有其他债权银行的应收总额。因此,各行应收差额的总和,一定等于各行应付差额的总和。

在我国各大中城市,都建立了人民银行主办的票据交换所。同城票据交换业务主要采用票据自动清分系统在票据交换所进行资金清算。各银行机构参加同城票据交换须经中国人民银行核准并核发交换行号。一般一个营业日规定两场交换,上午和下午各 1 场。

所谓"同城",原来是指局限于一个城市的范围。但近年来,随着交通、计算机和网络的飞速发展以及票据无纸化的应用,票据交换已从同城扩展到周边地区,由同城票据交换转换为了"区域票据交换",例如,京津票据交换区包括北京、天津、廊坊等城市。2006 年以来,随着全国支票影像交换系统的推广,票据交换甚至已经可以在全国范围进行。

支票影像交换系统是基于影像技术将实物支票截留转换为支票影像信息,传递至出票人开户银行提示付款的支票清算系统。它是中国人民银行继大、小额支付系统建成后的又一重要金融基础设施。支票影像交换系统定位于处理银行机构跨行和行内的支票影像信息交换,其资金清算通过中国人民银行覆盖全国的小额支付系统处理。

同城票据交换是同一票据交换区内各金融机构将相互代收、代付的凭证、票据,按规定时间集中到指定地点,进行集中交换,轧计应收、应付差额并进行资金清算的业务活动。可以概括为:定时定点、集中交换、当场轧平、划转差额。

票据交换分为提出行和提入行两个系统。向他行提出票据的是提出行;提回票据的是提入行。参加票据交换的银行一般既是提出行也是提入行。交换的票据分为借方票据和贷方票据。凡是由本行开户单位收款,他行开户单位付款的各种结算凭证,称为借方票据。凡是由本行开户单位付款,他行开户单位收款的各种结算凭证称为贷方票据。

提出行提出的借方票据表示本行应收款项;相反,提入行提入的借方票据则表示本行应付款项;提出行提出的贷方票据表示本行应付款项。相反,提入行提入的贷方票据则表示本行应收款项。各行在每次交换当场加计应收和应付款项,最后由票据交换所汇总轧平各行处的应收、应付差额,由中央银行办理转账,清算差额。

(二) 同城票据交换的基本程序

1. 提出票据

各参加票据交换的行处按规定的交换场次和时间参加票据交换时,应将提出交换的借方票据和贷方票据分别填制"票据交换借方汇总表"和"票据交换贷方汇总表"一式两联,一联与所提出的票据一并提出交换,另一联留存作传票。在票据交换借贷方汇总表中,应填明提出交换的票据种类、金额及收款人、付款人等内容,并分别按提入行加计票据的笔数及应收金额和应付金额的合计数。

2. 交换票据

各参加票据交换的行处持应提出的票据与汇总表,在规定时间,到票据交换所交换给各个提入行。

3. 提入票据

在票据交换所,各行在将提出的票据交换给各提入行后,同时也从他行提入票据。应分别加计提入票据的应收、应付金额合计。

4. 加计应收、应付票据总金额并轧算交换差额

各行在提出、提入票据后,应将提出、提入的票据分别借方票据、贷方票据,并按应收金额、应付金额加计合计数,再轧算差额。

各行交换的票据分为两类:一类是在本行开户的收款单位提交的应由他行开户单位付款的票据,称为借方票据;另一类是在本行开户的付款单位委托本行向其他开户单位付款的票据,称为贷方票据。因此,在票据交换中,借方票据对提出行来说应该收款,对提入行来说则应该付款;贷方票据对提出行来说,应该付款,对提入行来说则应该付款。计算公式为:

$$应收金额＝提出借方票据金额＋提入贷方票据金额$$

$$应付金额＝提出贷方票据金额＋提入借方票据金额$$

如果应收金额大于应付金额,其差额称为应收差额;反之,为应付差额。由各商业银行填制票据交换差额清单交给票据交换所。

5.票据交换所平衡交换差额

票据交换所收齐各参加交换的行处通过局域网送来或通过软盘交来的票据数据后,通过计算机进行分别汇总,并计算出各参加交换的行处本场次交换中应收金额和应付金额以及应收差额或应付差额,并与各参加交换的行处核对。票据交换所对各行处的应收差额和应付差额分别加计合计,应收差额应等于应付差额,如果不相等,各参加交换的行处应当查找存在的错误,直到平衡为止。

6.清算票据交换差额

各参加票据交换的银行在票据交换所交换结束后,根据应收差额或应付差额进行资金清算。各应付差额行处需开具备付金存款支款凭证;各应收差额行处则需填制存款凭证,人民银行根据各行提交的支款凭证或存款凭证办理转账。

当提出、提入的借方和贷方凭证全部记入"清算资金往来"科目后,该科目的余额应与本次通过中国人民银行划转存款的金额一致。

如果某银行提出票据和提入票据计算轧差后为应收差额的,则会计分录为:

借:存放中央银行款项

　　贷:清算资金往来

如果某银行提出票据和提入票据计算轧差后为应付差额的,则会计分录为:

借:清算资金往来

　　贷:存放中央银行款项

(三)同城票据交换核算举例

[例6－18]　中国工商银行某支行第一场交换提出借方票据金额合计为40万元,提出贷方票据合计为10万元;提入借方票据金额合计为60万元,提入贷方票据金额合计为20万元。

要求:(1)计算应收金额、应付金额、应收或应付差额;

　　　　(2)编制会计分录。

(1)　　　　　　　　应收金额合计＝40＋20＝60(万元)

　　　　　　　　　　应付金额合计＝10＋60＝70(万元)

　　　　　　　　　　应付差额＝70－60＝10(万元)

（2）借：清算资金往来   10
　　　贷：存放中央银行款项   10

[例 6-19]　假设 20×1 年 8 月 1 日下列商业银行提出、提入交换票据情况如表
6-1 所示。

表 6-1

提 出 行	提 入 行	票 据 性 质	金额（元）
工行	农行	贷方票据	63 748 540
	中行	贷方票据	11 674 650
	农行	借方票据	9 201 760
	中行	借方票据	6 476 110
农行	工行	贷方票据	54 416 790
	中行	贷方票据	33 743 310
	工行	借方票据	26 436 260
	中行	借方票据	14 268 010
中行	农行	贷方票据	24 132 830
	工行	贷方票据	7 436 160
	农行	借方票据	8 246 840
	工行	借方票据	1 678 440

要求：

（1）根据以上资料分别计算出工行、农行、中行的应收金额和应付金额；应收差额或
应付差额。

（2）分别做出工行、农行、中行、人行资金清算的会计分录。

（1）计算。

① 工行：

应收金额＝9 201 760＋6 476 110＋54 416 790＋7 436 160＝77 530 820（元）

应付金额＝63 748 540＋11 674 650＋26 436 260＋1 678 440＝103 537 890（元）

应付差额＝103 537 890－77 530 820＝26 007 070（元）

② 农行：

应收金额＝26 436 260＋14 268 010＋63 748 540＋24 132 830＝128 585 710（元）

应付金额＝54 416 790＋33 743 310＋9 201 760＋8 246 840＝105 608 770（元）

应收差额＝128 585 710－105 608 770＝22 976 940（元）

③ 中行：

应收金额＝8 246 840＋1 678 440＋11 674 650＋33 743 310＝55 343 310(元)

应付金额＝24 132 830＋7 436 160＋6 476 110＋14 268 010＝52 313 110(元)

应收差额＝55 343 310－52 313 110＝3 030 130(元)

(2) 会计分录。

① 工行(应付差额)：

借：清算资金往来　　　　　　　　　　　　　　　　　26 007 070

　　贷：存放中央银行款项　　　　　　　　　　　　　　26 007 070

② 农行(应收差额)：

借：存放中央银行款项　　　　　　　　　　　　　　　22 976 940

　　贷：清算资金往来　　　　　　　　　　　　　　　　22 976 940

③ 中行(应收差额)：

借：存放中央银行款项　　　　　　　　　　　　　　　3 030 130

　　贷：清算资金往来　　　　　　　　　　　　　　　　3 030 130

④ 人行：

借：中国工商银行存款　　　　　　　　　　　　　　　26 007 070

　　贷：中国农业银行存款　　　　　　　　　　　　　　22 976 940

　　　　中国银行存款　　　　　　　　　　　　　　　　3 030 130

五、转贴现的核算

(一) 转贴现业务概述

转贴现是指贴现银行将未到期的已贴现商业汇票向其他商业银行进行转让的行为,是商业银行之间进行短期资金融通的一种方式。银行办理转贴现,可以加速资金流通,提高资金使用效率,增加金融机构的收益。转贴现的期限,最长不超过 6 个月。转贴现银行应将转贴现纳入其信贷总量,并在存贷比例内考核。转贴现利率由交易双方自主商定。

转贴现银行应比照贴现业务,使用"贴现资产"科目进行会计核算。申请转贴现银行则应使用"贴现负债"科目进行会计核算。

(二) 转贴现的操作方式

转贴现分为两种方式:一种是买断式,另一种是回购式。

(1) 买断式转贴现,是指商业银行将已贴现但尚未到期的商业汇票转让给其他商业银行,票据到期时,转贴现商业银行作为票据的债权人向承兑人收取票款。

（2）回购式转贴现,是指商业银行将已贴现但尚未到期的商业汇票转让给其他商业银行,票据到期时,申请贴现的商业银行将票据从转贴现的商业银行手里购回并作为票据的债权人向承兑人收取票款。

以上两种方式的区别在于是否转移票据的权利,转移票据权利的为买断式转贴现,不转移票据权利的为回购式转贴现。

（三）转贴现的核算

1. 买断式转贴现的核算

（1）转贴现行的核算。

① 商业银行持已贴现的商业汇票向其他商业银行转贴现时,应填制一式五联转贴现凭证,在第一联上按照规定签章后,连同商业汇票一并交给转贴现银行。

转贴现银行信贷部门接到商业汇票和转贴现凭证后,按照有关规定审查,符合条件的,在转贴现凭证"银行审批"栏签注"同意"字样,并由有关人员签章后送交会计部门。

会计部门接到做成转让背书的商业汇票和转贴现凭证后,按照支付结算有关规定审查无误后,计算转贴现利息和实付贴现金额,办理转账,其会计分录为:

借：贴现资产——转贴现——贴现行

　　贷：存放中央银行款项（等）

　　　　贴现资产——利息调整

② 资产负债表日,按照权责发生制原则,计算本期应计入的"利息收入",借记"贴现资产——利息调整"科目,贷记"利息收入"科目,会计分录为:

借：贴现资产——利息调整

　　贷：利息收入

③ 转贴现票据到期,转贴现银行作为持票人向承兑人收取票款,填制委托收款凭证。在收到划回款项时,应按照实际收到的金额,借记"存放中央银行款项"等科目;按贴现的票面金额,贷记"贴现资产——转贴现——贴现行"科目;结转利息调整金额,借记"贴现资产——利息调整"科目;按其差额贷记"利息收入"科目。会计分录为:

借：存放中央银行款项（等）

　　贴现资产——利息调整

　　贷：贴现资产——转贴现——贴现行

　　　　利息收入

④ 如果转贴现行到期未从承兑人处收到票款,应按照《票据法》的规定,向转贴现申请人或其他前手进行追索。会计分录同上。

(2) 贴现行的核算。

① 贴现银行收到转贴现银行交给的转贴现收账通知后,按照实际收到的金额,借记"存放中央银行款项"等科目,由于转贴现行将商业汇票买断,因此,该行可以直接转销贴现票据的票面金额,贷记"贴现资产——贴现——贴现申请人"科目,按其差额,借记"贴现负债——利息调整"其会计分录为:

借: 存放中央银行款项(等)

贴现负债——利息调整

贷: 贴现资产——贴现——贴现申请人

② 资产负债表日,按照权责发生制原则,计算本期应负担的贴息,借记"利息支出"科目,贷记"贴现负债——利息调整"科目,会计分录为:

借: 利息支出

贷: 贴现负债——利息调整

③ 票据到期,如果转贴现行从承兑人处收到票款的,则申请转贴现银行只结转尚未调整的贴息,借记"利息支出"科目,贷记"贴现负债——利息调整"科目;会计分录为:

借: 利息支出

贷: 贴现负债——利息调整

④ 票据到期,如果转贴现行未从承兑人处收到票款,按照《票据法》的规定,转贴现行向该行收取票款,同时该行向申请贴现的单位或直接前手收取票款,会计分录为:

借: 吸收存款——活期存款——申请贴现人

[垫款——贴现申请人(不足部分)]

利息支出

贷: 存放中央银行款项(等)

贴现负债——利息调整

[例 6-20] 中国建设银行甲支行于 20×1 年 5 月 22 日,持未到期的银行承兑汇票一张,金额为 600 万元,向其上级分行申请转贴现(买断式),该汇票到期日为 7 月 21 日,转贴现利率为 2.4%,上级分行审查无误后,办理转账。承兑银行为同城中国银行乙支行。

要求:(1) 计算转贴现利息和实付转贴现金额。

(2) 做出中国建设银行×分行该笔业务会计分录。

(3) 做出甲支行的会计分录。

(1) 中国建设银行某分行(转贴现行)。

转贴现利息＝6 000 000×60×2.4%÷360＝24 000(元)

实付转贴现金额＝6 000 000－24 000＝5 976 000(元)

(2) 转贴现行(中国建设银行×分行)的核算

① 划付转贴现资金及收取贴息时:

借:贴现资产——转贴现——甲支行　　　　　　　　　　6 000 000

　　贷:辖内存放款项——甲支行　　　　　　　　　　　　　5 976 000

　　　　贴现资产——利息调整　　　　　　　　　　　　　　　 24 000

② 资产负债表日:

按照权责发生制原则,计算各期应负担的贴息。

5月31日,结转该月贴息＝24 000×10÷60＝4 000(元)

借:贴现资产——利息调整　　　　　　　　　　　　　　　4 000

　　贷:利息收入　　　　　　　　　　　　　　　　　　　　　 4 000

6月30日,结转该月贴息＝24 000×30÷60＝12 000(元)

借:贴现资产——利息调整　　　　　　　　　　　　　　　12 000

　　贷:利息收入　　　　　　　　　　　　　　　　　　　　　12 000

③ 7月21日票据到期:

中国建设银行某分行作为持票人向中国银行乙支行收取票款,尚未结转的利息收入＝24 000－(4 000＋1 2000)＝8 000(元)

借:存放中央银行款项　　　　　　　　　　　　　　　　6 000 000

　　贴现资产——利息调整　　　　　　　　　　　　　　　　8 000

　　贷:贴现资产——转贴现——甲支行　　　　　　　　　　6 000 000

　　　　利息收入　　　　　　　　　　　　　　　　　　　　 8 000

假如承兑银行为异地同系统某支行,则会计分录为:

借:上存系统内款项——上存中国建设银行总行备付金存款　6 000 000

　　贴现资产——利息调整　　　　　　　　　　　　　　　　8 000

　　贷:贴现资产——转贴现——甲支行　　　　　　　　　　6 000 000

　　　　利息收入　　　　　　　　　　　　　　　　　　　　 8 000

(3) 贴现行(甲支行)的核算。

① 甲支行收到上级分行转贴现款项并支付贴息时:

借:上存辖内款项——上存中国建设银行某分行备付金存款　5 976 000

　　贴现负债——利息调整　　　　　　　　　　　　　　　 24 000

　　贷:贴现资产——贴现——贴现申请人　　　　　　　　　6 000 000

② 资产负债表日:

5月31日,结转当月贴息:

借:利息支出　　　　　　　　　　　　　　　　　　　　　4 000

　　贷:贴现负债——利息调整　　　　　　　　　　　　　　　 4 000

6 月 30 日,结转当月贴息:

借：利息支出　　　　　　　　　　　　　　　　　　　　　12 000

　　贷：贴现负债——利息调整　　　　　　　　　　　　　　　12 000

③ 7 月 21 日,银行承兑汇票到期:

中国建设银行分行向承兑行乙支行收取票款,则甲支行只结转尚未调整的贴息,金额为 8 000 元。

借：利息支出　　　　　　　　　　　　　　　　　　　　　8 000

　　贷：贴现负债——利息调整　　　　　　　　　　　　　　　8 000

2. 回购式转贴现的核算

(1)转贴现行的核算。回购式转贴现,转贴现行的会计处理基本同买断式,不再赘述。

(2)贴现行的核算。

① 由于回购式票据不转移票据的所有权,因此,贴现银行可以使用"贴现负债"科目进行核算。

贴现银行收到实得转贴现金额并支付贴息时,按照实际收到的金额,借记"存放中央银行款项"科目,按票面金额,贷记"贴现负债——转贴现——转贴现行"科目,按其差额,借记"贴现负债——利息调整"科目。会计分录为:

借：存放中央银行款项等

　　贴现负债——利息调整

　　贷：贴现负债——转贴现——转贴现行

② 资产负债表日,会计分录同买断式。

③ 票据到期,申请转贴现银行将票据回购,存在尚未调整的贴息也同时结转。会计分录为:

借：贴现负债——转贴现——转贴现行

　　利息支出

　　贷：贴现负债——利息调整

　　　　存放中央银行款项(等)

④ 在票据到期时,该行向票据承兑人收取票款。借记"存放中央银行款项"等科目,同时冲减"贴现资产——贴现——贴现申请人"科目。会计分录为:

借：存放中央银行款项(等)

　　贷：贴现资产——贴现——贴现申请人

[例 6 - 21]　依[例 6-20],假如转贴现行为同城中国工商银行丙支行,转贴现方式为回购式,其他条件不变。

(1)转贴现息和实付转贴现金额的计算同上例。

(2) 转贴现行(丙支行)的核算。

① 支付贴现款并收取贴息：

借：贴现资产——转贴现——甲支行　　　　　　　　　6 000 000
　　贷：存放中央银行款项　　　　　　　　　　　　　　　5 976 000
　　　　贴现资产——利息调整　　　　　　　　　　　　　　 24 000

② 资产负债表日。5 月 31 日及 6 月 30 日调整利息的分录同上例(略)。

③ 7 月 21 日票据到期,甲支行回购票据后,该行收到票款,同时结转尚未调整的利息 8 000 元。会计分录为：

借：存放中央银行款项　　　　　　　　　　　　　　　6 000 000
　　贴现资产——利息调整　　　　　　　　　　　　　　　 8 000
　　贷：贴现资产——转贴现——甲支行　　　　　　　　　6 000 000
　　　　利息收入　　　　　　　　　　　　　　　　　　　 8 000

(3) 贴现行(甲支行)的核算。

① 甲支行收到贴现款项并支付贴息时：

借：存放中央银行款项　　　　　　　　　　　　　　　5 976 000
　　贴现负债——利息调整　　　　　　　　　　　　　　 24 000
　　贷：贴现负债——转贴现——丙支行　　　　　　　　　6 000 000

② 资产负债表日：

5 月 31 日及 6 月 30 日调整贴息的会计分录同上例(略)。

③ 7 月 21 日票据到期,将票据回购,同时结转尚未调整的贴息 8 000 元。

借：贴现负债——转贴现——丙支行　　　　　　　　　6 000 000
　　利息支出　　　　　　　　　　　　　　　　　　　　 8 000
　　贷：贴现负债——利息调整　　　　　　　　　　　　　 8 000
　　　　存放中央银行款项　　　　　　　　　　　　　　　6 000 000

④ 该行向票据的承兑人同城中国银行乙支行收取票款。

借：存放中央银行款项　　　　　　　　　　　　　　　6 000 000
　　贷：贴现资产——贴现——贴现申请人　　　　　　　　6 000 000

关 键 术 语

金融机构往来　同城票据清算　异地跨系统汇划　同业拆借　同业往来

缴存财政性存款　缴存一般存款　再贴现　转贴现

思 考 题

1. 简述金融企业往来的原因。

2. 简述中国人民银行与商业银行往来业务包括的内容。

3. 简述商业银行之间往来业务包括的内容。

4. 缴存存款包括哪些? 如何核算?

5. 同城票据交换的基本做法是什么?

6. 什么是转贴现? 什么是再贴现? 画出两者的流程图。

业 务 题

1. 某支行填写现金缴款单,向当地中国人民银行缴存现金500万元。要求:编制相应的会计分录。

2. 某支行填写现金支票向人民银行提取现金100万元。要求:编制相应的会计分录。

3. 中国工商银行A支行收到开户单位甲公司托收的款项30万元,付款单位为异地中国农业银行B支行开户单位乙公司。要求:作出A、B两个支行收、付款项的分录。其中:B支行所在地为单设机构地区、A支行所在地为双设机构地区。

4. 中国工商银行某支行于20×1年8月25日成立,8月31日该行财政性存款余额为500万元,9月1日,第一次办理缴存手续。要求:编制相应的会计分录。

5. 中国银行某支行因季节性信贷资金不足,于20×1年5月8日向中央银行申请借款700万元,期限3个月,利率为0.3‰,中央银行审查后同意办理。贷款到期该支行归还本息。要求:作出该支行借入资金和到期还本付息的分录。

6. 某市中国农业银行甲支行20×1年3月1日持未到期银行承兑汇票一张,金额50万元,向当地中央银行申请再贴现(买断式)。该票据的承兑行为同城中国工商银行乙支行。汇票到期日为当月31日。中央银行审查同意办理再贴现,再贴现利率为1.8‰。要求:(1)计算再贴现的利息和实得再贴现金额。(2)写出贴现行各阶段的会计分录。

7. 某市中国农业银行甲支行于20×1年3月8日持未到期银行承兑汇票一张,金额100万元,向当地中国银行甲分行申请转贴现(回购式)。该票据的承兑行为上海市中国工商银行乙支行。汇票到期日为4月17日。中国银行甲分行审查同意办理转贴现,转贴现利率为1.8‰。要求:(1)计算转贴现利息和实付转贴现金额。(2)写出贴现行各阶段的会计分录。(3) 写出转贴现行各阶段的会计分录。

8. 中国农业银行甲支行向中国银行乙支行申请拆借资金 450 万元,期限 1 个月,利率为 2%。要求:作出拆入、拆出资金及到期归还本息的核算。

9. 中国农业银行甲支行向中国银行乙支行存放资金 1 000 万元。要求:作出甲行和乙行的会计分录。

10. 中国工商银行某支行第一场交换提出借方凭证金额合计为 45 万元,提出贷方凭证合计为 18 万元;提入的借方凭证金额合计为 50 万元,提入的贷方凭证金额合计为 30 万元。要求:编制该行清算差额的会计分录。

第七章　外汇业务的核算

重点提示 ▮▮▮▮

　　学习本章,学生应能够了解外汇业务的基本概念和外汇业务的核算方法,掌握外汇买卖的核算,掌握账务外汇存、贷款业务的核算,掌握国际贸易结算业务的核算。

第一节　外汇业务概述

一、外汇业务的基本概念

(一) 外汇

　　外汇是指以外币表示的可以用作国际清偿的支付手段和资产。根据 2008 年 8 月 1 日修订的《中华人民共和国外汇管理条例》,外汇包括外币现钞(包括纸币、铸币),外币支付凭证或者支付工具(包括票据、银行存款凭证、银行卡等),外币有价证券(包括债券、股票等),特别提款权以及其他外汇资产[①]。

　　外汇按照不同的标准可以分为以下几类。

　　1. 按照外汇的形态,分为现钞和现汇

　　现钞是指各种外币钞票、铸币等。现汇又称转账外汇,是用于国际汇兑和国际间非现金结算的、用以清偿国际间债权债务的外汇。

　　2. 按照外汇交易交割期限,分为即期外汇和远期外汇

　　即期外汇是指即期收付的外汇,一般来说,即期外汇交易的成交双方在 2 个营业日内办理交割(交割日可以是当日和次日,更多的是成交后第二个营业日)。远期外汇是指银行同业间或银行与客户之间预先签订合同,商定外汇买卖数量、汇率和期限,到约

---

　　①　中华人民共和国外汇管理条例,2008.

定日期进行交割而收付的外汇。交割期限一般为 1～6 个月,最长不超过 1 年,运用较多的是 3 个月。

3. 按照外汇的来源和用途,分为贸易外汇和非贸易外汇和金融外汇

贸易外汇是一国进出口贸易所收付的外汇及与进出口贸易有关的从属费用外汇,如货款、运输费、保险费、佣金和广告费等,是外汇收入的重要来源。

非贸易外汇是一国进出口贸易以外所收付的各项外汇,如侨汇、旅游、航运、邮电、海关、银行、对外承包工程等收入和支出的外汇,以及图书、电影、邮票、代理及服务、个人和团体(与贸易无关的团组)出国差旅费等收支。

金融外汇是指以某种金融资产形态表现的外汇。例如,银行同业间买卖的外汇,它并非来自或用于贸易活动,而是管理各种货币头寸过程中的金融资产;又如,国家间资本转移的外汇,其无论是间接投资还是直接投资,都以某国货币表示的金融资产形态出现。

4. 按货币兑换受限制程度,分为自由外汇、有限自由外汇和记账外汇

自由外汇就是在国际结算中用得最多、在国际金融市场上可以自由买卖、在国际金融中可以用于偿清债权债务,并可以自由兑换其他国家货币的外汇(如美元、英镑等)。

有限自由外汇则是指未经货币发行国批准,不能自由兑换成其他货币或对第三国进行支付的外汇。国际货币基金组织规定,凡对国际性经常往来的付款和资金转移有一定限制的货币均属于有限自由兑换货币。世界上有一大半的国家货币属于有限自由兑换货币。

记账外汇也称双边外汇或协定外汇,是指根据两国政府有关贸易清算协定所开立的清算账户下的外汇,它不能兑换成其他货币,也不能支付给第三国。记账外汇所使用的记账货币,可以是本国货币,也可以是对方国或第三国的货币,由协定国政府在贸易支付协定中加以规定。

(二) 汇率

外汇汇率又称外汇牌价,是一个国家的货币折算成另一个国家货币的比率、比价或价格。也可以说,是以本国货币表示的外国货币的"价格"。折算两种货币的比率,首先,要确定以哪一国货币作为标准,这称为汇率的标价方法。汇率的标价方法有两种:一种是直接标价法,另一种是间接标价法。直接标价法又称价格标价法,是指以一定单位(1,100,1 000 等)的外国货币为标准,来计算折合多少单位的本国货币。就相当于计算购买一定单位外币所应付多少本币,所以叫应付标价法。包括中国在内的世界上绝大多数国家目前都采用直接标价法。在国际外汇市场上,日元、瑞士法郎、加元等均为直接标价法,如日元 119.05 即 1 美元兑 119.05 日元。间接标价法又称应收标价法,是以一定单位(如 1 个单位)的本国货币为标准,来计算应收若干单位的外国货币。在国际外汇市场上,欧元、英镑、澳元等均为间接标价法,如欧元 1.390 5 即 1 欧元兑 1.390 5 美元。我国外汇汇率采用直接标价法。

汇率可以从不同角度划分,如从汇率制度角度考察,可以分为固定汇率和浮动汇率;从银行买卖外汇的角度考察,可以分为买入汇率、卖出汇率、中间汇率和现钞汇率;从外汇交易支付通知方式角度考察,可以分为电汇汇率、信汇汇率和票汇汇率;从外汇交易交割期限长短考察,可以分为即期汇率和远期汇率;从外汇银行营业时间的角度考察,可以分为开盘汇率和收盘汇率等。

(三) 外汇业务

外汇业务是外汇指定银行经办的涉及外汇收支的业务。根据我国《银行外汇业务管理规定》,商业银行可以经营下列部分或者全部外汇业务:外汇存款,外汇贷款,外汇汇款,外币兑换,国际结算,同业外汇拆借,外汇票据的承兑和贴现,外汇借款,外汇担保,结汇、售汇,发行或者代理发行股票以外的外币有价证券,买卖或者代理买卖股票以外的外币有价证券,自营外汇买卖或者代客外汇买卖,外汇信用卡的发行和代理国外信用卡的发行及付款,资信调查、咨询、见证业务,国家外汇管理局批准的其他外汇业务等[①]。

外汇业务是我国对外开展国际贸易的主要业务。我国对外实行统一政策、集中管理的方针。国家设立外汇管理局,负责颁布外汇管理法规,管理外汇的收入与支出,公布外汇市场价格。国务院授权中国人民银行管理国家外汇业务。经中国人民银行核准的各金融机构,在核准经营的范围内开展外汇业务。

随着我国对外开放程度的提高,外汇收支业务的范围不断扩大,外汇数额也越来越大。外汇在我国经济生活中的作用越来越重要。因此,开展好外汇业务,对于发展我国的进出口贸易,加速结算资金周转,降低结算费用;对于大力引进外资,支持出口创汇,发展国内短缺项目;对于吸收外汇存款,扩大外汇资金来源;对于方便个人用汇,扩大国际经济文化交流,都有着重要意义。商业银行的外汇业务会计核算与管理工作变得越来越重要。

二、外汇业务核算方法

商业银行在办理外汇业务及国际清算过程中,涉及大量各种本币和外币之间、外币资金之间的收付。由于本币和外币之间货币单位和币值以及购买力不一致,为了有效记录和反映本外币资金的收付,核算和监督各种不同币种的收、支、存的情况,在会计核算上,采用专门的核算方法,主要包括外汇分账制和外汇统账制两种方法。

(一) 外汇分账制

外汇分账制又称原币记账法,是指发生外币业务时,以外汇原币为计量单位,对每

---

① 银行外汇管理规定,国家外汇管理局发布,1997 年 7 月。

种货币单位的收付,各设置一套明细账和总账,平时将所收付的外币,按照不同的原币,分别填制传票、登记账簿和编制报表的一种方法。我国商业银行基本上采用外汇分账制。外汇分账制的主要内容包括:

(1)以各种原币分别设账。各种外币都自成一套独立的账务系统,日常每一笔外汇业务都按原币金额填制凭证、登记账簿、编制报表。

(2)同一货币由于性质不同,有自由外汇和记账外汇之分,应分别核算。由于自由外汇和记账外汇的性质不同,换算率也不同,为了准确反映外币资金的实际周转和结存情况,应区分两者,分别核算与管理。

(3)年终决算时,编制本外币合并会计报表,用本币统一反映财务状况和经营成果。年终决算时,各种分账货币,应先分别编制各币种的会计报表,再将各种外币的会计报表按照年终决算牌价和规定的折算程序折合成本币,与原本币会计报表合并,形成本外币汇总的会计报表。

(二)外汇统账制

外汇统账制又称本外币记账法,是指以本国货币为记账单位,各种外国货币都按照一定的标准牌价,折合为本国货币再行记账的一种方法。

比较两种记账方法,外汇统账制的特点是记账简单,所有币种都以即期或当期汇率折算,便于加总核算,适合普通企业采用。外汇分账制的特点是记账复杂,所有币种都以原币核算、数据准确,便于分类核算,可以全面、完整、系统、真实地记载和反映各种外汇资金的增减变化及余额,清晰地反映银行的损益情况,便于外汇资金头寸的调拨,满足国家对外汇资金管理的要求,适合有外汇业务的金融企业采用。

三、特定会计科目设置

"货币兑换"科目是核算银行发生的各种货币之间的兑换业务,属于资产负债共同类科目。商业银行因外汇业务而发生货币兑换时,通过"货币兑换"科目进行核算,在本币账和外币账上同时等值反映,使本币账和外币账符合复式记账原理,在两套独立的账务系统中实现各自平衡的同时,又使外币资金活动与本币资金运用情况紧密地联系起来。

第二节　外汇买卖的核算

商业银行在办理外汇业务过程中,由于使用的币种不同,经常会发生以一种货币兑换成另一种货币的需要,这种按一定汇率卖出一种货币或买入一种货币的行为,称为外汇买卖。外汇买卖是商业银行外汇业务的重要组成部分,主要包括自营外汇买卖、代客外汇买卖及结售汇业务等。

自营外汇买卖是指商业银行以自有的外汇资金自行买卖外汇的经营活动,以赚取差价利润,该活动一般集中在商业银行总行。代客外汇买卖是指商业银行接受客户的委托,代其进行外汇买卖的业务。结售汇业务是结汇与售汇业务的统称。

一、外汇买卖科目和账簿设置

(一) 外汇买卖科目的设置

1."货币兑换"科目

如前所述,商业银行在外汇业务核算时普遍采用外汇分账制核算方法,因此设置"货币兑换"这一特有的科目,它是联系人民币和外币的桥梁和纽带,使全部的外汇交易反映在外汇买卖的账簿上,保持了不同货币金额的平衡。

"货币兑换"科目用来核算企业(金融)采用分账制核算外币交易所产生的不同币种之间的兑换,属于资产负债共同类科目。该科目按币种进行明细核算。

商业银行买入外币时,借记有关科目(外币),贷记"货币兑换"科目(外币);付出本币时,借记"货币兑换"科目(本币)。商业银行卖出外币时,借记"货币兑换"科目(外币),贷记有关科目(外币);付出本币时,借记有关科目(本币),贷记"货币兑换"科目(本币)。

期末,应将所有以外币表示的本科目余额按期末汇率折算为记账本位币金额,折算后的记账本位币金额与本科目(记账本位币)余额进行比较,为贷方差额的,借记本科目(记账本位币),贷记"汇兑损益"科目;为借方差额的作相反的会计分录。本科目结转后期末应无余额。

2.货币兑换科目传票

货币兑换科目传票分为货币兑换借方传票和贷方传票两种,且都是多联套写的。其中主要的两联是货币兑换外币传票和人民币传票,两种货币同时并列在同一张货币兑换科目传票上,每张传票上都有外币金额和人民币金额。外币金额和人民币金额必须同时填列,以反映一笔外汇买卖业务的全部内容。两联传票必须当天与对方有关科目对转,不得只转一方。货币兑换凭证的外币联凭证应与对应科目外币凭证自行平衡;货币兑换人民币联凭证应与对应科目人民币凭证自行平衡。通常,对同一汇价的货币,同一借贷方向,同一客户的多笔结汇业务可以汇总填制外汇买卖传票,凭以记账。货币兑换传票格式如表7-1和表7-2所示。

表7-1　××银行货币兑换借方凭证

购自＿＿＿＿＿＿＿＿＿＿＿＿＿＿日期20　　年　　月　日
(借)货币兑换＿＿＿＿＿＿＿＿＿对方科目＿＿＿＿＿＿＿

摘　　要	外币金额	汇价	人民币金额	附件
				张

　会计　　　　复核　　　　出纳　　　　记账　　　　经办

表7-2　××银行货币兑换贷方凭证

售与＿＿＿＿＿＿＿＿＿＿＿＿＿＿＿日期20　　年　　月　日
(贷)货币兑换＿＿＿＿＿＿＿＿＿对方科目＿＿＿＿＿＿＿

摘　　要	外币金额	汇价	人民币金额	附件
				张

　会计　　　　复核　　　　出纳　　　　记账　　　　经办

(二) 外汇买卖账簿的设置

1. 货币兑换分户账

货币兑换科目设置总账和分户账两类。货币兑换分户账是一种特定格式的账簿，它把人民币和外币的买卖金额记在同一账页上。账簿格式由买入、卖出和结余三栏组成，其中买入、卖出栏内又各由外币、汇价和本币三栏组成，结余栏则由借或贷外币或人民币两栏组成。本币和外币的换算公式如下：

$$买入外币(贷方)\times 汇价＝本币借方$$
$$卖出外币(借方)\times 汇价＝本币贷方$$

买入和卖出栏数额之差为结余栏，本币和外币数额分别结计，同时反映。货币兑换分户账的格式，如表7-3所示。

表7-3　××银行货币兑换分户账

货币：　　　　　　　账户：

年		摘　要	买　　入			卖　　出			结　　　余					
月	日		外币(贷)	汇价	本币(借)	外币(借)	汇价	本币(贷)	借或贷	外币	借或贷	本币	记账	复核

2.货币兑换总账

货币兑换总账用一般总账格式,按各币种分别设置。每日营业终了时,银行根据各种货币的"货币兑换"科目日结单借贷方发生额填记,人民币的"货币兑换"科目总账则根据人民币的"货币兑换"科目日结单借贷方发生额填记,然后根据上日余额计算出本日余额,计入余额栏。"货币兑换"科目的余额能够反映商业银行外币资金头寸余缺状况。外币账户的余额在贷方,则表明该货币买入大于卖出,为多头;如外币账户的余额在借方,则表明该外币卖出多于买入,为空头。

二、外汇买卖业务的核算

(一) 结汇业务的核算

结汇即所谓的买入外汇,是指商业银行支付人民币买入外汇。外汇指定银行买入外汇时,按照外汇买入价或活钞买价支付相应的人民币,其基本账务处理如下:

借:××科目   外币
　　贷:货币兑换——汇(钞)买价   外币
借:货币兑换——汇(钞)买价   本币
　　贷:××科目   本币

[例7-1]　某客户持美元现钞 USD1 000 来某商业银行兑换人民币,当日美元的现钞买入价为 USD100＝RMB650,其会计分录如下:

借:库存现金   ＄1 000
　　贷:货币兑换——钞买价   ＄1 000
借:货币兑换——钞买价   ￥6 500
　　贷:库存现金   ￥6 500

(二) 售汇业务的核算

售汇即所谓的卖出外汇,商业银行卖出外汇时,按汇卖价或钞卖价,收取相应的人民币,其基本账务处理如下:

借:××科目   本币
　　贷:货币兑换——汇(钞)买价   本币
借:货币兑换——汇(钞)买价   外币
　　贷:××科目   外币

[例7-2]　某企业向商业银行购买 10 000 美元,汇往美国某公司,当时美元汇卖价 USD100＝RMB680,其会计分录如下:

借：吸收存款——某企业　　　　　　　　　　　　　　　　¥68 000
　　贷：货币兑换——汇卖价　　　　　　　　　　　　　　　　　¥68 000
借：货币兑换——汇卖价　　　　　　　　　　　　　　　　$10 000
　　贷：汇出汇款　　　　　　　　　　　　　　　　　　　　　　$10 000

(三) 套汇业务的核算

套汇业务是指银行将一种外汇兑换成另一种外汇业务的活动。银行套汇业务的核算,一般包括两种情况:一是两种外币的套算,即一种外币兑换为另一种外币,就是先买入外币 A,按外币 A 的汇买价折算成人民币数额,再卖出另一种外币 B,把人民币数额按外币 B 汇卖价折算为外币 B;另一种是同种外币的套算,包括钞兑汇或汇兑钞,因为同一外币体现在汇率上,现钞和现汇价值有所差异,所以也必须按套汇方法处理。

1. 两种外币之间的套算

基本的账务处理如下:

(1) 买入外币 A:

借：××科目　　　　　　　　　　　　　　　　　　　　A 外币
　　贷：货币兑换——A 币种汇(钞)买价　　　　　　　　　　　A 外币

(2) 折算成人民币:

借：货币兑换——A 币种汇(钞)买价　　　　　　　　　　本币
　　贷：货币兑换——B 币种汇(钞)卖价　　　　　　　　　　　本币

(3) 卖出外币 B:

借：货币兑换——B 币种汇(钞)卖价　　　　　　　　　　B 外币
　　贷：××科目　　　　　　　　　　　　　　　　　　　　B 外币

两种外汇之间套汇的计算公式为:

卖出币种套汇金额＝买入币种金额×买入币种汇买价÷卖出币种汇卖价

[例 7-3]　某公司在银行开有美元户,因业务需要申请从其美元存款户中支付 HKD10 000 汇往香港,当日美元汇买价为 USD100＝RMB660,港币汇卖价为 HKD100＝RMB90,其账务处理如下:

$$USD 金额＝10 000×90÷660＝\$1 363.64$$

会计分录为:

借：吸收存款——某公司户　　　　　　　　　　　　　　$1 363.64
　　贷：货币兑换——汇买价　　　　　　　　　　　　　　　$1 363.64

借：货币兑换——A币种汇买价 　　　　　　　　　　　　　　　¥9 000

　　贷：货币兑换——B币种汇卖价 　　　　　　　　　　　　　　¥9 000

借：货币兑换——B币种汇卖价 　　　　　　　　　　　　　　HKD10 000

　　贷：汇出汇款 　　　　　　　　　　　　　　　　　　　　HKD10 000

2. 同种货币之间的套算

同种货币之间的套算包括将现汇转为现钞或将现钞转为现汇两种情况,基本账务处理如下：

（1）买入外币现钞（汇）：

借：××科目 　　　　　　　　　　　　　　　　　　　　　　　外币A

　　贷：货币兑换——钞（汇）买价 　　　　　　　　　　　　　　外币A

（2）折算成人民币：

借：货币兑换——钞（汇）买价 　　　　　　　　　　　　　　　　本币

　　贷：货币兑换——汇（钞）卖价 　　　　　　　　　　　　　　　本币

（3）卖出外币现钞（汇）：

借：货币兑换——汇（钞）卖价 　　　　　　　　　　　　　　　　外币A

　　贷：××科目 　　　　　　　　　　　　　　　　　　　　　　外币A

[例7-4]　某客户持美元现钞USD10 000要求汇往华盛顿,当日美元钞买价为USD100＝RMB650,美元汇卖价为USD100＝RMB660,其会计分录如下：

借：库存现金 　　　　　　　　　　　　　　　　　　　　　　$10 000

　　贷：货币兑换——钞买价 　　　　　　　　　　　　　　　　$10 000

借：货币兑换——钞买价 　　　　　　　　　　　　　　　　　¥65 000

　　贷：货币兑换——汇卖价 　　　　　　　　　　　　　　　　¥65 000

借：货币兑换——汇卖价 　　　　　　　　　　　　　　　　$9 848.49

　　贷：汇出汇款 　　　　　　　　　　　　　　　　　　　　$9 848.49

第三节　外汇存款业务的核算

一、外汇存款的种类

外汇存款是单位或个人将其所拥有的外汇资金（国外汇入汇款、外币以及其他外币票据等）存入银行,并于以后随时或约定期限支取的一种业务。开办外汇存款业务,是我国外汇指定银行筹集外汇资金和扩大外汇资金来源的重要渠道,也是它所经营的一项基础业务。而将外汇资金存入银行,则是企业和个人运用外汇资金并取得利息收入的一种方式,也是企业从事其他外汇业务所要采取的一种基本手段。

银行吸收各种外汇存款可以从不同的角度进行分类:按开户对象,可以分为单位外汇存款和个人外汇存款;按存款的期限,可以分为定期外汇存款和活期外汇存款;按存入资金形态,可以分为外钞户存款和外汇户存款等。

二、单位外汇存款的核算

单位外汇存款是指在我国境内的机关、团体、企业(包括外国驻华机构及外商投资企业)及在境外的中外企业、团体等单位存放在外汇指定银行里的各项外汇存款,又称甲种外汇存款。单位外汇存款业务核算时在吸收存款科目下设置"活期外汇存款"、"定期外汇存款"等二级科目,还应按开户单位设置明细科目。

(一) 存入外汇存款的核算

1. 直接以国外收汇或国内联行转汇存入

会计分录如下:

借:汇入汇款等科目　　　　　　　　　　　　　　　　　　外币

　　贷:吸收存款——活(定)期外汇存款——××户　　　　　　外币

如汇入币种与存入币种不同时,必须通过货币兑换存入,采用前述套汇方式处理。

2. 以外币现钞存入

单位不能开立现钞账户,一般为现汇账户,以现钞存入时必须兑换为现汇,采用前述套汇方式处理。其会计分录如下:

(1) 买入外币现钞:

借:库存现金　　　　　　　　　　　　　　　　　　　　　外币

　　贷:货币兑换——钞买价　　　　　　　　　　　　　　　外币

(2) 折算成人民币:

借:货币兑换——钞买价　　　　　　　　　　　　　　　　本币

　　贷:货币兑换——汇卖价　　　　　　　　　　　　　　　本币

(3) 卖出外币现汇:

借:货币兑换——汇卖价　　　　　　　　　　　　　　　　外币

　　贷:吸收存款——活(定)期外汇存款——××户　　　　　　外币

[例 7 - 5]　某企业持现钞 USD10 000 存入活期存款户,当日美元钞买价为 USD100＝RMB650,美元汇卖价为 USD100＝RMB660,其会计分录如下:

借:库存现金　　　　　　　　　　　　　　　　　　　$10 000

　　贷:货币兑换——钞买价　　　　　　　　　　　　　$10 000

借：货币兑换——钞买价 　　　　　　　　　　　　　　　　　¥65 000

　　贷：货币兑换——汇卖价 　　　　　　　　　　　　　　　　　　¥65 000

借：货币兑换——汇卖价 　　　　　　　　　　　　　　　　　$9 848.49

　　贷：吸收存款——活期外汇存款——××户 　　　　　　　　　　$9 848.49

（二）支取外汇存款的核算

1. 从现汇账户支取外币现钞

将现汇兑换为现钞,按汇买钞套汇方式处理,其会计分录如下:

(1) 买入外币现汇:

借：吸收存款——活(定)期外汇存款——××户　　　　　　　　　外币

　　贷：货币兑换——汇买价　　　　　　　　　　　　　　　　　　外币

(2) 折算成人民币:

借：货币兑换——汇买价　　　　　　　　　　　　　　　　　　　本币

　　贷：货币兑换——钞卖价　　　　　　　　　　　　　　　　　　本币

(3) 卖出外币现钞:

借：货币兑换——钞卖价　　　　　　　　　　　　　　　　　　　外币

　　贷：库存现金　　　　　　　　　　　　　　　　　　　　　　　外币

2. 汇款方式支取外汇存款

按规定收取手续费,其会计分录如下:

借：吸收存款——活(定)期外汇存款——××户　　　　　　　　　外币

　　贷：汇出汇款等科目　　　　　　　　　　　　　　　　　　　　外币

　　　　手续费及佣金收入——汇费　　　　　　　　　　　　外币(或本币)

3. 支取外币与外汇账户币种不同

应采用汇买汇卖套汇方式处理,其会计分录如下:

(1) 买入外币 A:

借：吸收存款——活(定)期外汇存款——××户　　　　　　　　外币 A

　　贷：货币兑换——汇买价　　　　　　　　　　　　　　　　　外币 A

(2) 折算成人民币:

借：货币兑换——汇买价　　　　　　　　　　　　　　　　　　　本币

　　贷：货币兑换——汇卖价　　　　　　　　　　　　　　　　　　本币

(3) 卖出外币 B:

借：货币兑换——汇卖价　　　　　　　　　　　　　　　　　　外币 B

　　贷：库存现金等科目　　　　　　　　　　　　　　　　　　外币 B

4. 活期存款户转存定期存款

转存时,凭存款单位开立的转账支票办理,其会计分录如下:

借：吸收存款——活期外汇存款——××户　　　　　　　　　　　外币
　　贷：吸收存款——定期外汇存款——××户　　　　　　　　　　外币

5. 定期存款户转存活期存款

计付利息后连同本金一并办理，转存至开户单位户，其会计分录如下：

借：吸收存款——定期外汇存款——××户　　　　　　　　　　　外币
　　应付利息　　　　　　　　　　　　　　　　　　　　　　　　外币
　　利息支出——定期外汇存款利息支出户　　　　　　　　　　　外币
　　贷：吸收存款——活期外汇存款——××户　　　　　　　　　　外币

（三）外汇存款利息的核算

外汇存款计息的核算，类似于人民币业务，活期存款于每季度末月 20 日为结息日，次日主动入账；定期存款按存入时订定的利率计息，不足 1 年或 1 月的天数折算成日息计算，存款到期，利随本清，一次计付利息。定期存款按季度计提应付利息，记入"应付利息"科目；3 个月以下的定期存款不计提应付利息，直接在"利息支出"科目中核算。其会计分录如下：

外汇活期存款结息时：

借：利息支出——活期外汇存款利息支出户　　　　　　　　　　　外币
　　贷：吸收存款——活期外汇存款——××户　　　　　　　　　　外币

外汇定期存款结息时：

借：利息支出——定期外汇存款利息支出户　　　　　　　　　　　外币
　　贷：应付利息　　　　　　　　　　　　　　　　　　　　　　外币

[例 7－6]　某公司于 3 月 30 日存入美元 100 000 元，存期 6 个月，利率 2%，当年 9 月 30 日到期。存款到期时公司没有提取，按规定逾期部分按支取日外汇存款年利率 1%计付利息，公司于当年 11 月 11 日来银行办理支取手续。试计算利息，并编制会计分录。

（1）9 月 30 日的应付利息如下：

$$\$100\,000\times 6\text{个月}\times 2\%\div 12=\$1\,000$$

9 月 30 日至 11 月 11 日的利息如下：

$$\$100\,000\times 42\times 1\%\div 360=\$116.67$$

（2）支取日的会计分录如下：

借：吸收存款——定期外汇存款——××公司户　　　　　　$100 000
　　应付利息　　　　　　　　　　　　　　　　　　　　　$1 000
　　利息支出——定期外汇存款利息支出户　　　　　　　　$116.67
　　贷：吸收存款——活期外汇存款——××户　　　　　　　$101 116.67

三、个人外汇存款的核算

个人外汇存款是指在我国境内的居民（包括中国居民及在华的外国人、海外华侨、港澳台同胞等）及我国派驻国外及港澳台地区从事学习、工作、进修、科研、讲学等人员以及其他个人（如居住在国外或港澳台地区的外国人、华侨及港澳台同胞）以可兑换货币（外汇及外钞）存入我国外汇指定银行的各类外汇存款，主要包括乙种外汇存款和丙种外汇存款两种。

乙种外汇存款是指外国人、外籍华人、华侨、港澳台同胞开立的存款账户。开立乙种外汇存款账户时，须凭其护照或其他有效身份证件办理。外国居民享受税收协定待遇，必须按要求填报《外国居民享受避免双重征税协定待遇申请表》。

丙种外汇存款的对象是中国境内居民，包括归侨、侨眷和港澳台同胞的亲属。这些人可以以本人名义开立两种外币存款账户。这种存款分为丙种外汇定期存款和丙种外汇活期存款。均可分为外汇账户与外币现钞账户，定期存款分为 3 个月、6 个月、1 年、2 年四种期限；起存金额为人民币 50 元的等值外币，多存不限。存款时先由存储户填写存款申请书申请开户，经银行审核后开给记名式定期存单。活期存款开户起存金额为人民币 20 元的等值外币，存储户填写开户申请书经银行审核同意开给记名式活期存折，存款利息按统一公布的个人外币存款利率计付外币利息。

个人外汇存款业务核算时在吸收存款科目下设置"活期储蓄外汇存款""定期储蓄外汇存款"等二级科目，还应按开户人设置明细科目。

（一）存入外汇存款的核算

（1）直接以国外收汇或国内联行转汇存入，会计分录如下：

借：汇入汇款等科目   外币

    贷：吸收存款——活（定）期储蓄外汇存款——××户   外币

如汇入币种与存入币种不同时，必须通过货币兑换存入，采用前述套汇方式处理。

（2）以外币现钞存入现钞账户，其会计分录如下：

借：库存现金   外币

    贷：吸收存款——活（定）期储蓄外汇存款——××户   外币

若要存入现汇账户，必须兑换为现汇，采用前述套汇方式处理。其会计分录如下：

① 买入外币现钞：

借：库存现金   外币

    贷：货币兑换——钞买价   外币

② 折算成人民币：

借：货币兑换——钞买价　　　　　　　　　　　　　　　　本币

　　贷：货币兑换——汇卖价　　　　　　　　　　　　　　　　本币

③卖出外币现汇：

借：货币兑换——汇卖价　　　　　　　　　　　　　　　　外币

　　贷：吸收存款——活（定）期储蓄外汇存款——××户　　外币

（二）支取外汇存款的核算

1. 从现汇账户支取外币现钞

将现汇兑换为现钞，按汇买钞套汇方式处理，其会计分录如下：

（1）买入外币现汇：

借：吸收存款——活（定）期储蓄外汇存款——××户　　外币

　　贷：货币兑换——汇买价　　　　　　　　　　　　　　　　外币

（2）折算成人民币：

借：货币兑换——汇买价　　　　　　　　　　　　　　　　本币

　　贷：货币兑换——钞卖价　　　　　　　　　　　　　　　　本币

（3）卖出外币现钞：

借：货币兑换——钞卖价　　　　　　　　　　　　　　　　外币

　　贷：库存现金　　　　　　　　　　　　　　　　　　　　外币

2. 汇款方式支取外汇存款

按规定收取手续费，其会计分录如下：

借：吸收存款——活（定）期储蓄外汇存款——××户　　外币

　　贷：汇出汇款等科目　　　　　　　　　　　　　　　　　　外币

　　　　手续费及佣金收入——汇费　　　　　　　　　　外币（或本币）

3. 支取外币与外汇账户币种不同

应采用汇买汇卖套汇方式处理，其会计分录如下：

（1）买入外币A：

借：吸收存款——活（定）期储蓄外汇存款——××户　　外币A

　　贷：货币兑换——汇买价　　　　　　　　　　　　　　　　外币A

（2）折算成人民币：

借：货币兑换——汇买价　　　　　　　　　　　　　　　　本币

　　贷：货币兑换——汇卖价　　　　　　　　　　　　　　　　本币

（3）卖出外币B：

借：货币兑换——汇卖价　　　　　　　　　　　　　　　　外币B

　　贷：库存现金等科目　　　　　　　　　　　　　　　　　　外币B

第四节　外汇贷款业务的核算

一、外汇贷款的种类

外汇贷款是商业银行运用吸收的外汇资金贷放于境内企业的业务活动。外汇贷款是商业银行经营的一项重要资产业务,是商业银行运用外汇资金,强化经营机制,获取经济效益的主要手段。外汇贷款对于利用外资和引进先进技术设备,促进我国对外贸易和国际交往的发展,对于国际商品市场和国际金融市场的变化,都具有十分重要的意义。外汇贷款按照不同标准划分,可以分为不同类型的贷款。

(一) 按贷款期限分

外汇贷款按贷款期限不同,可分为短期外汇贷款和中长期外汇贷款。短期外汇贷款是指期限为 1 年以内(含 1 年)的贷款;中长期外汇贷款是指期限为 1 年以上的贷款。

(二) 按资金来源分

外汇贷款按资金来源不同,可分为现汇贷款、买方信贷、银团贷款和转贷款。现汇贷款即自由外汇贷款,它是银行以自营业务方式吸收的外汇向企业发放的贷款。买方信贷是指由出口商国家的银行向进口商或进口商国家的银行提供的信贷,用以支付进口货款的一种贷款形式。银团贷款是指由两家或两家以上银行基于相同贷款条件,依据同一贷款协议,按约定时间和比例,通过代理行向借款人提供的本外币贷款或授信业务。转贷款多属于国际融资贷款,是指商业银行作为债务人,对外签订贷款协议借入资金;同时作为债权人,将此资金转贷给国内企业。

(三) 按融资目的分

外汇贷款指融资目的不同,可以分为对外贸易贷款和出口信贷。对外贸易贷款是进出口融资方式,是商业银行国际信贷业务的重要组成部分,主要有打包贷款、出口押汇、代理融通和福费廷等贸易融资方式。

本节主要介绍现汇贷款、买方信贷和银团贷款业务的核算。

二、现汇贷款的核算

现汇贷款是银行以自主筹措的外汇向企业发放的贷款。现汇贷款币种包括美元、欧元、英镑、日元和港元等货币。现汇贷款可以满足客户外汇资金融资需求,用途广泛,既可以满足企业流动资金方面的需求,也可以满足企业固定资产投资的需求。贷款利率既可以采用浮动利率,也可以采用固定利率。

(一) 贷款发放的核算

借款单位申请使用外汇贷款时,应向商业银行提交申请书及其他申请资料,银行信贷部分审查同意后,与借款单位签订借款契约。商业银行实际发放外汇借款时,借款单位应填制外汇贷款借款凭证,经银行审核后按规定进行账务处理。为反映现汇贷款的发放与收回情况,应在"贷款"科目下设置"短(中)期外汇贷款"科目或直接设置"短(中)期外汇贷款"科目进行核算,并按借款单位进行明细核算。

(1) 直接使用贷款对外支付时,其会计分录如下:

借:贷款——短(中)期外汇贷款——××户　　　　　　　　　外币
　　贷:存放国外同业等科目　　　　　　　　　　　　　　　　外币

(2) 贷款货币与对外支付货币不是同一货币时,应通过套汇方式处理,其会计分录如下:

① 买入外币 A:

借:贷款——短(中)期外汇贷款——××户　　　　　　　　外币 A
　　贷:货币兑换——汇买价　　　　　　　　　　　　　　　外币 A

② 折算成人民币:

借:货币兑换——汇买价　　　　　　　　　　　　　　　　本币
　　贷:货币兑换——汇卖价　　　　　　　　　　　　　　　本币

③ 卖出外币 B,对外支付:

借:货币兑换——汇卖价　　　　　　　　　　　　　　　　外币 B
　　贷:存放国外同业等科目　　　　　　　　　　　　　　外币 B

(二) 利息的核算

现汇贷款的利率根据合同规定,可以采用浮动利率、固定利率或优惠利率等。优惠利率低于一般市场利率,且属固定利率。浮动利率是按照伦敦银行同业拆放利率(LIBOR)[①]浮动

---

① 伦敦银行同业拆放利率(London Interbank Offered Rate,LIBOR)已成为全球贷款方及债券发行人的普遍参考利率,是目前国际间最重要和最常用的市场利率基准。伦敦银行同业拆放利率是英国银行家协会根据其选定的银行在伦敦市场报出的银行同业拆借利率,进行取样并平均计算成为基准利率,是伦敦金融市场上银行之间相互拆放英镑、欧洲美元及其他欧洲货币资金时计息用的一种利率。参与伦敦金融市场借贷活动的其他银行和金融机构,均以这些报价银行的利率为基础,确定自己的利率。伦敦银行同业拆放利率作为伦敦金融市场上借贷活动的基础利率,初始于 20 世纪 60 年代初,随着伦敦金融领域里银行同业之间的相互拆放短期资金活动增多,伦敦同业英镑拆放市场开始取代贴现市场,成为伦敦银行界融资的主要场所,伦敦银行同业拆放利率成为伦敦金融市场借贷活动中计算利息的主要依据。以后,随着欧洲美元市场和其他欧洲货币市场的建立,国际银团辛迪加贷款及各种票据市场的发展,伦敦银行同业拆放利率在国际信贷业务中广泛使用,成为国际金融市场上的关键利率。目前,许多国家和地区的金融市场及海外金融中心均以此利率为基础确定自己的利率。例如,一笔辛迪加贷款利率确定为伦敦银行同业拆放利率加上 0.75%,如果当时伦敦银行同业拆放利率为 10%,那么这笔银行辛迪加贷款的利率便为 10.75%。(转引于百度百科,http://baike.baidu.com/view/975439.htm,2011 年 3 月 1 日。)

计息的,浮动利率分为 1 个月、3 个月、6 个月浮动的三个档次。借款单位按借款契约,在浮动利率档次内,无论利率如何变动,都按贷款日确定的档次利率计算利息,档次期满后,按浮动利率计息。贷款计息天数按实际天数计算,算头不算尾,每季度结一次,每季度末月 20 日结息。结息时分情况进行处理。

(1) 借款单位直接以外汇存款户偿还利息,其会计分录如下:

借:吸收存款——活期外汇存款——××户　　　　　　　　　　外币
　　贷:利息收入——外汇贷款利息收入　　　　　　　　　　　　　外币

(2) 外汇贷款利息转为本金,其会计分录如下:

借:贷款——短(中)期外汇贷款——××户　　　　　　　　　外币
　　贷:利息收入——外汇贷款利息收入　　　　　　　　　　　　　外币

(3) 借款单位无足够金额偿还,其会计分录如下:

借:应收利息　　　　　　　　　　　　　　　　　　　　　　　　外币
　　贷:利息收入——外汇贷款利息收入　　　　　　　　　　　　　外币

借款单位支付利息时,会计分录如下:

借:吸收存款——活期外汇存款——××户　　　　　　　　　　外币
　　贷:应收利息　　　　　　　　　　　　　　　　　　　　　　　外币

(三) 贷款收回的核算

借款单位必须按时偿还现汇贷款,也可以提前偿还或分批偿还,可以用外汇偿还,也可以用人民币购汇偿还。借款单位归还贷款时,应填制还款凭证,银行审核无误后,连同利息办理转账。最后一个结息日至还款日尚未计收的利息与本金一并收回。收回贷款时分情况进行处理。

(1) 借款单位使用外汇存款偿还本息,其会计分录如下:

借:吸收存款——活期外汇存款——××户　　　　　　　　　　外币
　　贷:贷款——短(中)期外汇贷款——××户　　　　　　　　　外币
　　　　利息收入——外汇贷款利息收入　　　　　　　　　　　　　外币

(2) 经批准使用本币购汇偿还本息,其会计分录如下:

借:吸收存款——活期存款——××户　　　　　　　　　　　　本币
　　贷:货币兑换——汇卖价　　　　　　　　　　　　　　　　　　本币
借:货币兑换——汇卖价　　　　　　　　　　　　　　　　　　　外币
　　贷:贷款——短(中)期外汇贷款——××户　　　　　　　　　外币
　　　　利息收入——外汇贷款利息收入　　　　　　　　　　　　　外币

(3) 借款单位用非贷款货币偿还本息,通过套汇方式处理,其会计分录如下:

① 买入非贷款外币 A:

借：吸收存款——活期外汇存款——××户　　　　　　　　　外币 A

　　贷：货币兑换——汇买价　　　　　　　　　　　　　　　　外币 A

② 折算成人民币：

借：货币兑换——汇买价　　　　　　　　　　　　　　　　　　本币

　　贷：货币兑换——汇卖价　　　　　　　　　　　　　　　　　本币

③ 卖出贷款外币 B,归还本息：

借：货币兑换——汇卖价　　　　　　　　　　　　　　　　　外币 B

　　贷：贷款——短(中)期外汇贷款——××户　　　　　　　　外币 B

　　　　利息收入——外汇贷款利息收入　　　　　　　　　　　外币 B

三、买方信贷的核算

　　买方信贷是指由出口商国家的银行向进口商或进口商国家的银行提供的信贷,用以支付进口货款的一种贷款形式。目前,我国国内银行提供的买方信贷分为两种：一种是为支持本国企业从国外引进技术设备而提供的进口买方信贷；另一种是为支持本国船舶和机电设备等产品的出口而提供的出口买方信贷。本节主要介绍进口买方信贷。

　　进口买方信贷是由出口商国家的银行向进口商国家的银行提供一项总的贷款额度,并签订一项总的信贷协议,规定总的信贷原则。进口商欲进口技术设备而资金不足需要融资时,可向国内银行提出出口信贷要求,银行审查同意后,按总的信贷协议规定,向出口商国家的银行办理具体使用买方信贷的手续①。其中,贷款金额不得超过合同金额的 85%,其余部分由进口方以现汇支付定金,支付定金后才能使用贷款。

　　目前,进口买方信贷首先由商业银行总行与国外签订协议,并由总行负责偿还贷款本息,各分行负责借款单位的贷款发放与收回。

　　买方信贷涉及出口商、出口国银行、进口商和进口国银行四方当事人,包括对外签订协议、支付定金、使用贷款和收回贷款本息四个环节。

(一) 总行对外签订买方信贷协议

　　根据国家的有关规定,商业银行总行与国外统一谈判签订买方信贷总协议,确定贷款总额度,总协议下各个分项目的具体协议可以由总行对外签订,也可以由总行授权分行谈判签订。商业银行总行设置表外科目"买方信贷用款限额",对贷款进行核算,其会计分录如下：

收入：买方信贷用款限额　　　　　　　　　　　　　　　　　外币

　　进口商使用贷款时,按使用金额逐笔转销,其会计分录如下：

---

① 黎孝先.国际贸易实务[M].3 版.北京：对外经济贸易大学出版社,2004.

付出：买方信贷用款限额 外币

（二）进口商申请贷款并支付定金

（1）直接以现汇支付定金，其会计分录如下：

借：吸收存款——活期外汇存款——××户 外币
 贷：存放国外同业等科目 外币

（2）以本币购买外汇支付定金，其会计分录如下：

借：吸收存款——活期存款——××户 本币
 贷：货币兑换——汇卖价 本币

借：货币兑换——汇卖价 外币
 贷：存放国外同业等科目 外币

（3）进口商申请现汇贷款支付定金，其会计分录如下：

借：贷款——短期外汇贷款——××户 外币
 贷：存放国外同业等科目 外币

（三）贷款的使用

使用贷款核算时，根据进口商开户行分两种情况处理：一是在总行开户，由总行发放贷款；二是在辖属的异地分行开户，由分行发放贷款。使用贷款核算时应设置相应的会计科目："买方信贷外汇贷款"科目，用来核算买方信贷的发放、偿还情况，属资产类科目；"借入买方信贷"科目，是总行的专用科目，用来核算买方信贷借入金额和偿还情况，属负债类科目。

如果进口商无现汇，需取得买方信贷贷款，到期时进口商偿还贷款本息。

（1）进口商在总行开户时，其会计分录如下：

借：买方信贷外汇贷款——××户 外币
 贷：借入买方信贷款——××户 外币

同时，转销表外科目，付出：买方信贷用款限额。 外币

（2）进口商在异地分行开户，分行会计分录如下：

借：买方信贷外汇贷款——××户 外币
 贷：全国联行外汇往来 外币

总行收到辖属分行发来保单后，会计分录如下：

借：全国联行外汇往来 外币
 贷：借入买方信贷款——××户 外币

同时，转销表外科目，付出：买方信贷用款限额。 外币

如果进口商有现汇，进口商按正常手续向银行办理结汇，买方信贷资金由商业银行

使用并承担贷款的利息。

(1) 进口商在总行办理结汇时,其会计分录如下:

借:吸收存款——活期存款——××户　　　　　　　　　　　　本币
　　贷:货币兑换——汇卖价　　　　　　　　　　　　　　　　本币

借:货币兑换——汇卖价　　　　　　　　　　　　　　　　　外币
　　贷:借入买方信贷款——××户　　　　　　　　　　　　　外币

同时,转销表外科目,付出:买方信贷用款限额。　　　　　　　外币

(2) 进口商在异地分行办理结汇时,分行会计分录如下:

借:吸收存款——活期存款——××户　　　　　　　　　　　　本币
　　贷:货币兑换——汇卖价　　　　　　　　　　　　　　　　本币

借:货币兑换——汇卖价　　　　　　　　　　　　　　　　　外币
　　贷:全国联行外汇往来　　　　　　　　　　　　　　　　　外币

总行收到辖属分行发来保单后,会计分录如下:

借:全国联行外汇往来　　　　　　　　　　　　　　　　　　外币
　　贷:借入买方信贷款——××户　　　　　　　　　　　　　外币

同时,转销表外科目,付出:买方信贷用款限额。　　　　　　　外币

(四) 贷款本息的偿还

买方信贷到期时,本息有总行统一偿还,并按时向进口商收回本息。

(1) 总行偿还国外贷款行本息,其会计分录如下:

借:借入买方信贷款——××户　　　　　　　　　　　　　　外币
　　利息支出——买方信贷外汇贷款利息支出户　　　　　　　外币
　　贷:存放国外同业等科目　　　　　　　　　　　　　　　外币

(2) 进口商以本币偿还本息,如在总行开户,其会计分录如下:

借:吸收存款——活期存款——××户　　　　　　　　　　　　本币
　　贷:货币兑换——汇卖价　　　　　　　　　　　　　　　　本币

借:货币兑换——汇卖价　　　　　　　　　　　　　　　　　外币
　　贷:买方信贷外汇贷款——××户　　　　　　　　　　　　外币
　　　　利息收入——买方信贷外汇贷款利息收入户　　　　　　外币

进口商以外汇偿还本息,其会计分录如下:

借:吸收存款——活期外汇存款——××户　　　　　　　　　　外币
　　贷:买方信贷外汇贷款——××户　　　　　　　　　　　　外币
　　　　利息收入——买方信贷外汇贷款利息收入户　　　　　　外币

进口商在分行开户偿还本息,则通过"全国联行外汇往来"科目进行核算。如进口

商到期不能按时归还,按规定将本息转入"短期外汇贷款"科目核算。

四、银团贷款的核算

(一) 银团贷款的概述

银团贷款又称辛迪加贷款(Syndicated loan),是指由两家或两家以上银行基于相同贷款条件,依据同一贷款协议,按约定时间和比例,通过代理行向借款人提供的本外币贷款或授信业务[①]。银团贷款能够充分发挥金融整体功能,更好地为企业特别是大型企业和重大项目提供融资服务,促进企业集团壮大和规模经济的发展,分散和防范贷款风险。

银团贷款的组织,按照职能和分工,可以分为牵头行、代理行和参加行等角色;也可根据实际规模与需要在银团内部增设副牵头行等,并按照银团贷款相关协议履行相应职责。银团贷款牵头行是指经借款人同意、发起组织银团、负责分销银团贷款份额的银行,是银团贷款的组织者和安排者。银团代理行是指银团贷款协议签订后,按相关贷款条件确定的金额和进度归集资金向借款人提供贷款,并接受银团委托按银团贷款协议规定的职责对银团资金进行管理的银行。代理行可以由牵头行担任,也可由银团贷款成员协商确定。银团参加行是指接受牵头行邀请,参加银团并按照协商确定的承贷份额向借款人提供贷款的银行[②]。

参加行的账务处理比较简单,可以比照一般贷款核算手续处理,本节主要介绍牵头行或代理行的会计核算。

(二) 银团贷款的核算

为了反映银团贷款资金的往来及运用,需设置"银团贷款资金往来"、"银团贷款"两个科目。"银团贷款资金往来"科目用来核算各银团贷款成员间的资金往来,属资产负债共同类科目;"银团贷款"科目用来核算银团贷款的发放与收回,属资产类科目。

(1) 收到银团贷款各成员行拨来的资金时,会计分录如下:

借:存放国外同业   外币

  贷:银团贷款资金往来——××行   外币

(2) 发放贷款给借款单位时,会计分录如下:

借:银团贷款——××户   外币

  贷:吸收存款——活期外汇存款——××户   外币

(3) 收取费用和支付。在银团贷款中,借款人除了支付贷款利息以外,还要承担一

---

① 1987年中国银行作为牵头行在国内办理了第一笔银团贷款。
② 银监会,2007,银团贷款业务指引。

些费用,如承诺费、管理费、代理费、安排费及杂费等,费用按份额分配给银团贷款各成员行。向借款单位收取费用时,其会计分录如下:

借:吸收存款——活期外汇存款——××户　　　　　　　　　外币
　　贷:手续费及佣金收入——银团贷款服务收入　　　　　　　外币

按份额分配给各成员行时,会计分录如下:

借:手续费及佣金收入——银团贷款服务收入　　　　　　　外币
　　贷:存放国外同业　　　　　　　　　　　　　　　　　　外币

(4)借款单位归还贷款本息,应按比例拨付给银团贷款各成员行。收取借款单位本金时,会计分录如下:

借:吸收存款——活期外汇存款——××户　　　　　　　　　外币
　　贷:银团贷款——××户　　　　　　　　　　　　　　　外币

按比例拨付给各成员行,会计分录如下:

借:银团贷款资金往来——××行　　　　　　　　　　　　外币
　　贷:存放国外同业　　　　　　　　　　　　　　　　　　外币

收取借款单位利息时,会计分录如下:

借:吸收存款——活期外汇存款——××户　　　　　　　　　外币
　　贷:利息收入——银团贷款利息收入户　　　　　　　　　外币

按比例拨付给各成员行,会计分录如下:

借:利息收入——银团贷款利息收入户　　　　　　　　　　外币
　　贷:存放国外同业　　　　　　　　　　　　　　　　　　外币

第五节　国际贸易结算业务的核算

一、信用证结算方式的核算

信用证(Letter of Credit,L/C)是指开证银行应申请人的要求并按其指示向第三方开立的载有一定金额的,在一定的期限内凭符合规定的单据付款的书面保证文件。信用证是国际贸易中最主要、最常用的支付方式。在国际贸易活动中,买卖双方可能互不信任,买方担心预付款后,卖方不按合同要求发货;卖方也担心在发货或提交货运单据后,买方不付款。因此,需要两家银行作为买卖双方的保证人,代为收款交单,以银行信用代替商业信用,信用证是银行有条件保证付款的证书。

按照信用证结算方式的一般规定,结算程序主要包括以下几个环节,即进口商申请开证、进口方银行开证、出口方银行通知信用证、出口商装货备单、出口方银行议付及索汇、进口商赎单提货等。信用证基本业务流程,如图7-1所示。

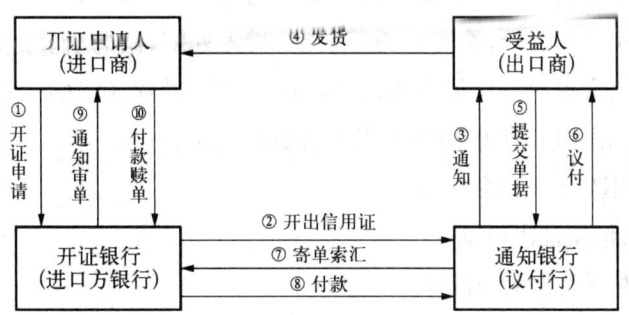

图7-1　信用证基本业务流程

(一) 出口信用证业务的核算

商业银行出口信用证业务包括出口来证的审查与通知、信用证项下单据的审核与处理、寄单索汇与收汇等相关的业务及其流程与环节。

1. 审查与通知

银行收到开证行开来的出口信用证(包括修改书、保兑书、偿付书和授权书等)后,应首先通过核对印鉴或密押等方式确认信用证的真实性,并审查来证内容,及时、准确地通知到受益人。如无法及时、准确地将来证通知到受益人,应立即告知开证行。

银行审核无误后,应立即编制信用证通知流水号,并将信用证正本及时通知出口方备货出运。同时,根据信用证副本编制"国外开来保证凭信"记录卡,并进行表外科目的记录,其会计分录为:

收:国外开来保证凭信　　　　　　　　　　　　　　　　　　　外币

信用证的修改、转证所引起的金额变动,应通过"国外开来保证凭信"表外科目进行核算,表外科目的余额反映了商业银行经办出口结算业务的具体情况。

2. 交单议付

出口方货物运出后,将相关单据送交议付行议付,议付银行以单证相符、单单一致为依据,对单据进行审核。审核无误后,在信用证上批注议付日期及运输方式,然后编制"出口寄单议付通知书",同时销记表外科目。出口银行根据相关规定向国外银行寄单。其会计分录如下:

借:应收信用证出口款项　　　　　　　　　　　　　　　　　　外币

　　贷:代收信用证出口款项　　　　　　　　　　　　　　　　　外币

付:国外开来保证凭信　　　　　　　　　　　　　　　　　　　外币

3. 出口收结汇

出口收结汇是议付行办理出口信用证业务的最后一个环节,即议付行在收到议付单据或代为收妥出口款项后,按当日银行汇率,买入外汇,同时折算成本币支付给出口商的结算过程。通常出口方议付行依接到进口方银行付款入账的已贷记通知书,办理出口结汇手续。如出口方有外汇账户,其会计分录如下:

借:代收信用证出口款项　　　　　　　　　　　　　　　外币
　　贷:应收信用证出口款项　　　　　　　　　　　　　　　　　外币
借:存放国外同业款项等科目　　　　　　　　　　　　　外币
　　贷:手续费及佣金收入　　　　　　　　　　　　　　　　　　外币
　　　　吸收存款——活期外汇存款——××户　　　　　　　　外币

如出口方仅有本币账户,应按牌价折成本币结汇入账,其会计分录如下:

借:代收信用证出口款项　　　　　　　　　　　　　　　外币
　　贷:应收信用证出口款项　　　　　　　　　　　　　　　　　外币
借:存放国外同业款项等科目　　　　　　　　　　　　　外币
　　贷:手续费及佣金收入　　　　　　　　　　　　　　　　　　外币
　　　　货币兑换——汇买价　　　　　　　　　　　　　　　　　外币
借:货币兑换——汇买价　　　　　　　　　　　　　　　本币
　　贷:吸收存款——活期外汇存款——××户　　　　　　　　本币

[例7-7]　5月3日,中国银行西安分行接到芝加哥美洲银行开来的即期信用证进口商品陶俑一批,信用证受益人是某陶俑公司,金额为$1 000 000。中国银行西安分行收到该信用证,立即通知了陶俑公司。5月15日,陶俑公司交来全套出口单据向中国银行西安分行办理议付。中国银行西安分行于当日办理。6月2日,中国银行西安分行收到芝加哥美洲银行已贷记报单,货款及银行费用共计$1 000 500,银行当天对陶俑公司办理人民币结汇,并收取结汇手续费0.1%。中国银行西安分行有关会计分录如下:

5月3日,收到芝加哥美洲银行寄来的信用证,进行表外科目的记录:

收:国外开来保证凭信　　　　　　　　　　　　　　$1 000 000

5月15日,办理议付通知手续:

借:应收即期信用证款项　　　　　　　　　　　　　$1 000 000
　　贷:代收即期信用证款项　　　　　　　　　　　　　　$1 000 000

同时销记表外科目,付:国外开来保证凭信。　　　　$1 000 000

6月2日,收到芝加哥美洲银行已贷记报单,冲销表外信用证记录,办理转账结汇手续,假设结汇当日美元汇买价为 USD100＝RMB660,会计分录如下:

借：代收即期信用证款项　　　　　　　　　　　　　　$1 000 000
　　贷：应收即期信用证款项　　　　　　　　　　　　　　$1 000 000
借：存放国外同业款项等科目　　　　　　　　　　　　$1 000 500
　　贷：手续费及佣金收入　　　　　　　　　　　　　　　　　$500
　　　　货币兑换——汇买价　　　　　　　　　　　　　$1 000 000
借：货币兑换——汇买价　　　　　　　　　　　　　　￥6 600 000
　　贷：吸收存款——活期存款——××户　　　　　　　￥6 593 400
　　　　手续费及佣金收入　　　　　　　　　　　　　　　￥6 600

(二) 进口信用证业务的核算

进口信用证是指开证行根据进口商的申请向受益人(国外出口商)开具的,保证在一定期限内,凭议付行/寄单行寄来的符合信用证规定的全套单据,按照信用证条款对外付款的书面承诺。进口信用证的结算业务,主要包括开立各种信用证、修改信用证、审单、付款、承兑或拒付等。

1. 开立信用证

当进出口双方在贸易合同中确立以信用证方式结算后,进口方即可按贸易合同规定向当地银行申请开立信用证,填写开证申请书。商业银行应按规定认真审核资料的完整性与真实性,经审核同意后,根据开证申请人的资信情况和交易金额,按比例收取一定的保证金,并选择合适的国外银行作为代理行,签发信用证。信用证一旦开出,银行即负有独立的付款责任。即在受益人提交的单据符合信用证规定,且单据之间内容一致的情况下,无论是否得到进口商的偿付,本银行作为开证行必须向出口商履行付款义务。其会计分录如下:

借：应收开出信用证款项　　　　　　　　　　　　　　　外币
　　贷：应付开出信用证款项　　　　　　　　　　　　　　外币

"应收开出信用证款项"属于资产类科目,反映开证行对开证申请人拥有收取信用证款项的权益。

"应付开出信用证款项"属于负债类科目,反映开证行对受益人承担了付款保证的责任。

收到信用证保证金及开证手续费时,其会计分录如下:

借：吸收存款——活期外汇存款——××户　　　　　　　外币
　　贷：保证金存款　　　　　　　　　　　　　　　　　　外币
　　　　手续费及佣金收入　　　　　　　　　　　　　　　外币

2. 修改信用证

如申请人需要对已开出的信用证内容进行修改,可向银行提交一份有申请人印章

的修改申请书。开证行同意并协助审核,并通知出口方银行及出口方。如果修改增加金额,其会计分录如下:

借:应收开出信用证款项　　　　　　　　　　　　　　　外币(增加额)

　　贷:应付开出信用证款项　　　　　　　　　　　　　　　外币(增加额)

如果修改减少金额,其会计分录相反。

3. 审单与付汇

开证银行收到国外议付行寄来的单据后,应立即通知进口方,并按规定做好审单工作。进口方提交相关资料和付汇确认书,经银行审核确认后,办理付款或承兑。开证申请人须在接到通知后及时取单并在规定时间内通知银行是否需要拒付,逾期不回复,银行将视为接受单据并同意付款办理。若要办理拒付,申请人需将全套单据退交银行,同时以书面形式提出拒付理由。

信用证付款有即期和远期两种。

(1)即期付款信用证。开证银行在开证申请人确认付款后,即对国外发出付款通知,同时,对申请人办理扣款手续。其会计分录如下:

借:吸收存款——活期外汇存款——××户　　　　　　　　本币

　　贷:货币兑换——汇卖价　　　　　　　　　　　　　　　本币

借:货币兑换——汇卖价　　　　　　　　　　　　　　　　外币

　　贷:存放国外同业款项等科目　　　　　　　　　　　　　外币

同时需转销开证科目,其会计分录如下:

借:应付开出信用证款项　　　　　　　　　　　　　　　外币

　　贷:应收开出信用证款项　　　　　　　　　　　　　　　外币

若进口方开立了现汇账户,则不需要通过货币兑换科目核算。

(2)远期付款信用证。远期付款信用证是指开证行或付款行收到信用证的单据时,在规定期限内履行付款义务的信用证,是银行(即开证行)依照进口商(即开证申请人)的要求和指示,对出口商(即受益人)发出的、授权出口商签发以银行或进口商为付款人的远期汇票,保证在交来符合信用证条款规定的汇票和单据时,必定承兑,等到汇票到期时履行付款义务的保证文件。

开证行收到远期付款信用证单据后,通知进口方到期付款,进口方确认后,开证行即办理远期汇票的承兑手续,并寄往国外议付行。汇票一经承兑,承兑行即承担了对议付行到期付款的责任,也拥有了对进口方的权益。其会计分录如下:

借:应收承兑汇票款　　　　　　　　　　　　　　　　外币(到期值)

　　贷:应付承兑汇票款　　　　　　　　　　　　　　　　外币(到期值)

借:应付开出信用证款项　　　　　　　　　　　　　　　外币

　　贷:应收开出信用证款项　　　　　　　　　　　　　　　外币

在远期汇票到期时,开证行即办理对议付行付款和对进口方扣款手续。其会计分录如下:

借:应付承兑汇票款   外币(到期值)

    贷:应收承兑汇票款   外币(到期值)

对外付款和扣款手续会计处理同即期信用证。

[例7-8] 西安某进口公司向德国大众公司进口一批机床,委托中国银行西安分行于7月7日开出即期信用证一份,信用证金额为€100 000,信用证由德国德意志银行通知。7月27日接到德意志银行寄来的全套单据,货款€100 000和议付费用€1 000,随机通知进口公司。进口公司于7月31日确认付款,中国银行西安分行当即办理付款手续。假设结汇当日欧元汇卖价为EUR100=RMB900。中国银行西安分行有关会计分录如下:

7月7日,开出信用证:

借:应收开出信用证款项   €100 000

    贷:应付开出信用证款项   €100 000

7月31日确认付款后,即对国外发出付款通知,同时,对申请人办理扣款手续。其会计分录如下:

借:吸收存款——活期外汇存款——××户   ¥909 000

    贷:货币兑换——汇卖价   ¥909 000

借:货币兑换——汇卖价   €101 000

    贷:存放国外同业款项等科目   €101 000

借:应付开出信用证款项   €100 000

    贷:应收开出信用证款项   €100 000

二、托收和代收结算方式的核算

托收是出口方在货物装运后,开具以进口方为付款人的汇票,委托出口地银行通过它在进口地的分行或代理行代出口方收取货款一种结算方式。与信用证结算方式比较,托收结算方式的信用基础是商业信用,银行不对是否付款承担责任,但其运作较为便利,支出成本也小于信用证结算方式。根据委托人提交的单据不同,可以分为光票托收和跟单托收。光票托收是委托方仅向银行提交汇票而不附带货运单据;跟单托收是委托方向银行提交的是汇票和货运单据。

托收结算方式的结算环节包括出口方发货交单,出口托收银行寄单托收,进口代收银行提示单据,进口方承付或承兑,进口代收银行付款或承兑交单后偿付,出口托收银行收妥结汇等。托收结算方式流程如图7-2所示。

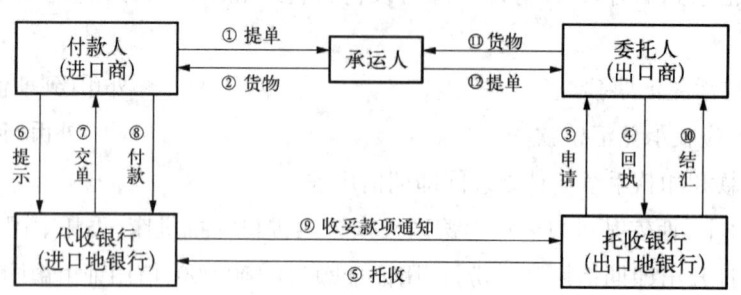

图 7-2   托收结算业务流程

(一) 出口托收业务的核算

出口托收是出口方根据贸易合同,在规定期限内发出货物后,将有关货运单据和以进口方为付款人的汇票交给银行托收,由银行委托境外银行向进口方代为交单和收取货款的一种结算方式。

1. 交单托收

出口方填写托收申请书,连同有关票据一并送托收银行代收,银行审查无误后,填制"出口托收委托书",连同单据寄往境外代收银行委托收款。为反映银行的托收责任,应及时进行核算,其会计分录如下:

借:应收出口托收款项   外币
　　贷:代收出口托收款项   外币

2. 收妥结汇

托收银行收到境外代收银行寄来的划收报单或授权通知书后,对出口方办理结汇,其会计分录如下:

借:代收出口托收款项   外币
　　贷:应收出口托收款项   外币
借:存放国外同业款项等科目   外币
　　贷:货币兑换——汇买价   外币
借:货币兑换——汇买价   本币
　　贷:吸收存款——活期外汇存款——××户   本币

(二) 进口代收业务的核算

进口代收是国外出口方根据贸易合同规定,于装运货物后,通过托收银行寄来单据,委托代收银行向进口单位收取款项的一种结算方式。

1. 国外寄来代收单据

银行收到国外寄来代收单据后,应填制"进口代收单据通知书",连同汇票等有关单据送交进口方审核,请其确认付款。同时,填制有关凭证,进行账务处理,会计分录如下:

借:应收进口代收款项　　　　　　　　　　　　　　　　外币
　　贷:进口代收款项　　　　　　　　　　　　　　　　　外币

2. 进口方确认付款

进口方审核同意付款,代收银行办理扣款并对外付款,会计分录如下:

借:进口代收款项　　　　　　　　　　　　　　　　　　外币
　　贷:应收进口代收款项　　　　　　　　　　　　　　　外币
借:吸收存款——活期外汇存款——××户　　　　　　　本币
　　贷:货币兑换——汇卖价　　　　　　　　　　　　　　本币
借:货币兑换——汇卖价　　　　　　　　　　　　　　　外币
　　贷:存放国外同业款项等科目　　　　　　　　　　　　外币

如果进口方不同意付款,应提出拒付理由书,连同单据退还代收银行,由代收行通知境外委托行,拒付时应转销相关科目。

按照国际惯例,代收行按相关规定向进口方收取手续费作为银行的中间业务收入。进口代收款项收妥后,应及时将款项划给境外托收银行。

三、汇兑结算业务的核算

汇兑也称汇款,是指汇款人委托银行将其款项支付给收款人的结算方式。国际间的汇兑业务,是商业银行办理外汇业务的主要方式,按照汇款方式款项收受划分,主要分为汇出国外和国外汇入两种。汇款结算程序如图7-3所示。

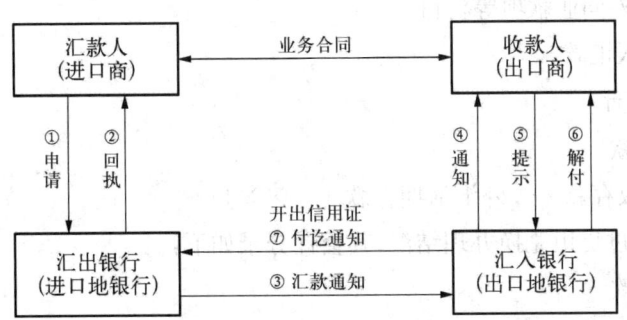

图7-3 汇兑业务基本流程

(一)汇往国外进口货款

汇往国外汇款是指,商业银行(汇出行)接受汇款人(进口方)委托,将款项汇往国外收款人(出口方)开户行的汇款方式。汇款人要求汇款时,应填制汇款申请书,银行审核后,收妥款项和手续费,办理汇出汇款手续。其会计分录如下:

1. 以本币购汇汇出

借:吸收存款——活期存款——××户 　　　　　　　　　　　　本币
　　贷:货币兑换——汇卖价 　　　　　　　　　　　　　　　　本币
　　　　手续费及佣金收入 　　　　　　　　　　　　　　　　本币
借:货币兑换——汇卖价 　　　　　　　　　　　　　　　　　外币
　　贷:汇出汇款 　　　　　　　　　　　　　　　　　　　　外币

2. 以外币存款汇出

借:吸收存款——外汇活期存款——××户 　　　　　　　　　外币
　　贷:汇出汇款 　　　　　　　　　　　　　　　　　　　　外币
借:吸收存款——活期存款——××户 　　　　　　　　　　　本币
　　贷:手续费及佣金收入 　　　　　　　　　　　　　　　　本币

3. 汇款解付

汇出行收到国外汇入行的解付借记报单时,凭报单销记相关账户。

借:汇出汇款 　　　　　　　　　　　　　　　　　　　　　外币
　　贷:存放国外同业款项等科目 　　　　　　　　　　　　　外币

(二) 国外汇入出口货款

银行收到汇出行的电汇或信汇委托书时,银行审核无误后,填制汇款通知书等,并通知收款人。其会计分录如下:

1. 收到汇款资金头寸

借:存放国外同业款项等科目 　　　　　　　　　　　　　　外币
　　贷:汇入汇款 　　　　　　　　　　　　　　　　　　　　外币

2. 汇入款解付

借:汇入汇款 　　　　　　　　　　　　　　　　　　　　　外币
　　贷:吸收存款——外汇活期存款——××户 　　　　　　　外币

如果汇款通过货币兑换办理结汇,其会计分录如下:

借:汇入汇款 　　　　　　　　　　　　　　　　　　　　　外币
　　贷:货币兑换——汇买价 　　　　　　　　　　　　　　　外币
借:货币兑换——汇买价 　　　　　　　　　　　　　　　　　本币
　　贷:吸收存款——外汇活期存款——××户 　　　　　　　本币

[例7-9] 某进出口公司通过商业银行信汇给德国某公司€100 000,汇款费用率为1‰,假设当日欧元汇卖价为 EUR100=RMB900。10 天后,该行收到国外代理行解

付借记报单,办理转账,其会计分录如下:

借:吸收存款——活期存款——××户　　　　　　　　　¥900 900
　　贷·货币兑换— 汇卖价　　　　　　　　　　　　　　　　¥900 000
　　　　手续费及佣金收入　　　　　　　　　　　　　　　　　¥900
借:货币兑换——汇卖价　　　　　　　　　　　　　　€100 000
　　贷:汇出汇款　　　　　　　　　　　　　　　　　　　€100 000

10 天后,收到国外汇入行的解付借记报单时,销记相关账户。

借:汇出汇款　　　　　　　　　　　　　　　　　€100 000
　　贷:存放国外同业款项等科目　　　　　　　　　　　€100 000

关 键 术 语

外汇　汇率　外汇分账制　外汇买卖　外汇存款　外汇贷款　国际贸易结算

思 考 题

1.什么是外汇?外汇业务核算的方法有哪些?

2.简述外汇存款业务的种类和核算手续。

3.简述外汇贷款业务的种类和核算手续。

4.什么是买方信贷?如何核算?

5.什么是银团贷款?如何核算?

6.什么是信用证结算?出口业务和进口业务如何核算?

7.比较信用证、托收和国际汇兑三种结算方式。

练 习 题

(一) 外汇买卖业务

1.资料:设 A 银行 7 月 3 日发生有关外汇买卖业务全部如下:

(1)某英国游客持 GBP1 000.00,到 A 银行要求兑换人民币现金,经审核该银行按当日牌价结付人民币现金。

（2）某出国访问人员，持有关凭证到 A 银行购买 USD5 000.00，该行按当日牌价折收人民币现金。

（3）某公司在银行开有美元户，因业务需要申请从其美元存款户中支付 HKD100 000 汇往香港。

（4）某企业持非贸易汇票一张 USD2 500.00，到 A 银行要求托收，A 行委托其代理行日本樱花银行代收票款。代理行收托后，以等值日元报单。JPY202 435.19 划收 A 行在该行的账户，A 行于 7 月 21 日收到报单后，查折合率合理，按当日牌价日元套成 USD2 500.00 收该企业活期存款美元户。人民币外汇牌价，如表 7-4 所示。

表 7-4　人民币外汇牌价

货　币	外币单位	汇买价	钞买价	汇卖价
美元（USD）	100	655.89	650.63	658.51
港币（HKD）	100	84.12	83.45	84.44
日元（JPY）	100	8.03	7.79	8.10
英镑（GBP）	100	1 049.15	1 016.54	1 057.57
欧元（EUR）	100	908.45	880.4	915.74
澳大利亚元（AUD）	100	646.91	626.94	652.11

2. 要求：编制各项业务的会计分录。

（二）外汇存贷款业务

设以下单位均在中国银行西安分行开户，该行发生下列业务，根据资料编制会计分录。

1. 日本 NEC 公司自汇入日元 JPY100 000.00，存入在该行开立的人民币账户。

2. 香港爱华公司收到汇入的港币 HKD20 500.00，审核无误后，原币存入在该行开立的港币账户。

3. 于上年 4 月 1 日吸收的一笔甲种外币定期存款（汇户），金额 HKD100 000.00，期限 1 年，存入时年利率为 7.25%，根据不同情况计算应付利息并编制会计分录。

（1）第二年 4 月 1 日支取全部本息，以现金支付，利息从"应付利息"账户列账。

（2）当年 11 月 4 日支取 5 万元港钞，余下本息另开活期存款户，支取日港币活期存款利率为 2%，利息由"利息支出"账户列账。

（3）第二年 2 月 1 日支取本息，并经批准汇往香港，扣收 HKD101.00 元汇费，利息支出由"应付利息"账户列账，支取日港币活期存款利率 1.5%。

(三) 国际贸易业务核算

1. 3月3日,中国银行西安分行接到美国花旗银行开来的即期信用证进口商品一批,信用证受益人是某公司,金额为 $100 000。中国银行西安分行收到该信用证,立即通知了该公司。3月20日,公司交来全套出口单据向中国银行西安分行办理议付。中国银行西安分行于当日办理。3月31日,中国银行西安分行收到美国花旗银行已贷记报单,货款及银行费用共计 $100 500,银行当天对该公司办理人民币结汇,并收取结汇手续费0.1%。

要求:编制相应的会计分录。

2. 西安某进口公司向德国拜耳公司进口一批器械,委托中国银行西安分行于10月6日开出即期信用证一份,信用证金额为€100 000,信用证由德国法兰克福银行通知。10月23日,接到法兰克福银行寄来的全套单据,货款€100 000和议付费用€1 000,随即通知进口公司。进口公司于10月30日确认付款,中国银行西安分行当即办理付款手续。设结汇当日欧元汇卖价为EUR100=RMB915。

要求:编制相应的会计分录。

第八章　固定资产与无形资产的核算

重点提示 ▌▌▌▌

　　学习本章,学生应重点掌握商业银行固定资产的计价及取得、折旧的会计核算、无形资产取得及转让的会计核算,熟知固定资产的分类及无形资产的内容,了解固定资产及无形资产的含义。

第一节　固定资产的核算

一、固定资产的定义及分类

(一) 固定资产的定义

　　企业会计准则规定,固定资产是指同时具有下列特征的有形资产:① 为生产商品、提供劳务、出租或经营管理而持有的;② 使用寿命超过一个会计年度。固定资产一般包括房屋和建筑物、机器、机械、运输工具以及其他与生产、经营有关的设备、器具、工具等。这些固定资产,在生产经营过程中所起的作用是不同的。有些固定资产是直接参加劳动过程,起着把劳动者的劳动传导到劳动对象上去的作用,如机器设备、生产工具等;有些固定资产起着辅助生产的作用,如动力设备、传导设备、运输工具等;还有一些固定资产是作为进行生产经营的必要条件而存在的,如房屋、建筑物等。

(二) 固定资产的分类

　　固定资产种类繁多、规格不一,为了便于固定资产的实物管理和价值的核算,需要对固定资产进行科学、合理的分类。根据不同的管理需要和不同的分类标准,可以对固定资产进行不同的分类。

1. 按经济用途的分类

按照经济用途,可以将固定资产划分为生产经营用固定资产和非生产经营用固定资产两大类。

生产经营用固定资产是指直接参加或直接服务于生产经营过程的各种固定资产,如用于企业生产经营的房屋、建筑物、机器设备、运输设备、工具器具等。

非生产经营用固定资产是指不直接服务于生产经营过程的各种固定资产,如用于职工住宅、公共福利设施、文化娱乐、卫生保健等方面的房屋、建筑物、设施和器具等。

2. 按使用情况的分类

按照使用情况,可以将固定资产划分为在用固定资产、未使用固定资产、出租固定资产和不需用固定资产四大类。

在用固定资产是指企业正在使用的经营用固定资产和非经营用固定资产。企业的房屋及建筑物无论是否在实际使用,都应视为在用固定资产。由于季节性生产经营或进行大修理等原因而暂时停止使用以及存放在生产车间或经营场所备用、轮换使用的固定资产,也属于使用中固定资产。

未使用固定资产是指已购建完成但尚未交付使用的新增固定资产以及进行改建、扩建等暂时脱离生产经营过程的固定资产。

出租固定资产是指企业根据租赁合同的规定,以经营租赁方式出租给其他企业临时使用的固定资产。

不需用固定资产是指本企业多余或不适用,等待处置的固定资产。

3. 按所有权的分类

按所有权对固定资产进行分类,可以明确企业对其使用固定资产的权利和义务,促使企业关心固定资产的使用情况及其效果,节约租金支出。按固定资产的所有权分类,可分为自有固定资产和租入固定资产。

自有固定资产是指企业拥有的可供企业自行支配使用的固定资产。

租入固定资产是指企业采用租赁方式从外单位租入的固定资产。企业对于租入的固定资产依照租赁合同拥有使用权,同时负有支付租金的义务,但固定资产的所有权属于出租单位。租入固定资产按其风险和报酬是否转移,分为经营性租入固定资产和融资租入固定资产。其中,融资租入固定资产是指采用租赁方式租入的固定资产,根据实质重于形式的要求,在租赁期内,企业应将其视同自有资产进行管理和核算。

4. 综合分类

在会计实务中,企业为了更好地满足固定资产管理和核算的需要,是将几种分类标准结合起来,采用综合的标准对固定资产进行分类。具体如下:生产经营用固定资产、非生产经营用固定资产、未使用固定资产、不需用固定资产、出租固定资产、融资租入固定资产、土地等。其中，土地是指已经估价单独入账的土地。

企业应当根据固定资产的定义，结合本企业的具体情况，制定适合于本企业的固定资产目录、分类方法、每类或每项固定资产的折旧年限、折旧方法，为进行固定资产的实物管理和价值核算提供依据。

二、固定资产的计价

(一) 固定资产的计价标准

固定资产的计价是指以货币为计量单位计算固定资产的价值额。这是进行固定资产价值核算的重要内容。一般而言，固定资产存在三种计价标准，即原始价值、重置价值和净值。

1. 原始价值

固定资产的计价一般应以原始价值为标准。原始价值简称原价或原值，是指取得某项固定资产时和直至使该项固定资产达到预定可使用状态前所实际支付的各项必要的、合理的支出，一般包括买价、进口关税、运输费、场地整理费、装卸费、安装费、专业人员服务费和其他税费等。固定资产的来源渠道不同，原始价值的具体内容就会有所不同。在确定固定资产的原始价值时，有一个很重要的问题需要注意，即企业为购建固定资产而借入款项所发生的借款费用资本化的会计处理问题。《企业会计准则》规定，在固定资产达到预定可使用状态之前发生的借款费用，按规定计算应予资本化的金额，计入购建资产的价值，不能资本化的部分，计入当期费用；在固定资产达到预定可使用状态之后发生的，计入当期费用，不能资本化。另外，有些企业的部分固定资产在确定其原始价值时还应该考虑弃置费用问题。弃置费用通常是指根据国家法律、国际公约等规定，企业承担的环境保护和生态恢复等义务所确定的支出，如核电站核设施等的弃置和恢复环境义务等。固定资产弃置费用的发生是一未来事项，如果符合预计负债确认条件的，在确定固定资产原始价值时，应当将弃置费用未来发生额的现值体现在原始价值中，同时以相应的金额确认企业的预计负债。如果不符合预计负债的确认条件，弃置费用在实际发生时，应当计入当期损益。

固定资产的原始价值具有客观性和可验证性的特点，原始价值计价标准能够反映企业的生产规模和生产能力，原始价值也是计算固定资产折旧的依据，因而它是固定资产的基本计价标准。采用原始价值计价也有明显的局限性，当社会经济环境和物价水平发生变化时，原始价值不能反映固定资产的现时价值，以此为依据编制的会计报表的真实性和相关性必然会受到影响。

2. 重置价值

重置价值是指在现时的生产技术和市场条件下，重新购置同样的固定资产所需支付的全部代价支出。重置价值所反映的是固定资产的现时价值,从理论上讲,比采用原始价值计价更为合理。但由于重置价值本身是经常变化的,如果将其作为基本计价标准,势必会引起一系列复杂的会计问题,在会计实务中不具有可操作性。因此,重置价值只能作为固定资产的一个辅助计价标准来使用。通常用于对会计报表进行必要的补充、附注说明,以弥补原始价值计价的不足。此外,在取得无法确定原始价值的固定资产时,如盘盈固定资产、接受捐赠固定资产等,应以重置价值为计价标准,对固定资产进行计价。

3. 净值

固定资产净值是指固定资产原始价值减去累计折旧后的余额,又称折余价值。它是确认固定资产盘盈、盘亏、出售、报废、毁损等溢余或损失的依据,将其与原始价值或重置价值相比较,还可以大致了解固定资产的新旧程度。企业根据净值计价标准可以合理制定固定资产的更新计划,适时进行固定资产的更新等。

(二) 固定资产的价值构成

固定资产的价值构成是指固定资产价值所包括的范围,又称固定资产的入账价值。从理论上讲,应包括企业为购建固定资产达到预定可使用状态前所发生的一切合理的、必要的支出,这些支出既有直接发生的,如购买固定资产的价款、增值税、消费税、关税、运输费、装卸费、保险费和安装成本等,也有间接发生的,如应分摊的借款利息、外币借款折合差额以及应分摊的其他间接费用等。

固定资产的来源不同,其价值构成的具体内容也不同。

1. 外购固定资产的价值构成

企业外购的固定资产,其成本包括实际支付的买价、进口关税和其他税费,以及使固定资产达到预定可使用状态前所发生的可归属于该项资产的费用,如场地整理费、运输费、装卸费、安装费和专业人员服务费等。购买固定资产超过正常信用条件的(通常3年以上),应按现值入账。

2. 自行建造固定资产的价值构成

企业自行建造的固定资产,应按照建造该项固定资产达到预定可使用状态前所发生的全部支出,作为入账价值。

3. 投资者投入固定资产的价值构成

该类固定资产应按投资各方确认的价值,作为入账价值。

4. 融资租入固定资产的价值构成

融资租入固定资产的入账价值按租赁开始日租赁资产的公允价值与最低租赁付款额的现值两者中较低者来确定,而最低租赁付款额作为长期应付款入账核算,两者的差额作为未确认融资费用。

5. 改建、扩建固定资产的价值构成

该类固定资产应按原固定资产的账面价值,加上因改建、扩建而使该项资产达到预定可使用状态前发生的支出,减去改建、扩建中发生的变价收入,作为其入账价值。

6. 债务重组取得固定资产的价值构成

该类固定资产应当按照受让固定资产的公允价值加上应支付的相关税费来确定。

7. 非货币性资产交换取得固定资产的价值构成

企业会计准则规定,对于企业通过非货币性资产交换方式取得的固定资产,如果换入固定资产和换出固定资产的公允价值能够可靠计量,应当以换出固定资产的公允价值作为换入固定资产成本的基础,除非有确凿的证据表明换入固定资产的公允价值更为可靠。具体应分别两种情况进行处理。

第一,以非货币性资产进行交换的业务具有商业实质(非货币性资产交换具有商业实质应满足两个条件,即换入资产的未来现金流量在风险、时间和金额方面与换出资产显著不同;换入资产与换出资产预计未来现金流量的现值不同,且其差额与换入资产和换出资产的公允价值相比是重大的),而且换入资产或换出资产公允价值能够可靠计量时,换入的固定资产应当以公允价值和应支付的相关税费之和作为换入资产成本(入账价值),公允价值与换出资产账面价值的差额计入当期损益,借记"营业外支出"账户或贷记"营业外收入"账户。

涉及补价的,如为支付补价的,换入资产成本与换出资产账面价值加支付的补价、应支付相关税费之和的差额,计入当期损益;如为收到补价的,换入资产成本加收到补价之和与换出资产账面价值加应支付相关税费之和的差额,计入当期损益。

第二,以非货币性资产进行交换的业务不具有商业实质,而且换入资产或换出资产公允价值不能够可靠计量时,应当以换出资产的账面价值和应支付的相关税费之和作为换入固定资产的成本,不确认损益。

涉及补价的,如为支付补价的,换入资产成本应当以换出资产账面价值加支付补价、应支付相关税费来确定,不确认损益;如为收到补价的,换入资产成本应当以换出资产账面价值,减去收到的补价,并加上应支付的相关税费来确定,也不确认损益。

8. 接受捐赠固定资产的价值构成

接受捐赠的固定资产的入账价值。一般分为两种情况:

(1) 捐赠方提供了有关凭据的,按凭据上标明的金额加上应支付的相关税费,作为入账价值。

(2) 捐赠方没有提供有关凭据的,按如下顺序确定其入账价值:

第一,同类或类似固定资产存在活跃市场的,按同类或类似固定资产的市场价格估计的金额,加上应支付的相关税费,作为入账价值。

第二,同类或类似固定资产不存在活跃市场的,按该接受捐赠固定资产预计未来现金流量的现值,加上应支付的相关税费,作为入账价值。

9. 盘盈固定资产的价值构成

对于发现盘盈的固定资产,在未报经批准处理前,如果同类或类似固定资产存在活跃市场的,应按同类或类似固定资产的市场价格,减去按该项固定资产新旧程度估计价值损耗后的余额,作为入账价值;如果同类或类似固定资产不存在活跃市场的,应按盘盈固定资产的预计未来现金流量的现值计价入账。

三、本章会计科目的设置

(一) 固定资产

该科目用来核算企业持有的固定资产的原价。建造承包商的临时设施,企业购置计算机未单独计价的软件,也通过该科目核算。借方登记企业增加的固定资产原价;贷方登记企业减少的固定资产原价;期末余额在借方,表示企业固定资产的原价。该账户应按固定资产类别和项目设置明细科目,进行明细核算。

(二) 工程物资

该科目用来核算企业为在建工程准备的各种物资的成本,包括工程用材料、尚未安装的设备以及为生产准备的工器具等。借方登记企业取得工程物资的成本;贷方登记企业领用或转销的工程物资的成本;期末余额在借方,表示企业为在建工程准备的各种物资的成本。该账户应设置"专用材料"、"专用设备"、"工程器具"等明细科目,进行明细核算。

(三) 在建工程

该科目用来核算企业基建、更新改造等在建工程发生的支出。借方登记在建工程发生的各项费用;贷方登记结转的在建工程成本;期末余额在借方,表示尚未达到预定可使用状态的在建工程的成本。该科目应设置"建筑工程""安装工程""在安装设备"以及单项工程等明细科目,进行明细核算。

(四) 其他

根据固定资产增加和减少方式的不同,还需要设置"银行存款""实收资本""资本公积""固定资产清理"等科目。

四、固定资产增加的核算

固定资产的增加,按其来源不同可分为购入、自行建造、投资转入、接受捐赠、租赁等,企业应当分别不同来源进行会计处理。

(一) 购入固定资产的核算

1. 购入不需要安装的固定资产

企业外购的固定资产,在投入使用前,有的需要安装,有的则不需要安装。购入不需要安装的固定资产,企业可以立即投入使用,因此,会计处理比较简单,只需按确认的入账价值直接增加固定资产即可。一般情况下,会计处理为借记"固定资产"科目,贷记"银行存款"等科目。

[例 8-1]　明光银行购入一台不需要安装的设备,发票上注明设备价款 100 000 元,应交增值税 13 000 元,支付的运输费 2 000 元,增值税 180 元,装卸费 1 000 元,增值税 60 元。上述款项已用银行存款支付。

借:固定资产　　　　　　　　　　　　　　　　　　103 000

　　应交税费——应交增值税(进项税额)　　　　　　　13 240

　　　贷:银行存款　　　　　　　　　　　　　　　　　　116 240

2. 购入需要安装的固定资产

如果企业购入的是需要安装的固定资产,由于从固定资产运抵企业到交付使用,尚需经过安装和调试,会发生安装调试成本。因此,企业需增设"在建工程"科目。其会计处理为:按应计入固定资产成本的金额,先记入"在建工程"科目,安装完毕交付使用时再转入"固定资产"科目。

[例 8-2]　明光银行购入一台需要安装的设备,发票上注明价款为 200 000 元,增值税 26 000 元,运输费 4 000 元,增值税 360 元,安装成本 2 600 元,增值税 234 元。以上款项均通过银行支付。

(1) 支付设备价款、增值税、运输费等。

借:在建工程　　　　　　　　　　　　　　　　　　204 000

　　应交税费——应交增值税(进项税额)　　　　　　　26 360

　　　贷:银行存款　　　　　　　　　　　　　　　　　　230 360

(2) 设备投入安装,支付安装成本。

借:在建工程　　　　　　　　　　　　　　　　　　　2 600

　　应交税费——应交增值费(进项税额)　　　　　　　　234

　　　贷:银行存款　　　　　　　　　　　　　　　　　　2 834

(3) 设备安装完毕,达到预定可使用状态。

借:固定资产　　　　　　　　　　　　　　　　　　206 600

　　　贷:在建工程　　　　　　　　　　　　　　　　　　206 600

(二) 自行建造固定资产的核算

自行建造的固定资产,企业应设置"在建工程"科目进行核算。自行建造的固定资产按营建方式的不同,可分为自营工程和出包工程。

1. 自营工程的核算

自营工程由于是利用自身的生产能力进行的固定资产建造工程,因此,固定资产的建造成本往往很难与产品的生产成本完全划分清楚。为了简化核算,企业通常只将固定资产建造工程中所发生的直接支出计入工程成本,按规定,其内容主要包括消耗的工程物资、原材料、库存商品、负担的职工薪酬,辅助生产部门为工程提供的水、电、设备安装、修理、运输等劳务支出,以及工程发生的待摊支出(包括工程管理费、征地费、可行性研究费、临时设施费、公证费、监理费及应负担的税费等)。

企业自营方式建造固定资产,发生的工程成本应通过"在建工程"科目核算,工程完工达到预定可使用状态时,从"在建工程"账户转入"固定资产"科目。

2. 出包工程的核算

出包工程是指企业委托建筑公司等其他单位进行的固定资产建造工程。出包工程多用于企业的房屋、建筑物的新建、改建及扩建工程等。

在出包方式下,固定资产建造工程支出由承包单位核算,出包企业只需按出包合同规定向承包单位支付工程价款,并将支付的全部工程价款作为固定资产成本入账即可,会计处理比较简单。

(三) 投资者投入固定资产的核算

投资者投资转入的固定资产应当按照投资合同或协议约定的价值,作为入账价值,借记"固定资产"科目,贷记"股本"或"实收资本"科目。

[例8-3]　明光银行根据与投资方达成的协议,按资产评估确认的价值作为投入资本确认的标准。甲企业以一座厂房向该银行投资,厂房经评估确认价值为 2 000 000 元,按协议可折换成每股面值为 1 元的股票 1 000 000 股。

借:固定资产　　　　　　　　　　　　　　　　　　　　2 000 000
　　贷:股本——甲企业　　　　　　　　　　　　　　　　1 000 000
　　　　资本公积　　　　　　　　　　　　　　　　　　　1 000 000

(四) 接受捐赠固定资产的核算

接受捐赠的固定资产,应按以下规定确定其入账价值:

(1) 捐赠方提供了有关凭据的,按凭据上标明的金额加上应支付的相关税费,作为入账价值。

(2) 捐赠方没有提供有关凭据的,按如下顺序确定其入账价值:

① 同类或类似固定资产存在活跃市场的,按同类或类似固定资产的市场价格估计的金额,加上应支付的相关税费,作为入账价值;

② 同类或类似固定资产不存在活跃市场的,按该接受捐赠的固定资产的预计未来现金流量现值,加上应支付的相关税费,作为入账价值。

企业接受捐赠的固定资产属于利得,捐赠利得应作为"营业外收入"处理。

[例 8 - 4]   明光银行收到甲企业捐赠的一台设备,甲企业提供的有关凭证上标明的价格为 200 000 元,增值税 26 000 元,办理产权过户手续时支付相关税费 3 000 元。

```
借:固定资产                                          203 000
    应交税费——应交增值税(进项税额)                    26 000
    贷:营业外收入                                             229 000
```

(五) 租赁固定资产的核算

租赁固定资产按照租赁形式的不同分为经营租赁和融资租赁,在会计核算上两者也采用不同的处理方式。

1. 融资租入的核算

融资性租赁是为了满足企业生产经营的长期需要而租入资产的一种方式。一般租赁期限较长、租金一般包括租赁固定资产的买价、利息、出租人的合理利润等,而且一般最终都会取得固定资产的所有权。我国会计准则规定,融资租入的固定资产,在融资租赁期内,应作为企业自有固定资产进行管理与核算。如果融资租赁资产占企业资产总额的比例等于或小于30%,在租赁开始日,也可直接按最低租赁付款额作为固定资产的入账价值。

固定资产的入账价值与最低租赁付款额之间的差额,按我国会计准则的规定作为未确认融资费用入账,并在租赁期内按合理的方法分期摊销,计入各期财务费用。在分摊未确认的融资费用时,承租人应采用一定的方法加以计算。这些方法包括实际利率法、直线法、年数总和法等。我国会计准则规定,承租人在分摊未确认融资费用时,应当采用实际利率法。

2. 经营租赁的核算

经营性租赁租入固定资产是为了满足企业生产经营中临时的需要,只为取得固定资产的使用权,而不谋求资产的所有权。采用经营性租赁方式租入的固定资产,由于没有所有权,因此,不能作为固定资产的增加计入正式会计账簿,但为了便于对实物的管理,应在备查簿中进行登记。对支付的租赁费,应根据租入固定资产的用途,分别计入管理费用、在建工程等。

[例 8 - 5]   明光银行行政管理部门因管理需要租入一台办公设备,租赁合同规定,租赁期 1 个月,租金 1 600 元,租赁开始时一次付清。租赁期满,及时归还设备。

(1) 租入时,将所租赁设备在备查登记簿中登记。

（2）支付租金 1 600 元。

借：管理费用　　　　　　　　　　　　　　　　　　　　1 600

　　贷：银行存款　　　　　　　　　　　　　　　　　　　　　1 600

（3）租赁期满归还设备时将其在备查登记簿中注销。

（六）盘盈固定资产的核算

为了加强固定资产的实物管理，企业需要定期与不定期地对固定资产进行清查。如果通过清查发现固定资产盘盈，也是企业固定资产增加的一个方式。盘盈的固定资产应通过"待处理财产损溢——待处理固定资产损溢"科目进行核算。盘盈的固定资产，在未报批之前，应按确定的入账价值予以入账，待报经批准处理后，应作为企业以前年度的差错，记入"以前年度损益调整"科目。

[例 8-6]　明光银行在固定资产清查中，发现一台设备没有在账簿中记录。该设备当前市场价格 40 000 元，根据其新旧程度估计价值损耗 26 000 元。

（1）盘盈的设备入账价值为 14 000 元，登记入账。

借：固定资产　　　　　　　　　　　　　　　　　　　　14 000

　　贷：待处理财产损溢——待处理固定资产损溢　　　　　　　14 000

（2）报经批准处理后，盘盈设备记入"以前年度损益调整"科目。

借：待处理财产损溢——待处理固定资产损溢　　　　　　14 000

　　贷：以前年度损益调整　　　　　　　　　　　　　　　　　14 000

五、固定资产折旧的核算

（一）固定资产折旧的意义

固定资产折旧是指在固定资产使用寿命内，按照确定的方法对应计折旧额进行系统分摊。固定资产的应计折旧额是指应当计提折旧的固定资产原价扣除其预计净残值后的余额；如果已对固定资产计提减值准备，还应当扣除已计提的固定资产减值准备金额。

要正确理解固定资产折旧的含义，一是固定资产的成本转入营业成本或费用中的原因与目的；二是固定资产的成本如何转入营业成本或费用中。

企业取得固定资产是由于固定资产能够在未来给企业带来一定的经济利益，这种经济利益来自企业对固定资产服务潜能的利用。但是，固定资产的服务潜力是有限的，随着固定资产在生产经营过程中的不断使用，这种服务潜力会逐渐衰减直至消逝。

为了使成本和相应的收入相配比，企业就必须按消逝的服务能力的比例，将固定资产的取得成本转入营业成本或费用中，以正确确定企业的收益。从量上来说，准确地确定固定资产已消逝的服务能力几乎是不可能的,特别是某一期消逝的服务能力更是如此。但是,人们可以通过采用一定的方法来尽可能地客观反映这种已消逝的服务能力,它可以直接地体现为按照一定的方法按期计算转入营业成本或费用中的固定资产成本,并且这种方法一经确定,在固定资产整个的经济使用年限内一般不许变更,具有连续性和规律性,这就是所谓合理而系统的方法。

对固定资产计提折旧的过程,实际上是一个持续的成本分配过程,同时也是收回固定资产投资的过程。折旧就是企业采用合理而系统的分配方法将固定资产的取得成本在固定资产的经济使用年限内进行合理分配,使之与各期的收入相配比,以正确确认企业的损益。

(二)固定资产折旧计算涉及的主要问题

固定资产折旧计算涉及的主要问题有三个,即原始价值、预计净残值和预计使用年限。

1. 原始价值

以原始价值作为计算折旧的基数,可以使折旧的计算建立在客观的基础上,不容易受会计人员主观因素的影响。在固定资产使用寿命一定的情况下,固定资产的原始价值越大,单位时间或单位工作量的折旧额就越大;反之,单位时间或单位工作量的折旧额就越小。因此,从投入产出的角度来讲,在保证生产效率和产品质量的前提下,企业应尽量减少固定资产原始价值的支出,以提高其经济效益。

2. 预计净残值

预计净残值是指假定固定资产预计使用寿命已满并处于使用寿命终了时的预期状态,企业目前从该项资产处置中获得的扣除预计处置费用后的净收入。固定资产的净残值是企业在固定资产使用期满后对固定资产的一个回收额,在计算固定资产折旧时应从固定资产的折旧计算基数中扣除。由于固定资产净残值在开始计算折旧时就要考虑,因此需要对其进行估计。一般以固定资产在报废清理时预计残值收入扣除预计清理费用后的净额来确定。为了避免计算过程受到人为因素的影响,企业所得税法规定了固定资产净残值的比例标准,即固定资产净残值比例应在其原价的 5% 以内,具体由企业确定。在不考虑固定资产减值准备的前提下,固定资产应计提折旧总额就是固定资产原始价值减去预计净残值后的数额。

3. 预计使用年限

预计使用年限是指固定资产预计经济使用年限,又称折旧年限,它通常短于固定资产的物质使用年限。固定资产的预计使用年限决定于固定资产的使用寿命。在确定固定资产的使用寿命时,企业主要应当考虑固定资产的预计生产能力、有形损耗、无形损耗等因素。

（三）固定资产折旧范围和折旧基数的规定

《企业会计准则》规定，企业应对所有的固定资产计提折旧，但是，已提足折旧仍继续使用的固定资产，以及按规定单独估价作为固定资产入账的土地除外。提足折旧是指已经提足该项固定资产的应提折旧额。

计提固定资产折旧的基数一般为取得固定资产的原始成本。企业在具体计提折旧时，一般应以月初所提折旧的固定资产账面原值为依据，当月增加的固定资产，当月不计提折旧；当月减少的固定资产，当月仍计提折旧。

（四）固定资产折旧的计算方法

固定资产的折旧方法是将应提折旧总额在固定资产各使用期间进行分配时所采用的具体计算方法，包括平均年限法、工作量法、双倍余额递减法、年数总和法等。企业应根据固定资产的性质、受有形损耗和无形损耗影响的方式及程度、科技发展及其他因素，合理选择固定资产的折旧方法。

1. 年限平均法

（1）年限平均法的概念和特点。年限平均法又称直线法，是以固定资产预计使用年限为分摊标准，将固定资产的应提折旧总额均衡分摊到使用各年的一种折旧方法。采用这种折旧方法，各年折旧额相等，不受固定资产使用频率或生产量多少的影响。年限平均法是会计实务中应用最广泛的一种方法。

（2）折旧率和折旧额的计算。在实务中，固定资产折旧额是根据折旧率计算的。折旧率是指折旧额占原始价值的比重。用公式表示如下：

$$年折旧率 = \frac{年折旧额}{原始价值} \times 100\%$$

$$= \frac{1 - 预计净残值率}{预计使用年限} \times 100\%$$

$$月折旧率 = 年折旧率 \div 12$$

$$其中，预计净残值率 = \frac{预计净残值}{原始价值} \times 100\%$$

$$年折旧额 = 原始价值 \times 年折旧率$$

$$月折旧额 = 年折旧额 \div 12$$

[例 8 - 7] 明光银行一台设备的原始价值为 20 000 元，预计净残值率为 4%，预计使用年限为 4 年，采用平均年限法计提折旧。

$$年折旧率 = \frac{1 - 4\%}{4} \times 100\% = 24\%$$

$$月折旧率 = 24\% \div 12 = 2\%$$

$$年折旧额 = 20\,000 \times 24\% = 4\,800(元)$$

$$月折旧额 = 20\,000 \times 2\% = 400(元)$$

2. 工作量法

(1) 工作量法的概念和特点。工作量法是以固定资产预计可完成的工作总量为分摊标准,根据各年实际完成的工作量计算折旧的一种方法。采用这种折旧方法,各年折旧额的大小随工作量的变动而变动。采用工作量法计算折旧的原理和平均年限法相同,只是将分配折旧额的标准由使用年限改成了工作量。

(2) 折旧额的计算。工作量法计算折旧,首先,要计算固定资产单位工作量的折旧额;其次,根据每期的实际工作量计算当期的折旧额。用公式表示如下:

$$单位工作量折旧额 = \frac{原始价值 \times (1 - 预计净残值率)}{预计工作量总额}$$

$$年折旧额 = 某年实际完成的工作量 \times 单位工作量折旧额$$

[例 8-8]　明光银行的一台汽车按工作量法计提折旧。原始价值 100 000 元,预计净残值率 4%,预计行驶里程为 200 000 公里。2010 年 10 月,该车实际行驶 1 000 公里。

$$每公里应提折旧额 = \frac{100\,000 \times (1 - 4\%)}{200\,000} = 0.48(元)$$

$$该月应提折旧额 = 1\,000 \times 0.48 = 480(元)$$

3. 双倍余额递减法

(1) 双倍余额递减法的概念和特点。双倍余额递减法是在不考虑固定资产残值的情况下,以双倍的直线折旧率作为加速折旧率,乘以各年年初固定资产账面净值计算各年折旧额的一种方法。实行双倍余额递减法计提折旧的固定资产,应当在其固定资产折旧年限到期以前的 2 年内,将固定资产净值平均摊销。

(2) 折旧率和折旧额的计算。双倍余额递减法的折旧率直接以直线法的折旧率乘以 2 来确定。折旧额的计算用公式表示如下:

$$年折旧率 = \frac{2}{预计使用年限} \times 100\%$$

$$年折旧额 = 固定资产账面净值 \times 年折旧率$$

$$月折旧额 = 年折旧额 \div 12$$

[例 8-9]　明光银行一台设备,原始价值为 50 000 元,预计使用年限为 5 年,预计净残值为 2 000 元。采用双倍余额递减法计算折旧。各年折旧额的计算,如表 8-1 所示。

表 8-1　双倍余额递减法各年折旧额计算表　　　　　　　　　　　　　　　　单位:元

时　　间	折旧率	年折旧额	累计折旧额	账面净值
购置时				50 000
第 1 年	40%	20 000	20 000	30 000
第 2 年	40%	12 000	32 000	18 000
第 3 年	40%	7 200	39 200	10 800
第 4 年	—	4 400	43 600	6 400
第 5 年	—	4 400	48 000	2 000
合　　计	—	48 000	—	—

4. 年数总和法

(1) 年数总和法的概念和特点。年数总和法是以计算折旧当年固定资产尚可使用年数作分子,以固定资产尚可使用年数的总和作分母,分别确定各年折旧率,用各年折旧率乘以应提折旧总额计算每年折旧额的一种方法。年数总和法的折旧率,其本质是当年尚可使用年限占各年尚可使用年限之和的比重。与双倍余额递减法相比,年数总和法的特点是各年计算折旧的基数相同,都是应提折旧总额,但各年的折旧率是一个递减的分数,因此各年的折旧额也是递减的。

(2) 折旧率和折旧额的计算。年数总和法计算折旧的公式如下:

$$年折旧率 = \frac{各年尚可使用年限}{各年可使用年限之和}$$

$$年折旧额 = (原始价值 - 预计净残值) \times 年折旧率$$

$$月折旧额 = 年折旧额 \div 12$$

[例 8-10]　接[例 8-9]资料,采用年数总和法计算各年折旧额,如表 8-2 所示。

表 8-2　年数总和法各年折旧额计算表　　　　　　　　　　　　　　　　单位:元

时　　间	折旧率	年折旧额	累计折旧额	账面净值
购置时				50 000
第 1 年	5/15	16 000	16 000	34 000
第 2 年	4/15	12 800	28 800	21 200
第 3 年	3/15	9 600	38 400	11 600
第 4 年	2/15	6 400	44 800	5 200
第 5 年	1/15	3 200	48 000	2 000
合　　计	1	48 000	—	—

六、固定资产处置的核算

固定资产处置是指由于各种原因使企业固定资产需退出生产经营过程所做的处理活动。在企业固定资产的使用过程中,有时会出现固定资产退出正常工作状态的情况,如固定资产的出售、报废、毁损等。

(一)设置"固定资产清理"科目

固定资产的处置,一般应设置"固定资产清理"科目。该科目用来核算企业因出售、报废、对外投资、非货币性资产交换、债务重组等原因转出的固定资产的价值以及在清理过程中发生的费用等,确定固定资产的处置损益。借方登记需要处置的固定资产账面价值、发生的清理费用及应交的税费附加,以及转作营业外收入的数额;贷方登记取得的固定资产出售价款、残料变价收入、保险及过失人赔款等项收入,以及转作营业外支出的数额。期末余额在借方,表示尚未清理完毕的固定资产的清理净损失。该科目应按被清理的固定资产项目设置明细科目,进行明细核算。

(二)固定资产出售、报废清理和毁损的核算

1. 固定资产出售

企业对多余闲置或不再需用的固定资产,可出售给其他需要该项固定资产的企业,以收回资金,避免资源的浪费。出售固定资产的损益是指出售固定资产取得的价款与固定资产账面价值、发生的清理费用以及出售不动产缴纳的税费附加之间的差额。

[例8-11]　明光银行将一名不需用的设备出售。固定资产的原始价值为500 000元,累计折旧300 000元。出售的价款为250 000元,增值税为32 500元。出售前公司对设备进行了修理,并支付修理费用10 000元。

(1)注销固定资产原价及累计折旧。

借:固定资产清理	200 000	
累计折旧	300 000	
贷:固定资产		500 000

(2)支付整修费用。

借:固定资产清理	10 000	
应交税费——应交增值税(进项税额)	1 300	
贷:银行存款		11 300

(3)收到出售价款。

借:银行存款	282 500	
贷:固定资产清理		250 000
应交税费——应交增值税(销项税额)		32 500

（4）结转净收益。

借：固定资产清理 40 000

　　贷：资产处置损益 40 000

2. 固定资产报废

固定资产报废有到期正常报废、提前报废和超龄使用后报废三种情况。无论是何种情况，其损益的计算方法是一样的，都是指报废时固定资产的残料变价收入与固定资产账面价值、发生的清理费用之间的差额。

［例8-12］　明光银行决定将一台设备报废。设备原价50 000元，累计折旧30 000元。报废时支付清理费用2 000元，残料作价200元，验收入库作为材料使用。

（1）设备报废，注销原价及累计折旧。

借：固定资产清理 20 000

　　累计折旧 30 000

　　贷：固定资产 50 000

（2）支付报废设备清理费用2 000元。

借：固定资产清理 2 000

　　贷：银行存款 2 000

（3）残料入库。

借：原材料 200

　　贷：固定资产清理 200

（4）结转报废净损失。

借：营业外支出——处置非流动资产损失 17 800

　　贷：固定资产清理 17 800

3. 固定资产毁损

固定资产毁损主要是由于自然灾害等不可抗力因素，或是由于责任事故等人为因素造成的。固定资产毁损的净损失是指毁损固定资产的账面价值，加上发生的清理费用，扣除残料变价收入以及保险赔款、责任人赔款后的净额。

［例8-13］　明光银行一辆汽车因火灾烧毁。固定资产原价为300 000元，累计折旧80 000元。火灾后收到保险公司赔款100 000元。

（1）注销烧毁库房原价及累计折旧。

借：固定资产清理 220 000

　　累计折旧 80 000

　　贷：固定资产 300 000

（2）收到保险公司赔款。

借：银行存款 100 000
　　贷：固定资产清理 100 000

（3）计算并结转毁损净损失。

借：营业外支出——处置非流动资产损失 120 000
　　贷：固定资产清理 120 000

（三）固定资产投资转出的核算

企业对外投资转出的固定资产，按转出固定资产的账面价值加上应支付的相关税费，借记"长期股权投资"科目；按投出固定资产已提折旧，借记"累计折旧"科目；按投出固定资产已计提的减值准备，借记"固定资产减值准备"科目，按投出固定资产的账面原值，贷记"固定资产"科目；按应支付的相关税费，贷记"银行存款""应交税费"等科目。

[例 8-14]　明光银行以一辆闲置不用的汽车对外投资，投资期为 5 年。该汽车的账面原值为 320 000 元，已提折旧 120 000 元，已提减值准备 50 000 元，在投资过程中，以银行存款支付有关费用 3 000 元。

借：长期股权投资——其他股权投资（投资成本） 153 000
　　累计折旧 120 000
　　固定资产减值准备 50 000
　　贷：固定资产——不需用固定资产（汽车） 320 000
　　　　银行存款 3 000

（四）固定资产对外捐赠的核算

企业对外捐赠转出固定资产，应按固定资产账面净值，借记"固定资产清理"科目；按该项固定资产已提折旧，借记"累计折旧"科目；按固定资产的账面原值，贷记"固定资产"科目。按该项固定资产已计提的减值准备，借记"固定资产减值准备"科目，贷记"固定资产清理"科目；按捐赠转出固定资产应支付的相关税费，借记"固定资产清理"科目；贷记"银行存款"等科目。按"固定资产清理"科目的余额，借记"营业外支出"科目；贷记"固定资产清理"科目。

[例 8-15]　明光银行将一台闲置不用的设备捐赠给自立福利厂。该项固定资产的账面原值为 70 000 元，已提折旧 20 000 元，另外，还计提了固定资产减值准备 3 500 元，捐赠时，用现金支付运杂费 420 元。

（1）固定资产转入清理：

借：固定资产清理	50 000
累计折旧	20 000
贷：固定资产——不需用固定资产(设备)	70 000

（2）转销固定资产减值准备：

| 借：固定资产减值准备 | 3 500 |
| 贷：固定资产清理 | 3 500 |

（3）支付运杂费：

| 借：固定资产清理 | 420 |
| 贷：库存现金 | 420 |

（4）结转净损失：

| 借：营业外支出——捐赠支出 | 46 920 |
| 贷：固定资产清理 | 46 920 |

（五）固定资产盘亏的核算

为了加强固定资产的管理,企业需要定期与不定期地对固定资产进行清查。通过清查,确定企业的固定资产账实是否相符。如果通过清查发现账簿记录的企业拥有固定资产的实物并不存在,则固定资产发生盘亏,企业发生了固定资产实物的减少。其处理原则是,以实存的固定资产为基础,调整减少账面记录,做到账实相符,经批准后,将盘亏损失计入营业外支出。

盘亏的固定资产应通过"待处理财产损溢——待处理固定资产损溢"科目进行核算。发现盘亏的固定资产,在未报经批准处理前,要先按账面原价和累计折旧及时予以注销,其净值记入"待处理财产损溢——待处理固定资产损溢"科目;待报经批准处理后,再将净值转入"营业外支出——固定资产盘亏"科目。

[例 8-16] 明光银行在固定资产的定期清查中,发现盘亏一台自动点钞机。该点钞机账面原价 3 600 元,已提折旧 1 000 元。

（1）报经批准处理前,注销盘亏点钞机原价与累计折旧。

借：待处理财产损溢——待处理固定资产损溢	2 600
累计折旧	1 000
贷：固定资产	3 600

（2）经批准,盘亏损失转入营业外支出。

| 借：营业外支出——固定资产盘亏 | 2 600 |
| 贷：待处理财产损溢——待处理固定资产损溢 | 2 600 |

第二节　无形资产的核算

一、无形资产的定义与分类

(一) 无形资产的定义

无形资产是指企业拥有或控制的没有实物形态的可辨认非货币性资产,主要包括专利权、非专利技术、商标权、著作权、特许权等。无形资产一般具有以下特征:

(1) 无形资产不具有实物形态。无形资产通常表现为某种权利、技术或某种获取超额利润的综合能力,不具有实物形态。例如,土地使用权、非专利技术等。应当注意,无形资产不具有实物形态,但不具有实物形态的资产还有很多。例如,作为投资性房地产的土地使用权、企业合并中形成的商誉、应收账款等,这些都不是无形资产。

(2) 无形资产将在长时期内为企业提供经济利益,提供的经济利益有很大的不确定性。无形资产所代表的特殊权利或优势一般可以在较长时期内存在,不会很快消失,企业可以长期受益,但很难准确判断无形资产的经济年限。无形资产能否为企业提供未来的经济利益以及提供多大的经济利益,在很大程度上受到企业外部因素的影响,使得其预期的获利能力具有高度的不确定性。

(3) 无形资产具有可辨认性。无形资产的可辨认性包括:第一,无形资产能够从企业中分离出来或划分出来,并能单独用于出售或转让,不需要同时处置在同一获利活动中的其他资产;第二,无形资产产生于合同性权利或其他法定权利,无论这些权利是否可以从企业或其他权利或义务中转移或者分离。例如,企业通过法定程序申请取得的专利权、商标权等。

(4) 无形资产属于非货币性资产。无形资产由于没有发达的交易市场,一般不轻易转化为现金,在持有过程中为企业带来未来经济利益的情况不确定,不属于以固定或可确定的金额收取的资产,因而,无形资产属于非货币性资产。

(二) 无形资产的分类

1. 按取得方式分类

无形资产按取得来源不同,可分为购入的无形资产、自行开发的无形资产、投资者投入的无形资产、企业合并取得的无形资产、债务重组取得的无形资产、以非货币性资产交换取得的无形资产以及政府补助取得的无形资产等。这种分类的目的主要是为了使无形资产的初始计量更加准确和合理。因为不同来源取得的无形资产,其初始成本的确定方法以及所包括的经济内容是不同的。

2. 按使用寿命分类

无形资产按使用寿命是否有限,可分为有期限无形资产和无期限无形资产。无形资产的使用寿命是否有期限应在企业取得无形资产时就加以分析和判断。这种分类的目的主要是为了正确的将无形资产的应摊销金额在无形资产的使用寿命内系统而合理地进行摊销。按照企业会计准则的规定,使用寿命有限的无形资产存在价值的摊销问题,使用寿命不能确定的无形资产,其价值不能进行摊销。

(三) 无形资产的内容

1. 专利权

专利权是指国家专利主管机关依法授予发明创造专利申请人,对其发明创造在法定期限内所享有的专有权利,包括发明专利权、实用新型专利权和外观设计专利权。专利权的主体是依据专利法被授予专利权的个人或单位,专利权的客体是受专利法保护的专利范围。

2. 非专利技术

非专利技术又称专有技术,是指不为外界所知、在生产经营活动中已采用了的、不享有法律保护的、可以为企业带来经济效益的各种技术和诀窍。非专利技术一般包括工业专有技术、商业贸易专有技术、管理专有技术等。由于非专利技术未经公开也未申请专利,所以不受法律保护,但事实上具有专利权的效用。

3. 商标权

商标是用来辨认特定的商品或劳务的标记。商标权是指专门在某类指定的商品或产品上使用特定的名称或图案的权利。根据我国商标法的规定,经商标局核准注册的商标为注册商标,商标注册人享有商标专用权,受法律保护。商标权的内容包括独占使用权和禁止使用权。我国商标法规定,商标权的有效期限为 10 年,期满前可继续申请续展注册期。

4. 土地使用权

土地使用权是指国家准许企业在一定期间内对国有土地享有开发、利用、经营的权利。根据我国《土地管理法》的规定,我国土地实行公有制,任何单位和个人不得侵占、买卖或者以其他形式非法转让。企业取得土地使用权的方式主要包括:行政划拨取得、外购取得及投资者投资取得等。

5. 著作权

著作权又称版权,是指作者对其创作的文学、科学和艺术作品依法享有的某些特殊权利。著作权包括作品署名权、发表权、修改权和保护作品完整权,还包括复制权、发行权、出租权、展览权、表演权、放映权、广播权、信息网络传播权、摄制权、改编权、翻译权、汇编权以及应当由著作权人享有的其他权利。

6. 特许经营权

特许经营权又称特许权、专营权,是指企业在某一地区经营或销售某种特定商品的权利或是一家企业接受另一家企业使用其商标、商号、技术秘密等的权利。特许经营权通常有两种形式,一种是由政府机构授权,准许企业使用或在一定地区享有经营某种业务的特权,如水、电、邮电通信等专营权、烟草专卖权等等;另一种指企业间依照签订的合同,有限期或无限期使用另一家企业的某些权利,如连锁店分店使用总店的名称等。

二、本章会计科目的设置

1. 无形资产

无形资产的核算,应设置"无形资产"科目。该科目用来核算企业持有的无形资产的成本。借方登记取得无形资产的成本;贷方登记转销无形资产的成本;期末余额在借方,表示企业无形资产的成本。该账户应按无形资产项目设置明细科目,进行明细核算。

2. 累计摊销

企业摊销无形资产时,需要增设"累计摊销"科目。该科目用来核算使用寿命有限的无形资产计提的累计摊销。贷方登记计提无形资产的摊销额;借方登记处置无形资产时应转销的累计摊销额;期末余额在贷方,表示企业无形资产的累计摊销额。该账户应按无形资产项目设置明细科目,进行明细核算。

三、无形资产取得的核算

(一)购入无形资产

外购方式是企业取得无形资产的重要渠道。企业对于需要的无形资产,在自行研究和开发有困难的情况下,可以通过外购的方式取得,以满足生产经营和管理的需要。

[例 8-17]　明光银行因理财产品开发需要购入一项专利权,支付专利权转让费及有关手续费 30 000 元,款项用银行存款一次性付清。

借:无形资产 30 000

　　贷:银行存款 30 000

(二)投资者投入的无形资产

投资者投入的无形资产,在合同或协议约定的价值公允的前提下,应按照投资合同或协议约定的价值作为入账价值。无形资产的入账价值与折合资本额之间的差额,作为资本溢价,计入资本公积。

[例 8-18] 明光银行因业务发展的需要接受甲公司以一项专利权向企业进行投资。根据投资双方签订的投资合同,此项专利权的价值确定为 30 000 元,折合为本银行的股票 10 000 股,每股面值为 1 元。

借: 无形资产——专利权　　　　　　　　　　　　　　　　30 000
　　贷: 股本　　　　　　　　　　　　　　　　　　　　　　　10 000
　　　　资本公积——股本溢价　　　　　　　　　　　　　　　20 000

(三) 自行开发的无形资产

自行开发的无形资产,其成本包括自满足无形资产确认条件后至达到预定用途前所发生的支出总额,但是对于以前期间已经费用化的支出不再进行调整。

《企业会计准则》对企业内部的研究开发项目分为两个阶段,即研究阶段和开发阶段。研究阶段是指为获取新的技术和知识等进行的有计划的调查。比如,对于获取知识而进行的活动,研究成果或其他知识的应用研究、评价和最终选择,材料、设备、产品、工序、系统或服务替代品的研究,新的或经改进的材料、设备、产品、工序、系统或服务的可能替代品的配制、设计、评价和最终选择等活动。开发阶段是指进行商业性生产和使用前,将研究成果或其他知识应用于某项计划或设计,以生产出新的或具有实质性改进的材料、装置、产品等。

为了正确计算企业的利润以及合理地对无形资产进行确认,需要增设"研发支出"科目。该账户属于成本类科目,用来核算企业进行研究与开发无形资产过程中发生的各项支出。借方登记企业发生的各项研发支出;贷方登记转销的各项研发支出;期末余额在借方,表示企业正在进行无形资产研发项目满足资本化条件的支出。该科目应当按照研究开发项目,分别设置"费用化支出"与"资本化支出"明细科目,进行明细核算。

企业自行开发无形资产发生的研发支出,对于不满足资本化条件的,应当借记"研发支出"科目(费用化支出),满足资本化条件的,借记"研发支出"科目(资本化支出),贷记"原材料""银行存款""应付职工薪酬"等科目;研究开发项目达到预定用途形成无形资产时,应按本科目(资本化支出)的余额,借记"无形资产"科目,贷记"研发支出"科目(资本化支出)。期末,企业应将本科目归集的费用化支出金额转入"管理费用"科目,借记"管理费用"科目,贷记"研发支出"科目(费用化支出)。

[例 8-19] 明光银行因经营业务的需要,进行一项技术的研究开发。在研发过程中发生材料费 20 000 元,应付研发人员薪酬 10 000 元,支付设备租金 2 000 元。上述各项支出应予以资本化的部分是 24 000 元,应予以费用化的部分是 8 000 元。该项技术

成功申请了国家专利,在申请专利过程中发生注册费10 000元、聘请律师费5 000元。

费用化支出为8 000元。

$$资本化支出=24 000+10 000+5 000=39 000(元)$$

研发支出发生时:

借:研发支出——费用化支出　　　　　　　　　　　　　　　8 000

　　　　　　——资本化支出　　　　　　　　　　　　　　39 000

　　贷:原材料　　　　　　　　　　　　　　　　　　　　　　20 000

　　　　应付职工薪酬　　　　　　　　　　　　　　　　　　10 000

　　　　银行存款　　　　　　　　　　　　　　　　　　　　17 000

研发项目达到预定用途时:

借:无形资产　　　　　　　　　　　　　　　　　　　　　　39 000

　　贷:研发支出——资本化支出　　　　　　　　　　　　　39 000

期末结转费用化支出时:

借:管理费用　　　　　　　　　　　　　　　　　　　　　　8 000

　　贷:研发支出——费用化支出　　　　　　　　　　　　　　8 000

四、无形资产摊销的核算

(一) 无形资产摊销的含义

《企业会计准则》规定,对于使用寿命有限的无形资产,须在使用寿命内进行摊销。无形资产能使企业在较长时期内受益,因而企业应按无形资产的使用寿命对无形资产进行分期摊销。无形资产的摊销主要涉及无形资产使用寿命的确定、摊销方法的选择和摊销金额的列支等问题。由于无形资产代表的未来经济利益要受诸多因素的影响,具有高度的不确定性,因此,企业应对无形资产的使用寿命作出合理的估计。

无形资产使用寿命可按如下原则进行确定:由于企业持有的无形资产,通常来源于合同性权利或是其他法定权利,这些无形资产的使用寿命一般在合同里或法律上都有明确的规定。按照《企业会计准则》的规定,对于来源于合同性权利或其他法定权利的无形资产,其使用寿命不应超过合同性权利或其他法定权利的期限;如果合同性权利或其他法定权利能够在到期时因续约等延续,且有证据表明企业续约不需要付出大额成本,续约期应当计入使用寿命。合同或法律没有规定使用寿命的,企业应当综合各方面情况判断,以确定无形资产能为企业带来未来经济利益的期限。比如,与同行业的情况进行比较、参考历史经验,或聘请相关专家进行论证等。如果按照上述方法仍无法合理确定无形资产为企业带来经济利益期限的,则该项无形资产应作为使用寿命不确定的无形资产而无需摊销。

（二）无形资产摊销额的计算

无形资产的摊销方法有很多，如直线法、递减余额法和生产总量法等。企业选择什么样的摊销方法，主要取决于企业预期消耗该项无形资产所产生的未来经济利益的方式。如果企业由于各种原因难以可靠确定这种消耗方式时，则应当采用直线法对无形资产的应摊销金额进行系统合理的摊销。

无形资产每期的摊销额应按照无形资产的应摊销金额进行计算。无形资产的应摊销金额与无形资产的入账价值并不完全一致。除了应考虑入账价值这一基本因素之外，还应该考虑无形资产的残值和无形资产的减值准备。在一般情况下，使用寿命有限的无形资产，其残值应视为零。但是如果有第三方承诺在无形资产使用寿命结束时购买该无形资产，或者可以根据活跃市场得到残值信息，并且该活跃市场在无形资产使用寿命结束时很可能存在的情况下，则该无形资产应有残值。

（三）无形资产摊销的核算

企业按月计提无形资产摊销额时，借记"管理费用""其他业务成本"等科目，贷记"累计摊销"科目。

[例8-20]　明光银行购入一项专利权。根据相关法律的规定，购买时该项专利权的使用寿命为10年，企业采用直线法按10年期限进行摊销。专利权购买成本为200 000元，预计净残值为0，也未计提减值准备。

专利权每年摊销额＝200 000÷10＝20 000（元）

借：管理费用　　　　　　　　　　　　　　　　　20 000
　　贷：累计摊销　　　　　　　　　　　　　　　　　　20 000

五、无形资产转让的核算

（一）转让使用权的核算

企业将无形资产的使用权让渡给他人，并收取租金，在满足收入确认标准的情况下，应确认相关的收入，同时确认相关的成本费用。

转让无形资产使用权时，取得的租金收入，借记"银行存款"等科目，贷记"其他业务收入"等科目；摊销出租无形资产的成本并发生与转让有关的各种费用支出时，借记"其他业务成本"科目，贷记"累计摊销"科目。

(二) 转让所有权的核算

企业将无形资产的所有权让渡给他人,即企业出售无形资产,一方面,应反映因转让而取得的收入;另一方面,应将无形资产的摊余价值予以转销。如果出售的无形资产已计提了减值准备,还应将已计提的减值准备注销,同时,按现行税法的规定,出售无形资产还应按实际转让收入计算应交增值税,一般情况下(除土地使用权),增值税税率为6%。

企业出售无形资产的净收益,应作为非流动资产处置利得,贷记"资产处置损益"科目;出售无形资产的净损失,作为非流动资产处置损失,借记"资产处置损益"科目。

关 键 术 语

固定资产　年限平均法　双倍余额递减法　工作量法　无形资产

思 考 题

1. 固定资产具有哪些特征?
2. 我国对固定资产折旧的范围是如何规定的?
3. 固定资产的处置如何进行核算?
4. 无形资产的特征有哪些?
5. 不同来源的无形资产的价值如何确定?

业 务 题

(一) 购入需要安装的固定资产

1. 资料:某银行购入一台需要安装的生产设备,发票价格 68 000 元,增值税额 8 840 元,支付运杂费 1 500 元,支付安装成本 2 800 元。

2. 要求:编制有关购入固定资产的下列会计分录:

(1) 设备运抵企业,等待安装;

（2）设备投入安装，用银行存款支付安装成本；

（3）设备安装完毕，交付生产使用。

（二）无形资产的取得、摊销与转让

1. 资料：某银行以 750 000 元购入一项专利权，采用直线法按 15 年摊销（为简化起见，假定按年进行摊销）。在该专利权使用了 2 年后，以 680 000 元的价格出售，增值税税率 6%。

2.要求：编制有关该项无形资产的下列会计分录：

（1）购入专利权；

（2）摊销专利权成本；

（3）出售专利权。

第九章 所有者权益的核算

重点提示

　　学习本章,学生应重点掌握商业银行所有者权益的内容及其会计处理,熟知所有者权益各项目的概念和特征,了解实收资本的各项要求。

第一节 实收资本的核算

　　商业银行的所有者权益,是指商业银行所有者在商业银行资产中享有的经济利益,其金额为银行总资产减去银行总负债后的余额,主要包括实收资本(或股本)、资本公积、盈余公积和未分配利润。它充分表明商业银行的产权关系。一般而言,实收资本和资本公积是由所有者直接投入的,如所有者的投入资本、资本溢价等;而盈余公积是从商业银行税后利润中提取的。因此,盈余公积和未分配利润又称留存收益。商业银行在税后利润中提取的一般风险准备,也构成所有者权益。

一、实收资本的概述

(一) 实收资本的概念

　　商业银行实收资本是指投资者按照商业银行章程或合同、协议的约定,实际投入银行经营活动的各项资本。这部分是所有者初始投资的财产,在一般情况下无须偿还,可以供企业长期周转使用。实收资本对商业银行来说,是商业银行设立和生存的前提。由于各商业银行总行是法人代表,按照统一注册、统一管理、统一核算的原则,实收资本由总行集中管理,所以实收资本业务是总行的专项业务。

(二) 实收资本的分类

　　1. 实收资本按照投资主体不同分类

　　商业银行的实收资本按照投资主体不同,可以分为国家资本金、法人资本金、个人资本金和外商资本金。

(1) 国家资本金。国家资本金是指有权代表国家投资的政府部门或者机构以国有资产投入商业银行形成的资本金。

(2) 法人资本金。法人资本金是指其他法人单位以其依法可以支配的资产投入商业银行形成的资本金。

(3) 个人资本金。个人资本金是指社会个人或者银行内部职工以个人合法财产投入商业银行形成的资本金。

(4) 外商资本金。外商资本金是指外国投资者以及我国香港、澳门和台湾地区投资者投入商业银行的资本金。

在股份有限公司组织形式下的商业银行中,投入资本就是股本。按照股份制企业的做法,把股本分为国家股、法人股、个人股和外资股。

2. 实收资本按照投入的资产不同分类

实收资本按投入的资产不同,分为货币投资、实物投资、证券投资和无形资产投资等。

(1) 货币投资。货币投资是指商业银行接受投资者以货币资金形式进行投资的资本。

(2) 实物投资。实物投资是指商业银行收到投资者以房屋、设备等实物资产的投资。

(3) 证券投资。证券投资是指商业银行收到投资者以其拥有的各种有价证券投入的资本。

(4) 无形资产投资。无形资产投资是指商业银行收到投资者以其拥有的土地使用权、商标权、专利权等无形资产投入的资本。

二、实收资本的要求

(一) 与注册资本关系的要求

我国目前实行的是注册资本制度,即投资者出资达到法定注册资本的要求是商业银行设立的先决条件。一般情况下,商业银行的实收资本应相对固定不变,而且,会计核算中的实收资本即为法定资本,应当与注册资本相一致,但实收资本并非任何时候都等于注册资本。例如,在允许分期投资的情况下,就会出现实收资本小于注册资本的情况。银行的实收资本如符合增资条件或减资条件,并经过相关部门批准,实收资本也可能发生增减变化。当企业的实收资本比原来的注册资本增减数额超过 20% 时,应持资金使用证明或者验资证明,向原登记机关申请变更登记。擅自改变注册资本或者抽逃资金,要受到工商行政管理部门的处罚。

(二) 最低资本金的要求

为了规范商业银行的行为,保障商业银行的稳健运行,以及保护商业银行、存款人和其他客户的合法权益,中国人民银行对设立商业银行提出了最低的资本限额的要求。

1. 设立银行的最低资本金的要求

设有分支机构的全国性银行的最低实收资本金为 20 亿元人民币;不设立分支机构的全国性银行的最低实收资本金为 10 亿元人民币;区域性银行的最低实收资本金为 8 亿元人民币;合作银行的最低实收资本金为 5 亿元人民币。

2. 对外资银行的最低资本金要求

在经济特区设立的外资银行总行或中外合资银行的注册资本不得少于8 000 万元人民币等值外汇,实收资本不得低于注册资本的 50%;在经济特区设立的外资银行分行必须持有其总行拨给的不少于 4 000 万元人民币等值外汇的营运资金。所有的银行设立时,其实收资本都要按照中国人民银行的规定办理相关手续。

(三) 实收资本的确认要求

在确认实收资本时,应注意遵循《金融企业会计制度》相关规定的基本原则。

1. 股份制银行的股本

股份制银行的股本,应按以下规定核算:

(1) 股份制银行的股本。股份制银行的股本应当在核定的股本总额及核定的股份总额的范围内,通过发行股票或股东出资取得。银行面值发行股票取得的收入,应按其面值作为股本;溢价发行取得的收入,按面值部分计入股本,其超过面值的部分,作为股本溢价,计入资本公积。

(2) 境外上市银行以及在境内发行外资股的上市银行的股本。境外上市银行以及在境内发行外资股的上市银行,按确定的人民币股票面值和核定的股份总额的乘积计算的金额,作为股本入账,按收到股款当日的汇率折合的人民币金额与按人民币计算的股票面值总额的差额,作为资本公积处理。

2. 非股份制银行的实收资本

非股份制银行的实收资本,应按以下规定核算:

(1) 投资者以现金投入的资本,应当以实际收到或存入企业开户银行的金额作为实收资本入账。实际收到或存入企业开户银行的金额超过其在金融企业注册资本中所占份额的部分,计入资本公积。

(2) 投资者以非现金资产投入的资本,应当按投资各方确认的价值作为实收资本入账。首次发行股票而接受投资者投入的无形资产,应按该项无形资产在投资方的账面价值入账。

(3) 投资者投入的外币,合同没有约定汇率的,按收到出资额当日的汇率折合;合同约定汇率的,按合同约定的汇率折合,因汇率不同产生的折合差额,作为资本公积处理。

三、实收资本的核算

为了反映银行实收资本的增减变动情况,应设置"实收资本"或"股本"科目。该账户属于所有者权益类科目,用来核算银行实际收到投资者投入的资本。投资者可以用现金进行投资,也可以用现金以外的其他资产进行投资。该科目的贷方登记银行实际收到投资者投入的资本、按法定程序结转的资本公积、盈余公积转增资本的增加数;科目的借方一般不作记录,只在银行破产清算时借记减少数;余额反映在贷方,表示银行实际拥有的资本金总额。投资者投入的资本,在企业经营期间除依法转让外,一般不得抽回。非股份制银行接受股东的投资以及注册资本的增减变动情况,通过"实收资本"科目核算;股份制银行接受股东的投资以及注册资本的增减变动情况,通过"股本"科目核算。该科目需按投资人情况进行明细核算。

银行收到股东投入的资本后,应根据有关原始凭证(如投资清单、银行通知单等),分别不同的出资方式进行会计处理。

(一) 以货币资金投入

1. 本币投入

国家、企业、外商、个人以人民币现金或银行存款对商业银行进行投资时,银行以实际收到或者存入银行的金额作为实收资本入账。实际收到或者存入银行的金额超过其在注册资本中所占份额的部分,计入资本公积。其会计分录为:

借:库存现金(投资者用现金投资)

　　银行存款(投资者在本银行开有账户,并从其账户中拨款投资)

　　上存辖内款项(投资者在与本银行同一系统的其他银行开户)

　　存放同业款项(投资者在与本银行不是同一系统的银行开户)

　　存放中央银行款项(中央银行拨入资金)

　　贷:实收资本(或股本)——国家投资

　　　　　　　　　　　——其他单位投资

　　　　　　　　　　　——个人投资

　　　资本公积——资本溢价

[例9-1] A银行收到中央银行拨入的资金400 000元,作为投资进行转账。其会计分录如下:

借:存放中央银行款项　　　　　　　　　　　　　　　　　　400 000

　　贷:实收资本——国家投资　　　　　　　　　　　　　　　　400 000

2. 外币投入

接受外币投资时,除记录外币账簿外,资产账户还应按当日国家外汇牌价折合成人民币记账。投资者投入的外币,合同约定汇率的,按合同约定的汇率折合;合同没有约定汇率的,按收到出资额当日的汇率折合,因汇率不同产生的折合差额,记入"资本公积"科目。其会计分录如下:

借:银行存款——外币户(收到外币当日的汇率折合的人民币金额)

　　库存现金

　　资本公积——外币资本折算差额

　　贷:实收资本——××户(合同约定汇率或收到日汇率折合人民币金额)

　　　　资本公积——外币资本折算差额

3. 发行股票

股份制银行是以发行股票的方式筹集股本的,股份制银行的股本应当在核定的股本总额及核定的股份总额的范围内,通过发行股票或由股东出资取得。股份制银行的实收资本的构成比例,即股东的股份比例,是确定所有者在银行所有者权益中所占的份额和参与银行财务经营决策的基础,也是银行进行利润分配或股利分配的依据,同时还是银行清算时确定所有者对净资产的要求权的依据。因此,为了提供股份制银行股本总额以及其构成和注册资本等信息,在采用面值发行股票的情况下,发行股票取得的收入,应全部记入"股本"科目;委托证券商代理发行股票而支付的手续费、佣金等发行费用,可以作为当期的营业费用入账,若发行费用数额较大,可以列入"长期待摊费用"科目,待发行工作完毕的次月起摊销,摊销时再转入"营业费用"科目,摊销期限不超过2年。在采用溢价发行股票的情况下,发行股票取得的收入,相当于股票面值的部分,记入"股本"科目,超出股票面值的溢价收入记入"资本公积"科目。发行费用应从溢价发行收入中扣除,按扣除手续费、佣金后的数额记入"资本公积"科目。

(1)面值发行股票。当股份制银行按面值发行股票,在实际收到现金等资产时,其会计分录如下:

借:库存现金

　　银行存款

　　存放中央银行款项

　　贷:股本(股票面值)

[例9-2] B股份制银行发行普通股10 000 000 000股,每股面值1元,每股发行价格1元。假定股票发行成功,股款10 000 000 000元已全部收到,不考虑发行过程中的税费等因素。根据上述资料,其会计分录如下:

借:银行存款　　　　　　　　　　　　　　　　　10 000 000 000

　　贷:股本　　　　　　　　　　　　　　　　　　　10 000 000 000

（2）溢价发行股票。当股份制银行按溢价发行股票，在实际收到现金等资产时，其会计分录如下：

借：库存现金

　　银行存款

　　存放中央银行款项（实际收到数）

　　贷：股本（股票面值和核定的股份总额的乘积计算的金额）

　　　　资本公积——股本溢价

[例 9 - 3]　B 股份制银行发行普通股 10 000 000 000 股，每股面值 1 元，每股发行价格 5 元。假定股票发行成功，股款 50 000 000 000 元已全部收到，不考虑发行过程中的税费等因素。根据上述资料，其会计分录如下：

借：银行存款　　　　　　　　　　　　　　　　　50 000 000 000

　　贷：股本　　　　　　　　　　　　　　　　　　　10 000 000 000

　　　　资本公积——股本溢价　　　　　　　　　　　40 000 000 000

我国香港、澳门、台湾地区及国外上市银行以及在境内发行外资股的上市银行，收到股款时，其会计分录如下：

借：银行存款（收到股款当日的汇率折合的人民币金额）

　　贷：股本（确定的人民币股票面值和核定的股份总额的乘积计算的金额）

　　　　资本公积——股本溢价

[例 9 - 4]　B 股份制银行发行普通股 1 000 000 000 股，每股面值 1 元，每股发行价格 5 元，委托某证券公司发行，发行手续费为发行收入的 1%。假定股票发行成功，股款已全部收到。根据上述资料，其会计分录如下：

借：银行存款　　　　　　　　　　　　　　　　　4 990 000 000

　　贷：股本　　　　　　　　　　　　　　　　　　　1 000 000 000

　　　　资本公积——股本溢价　　　　　　　　　　　3 990 000 000

（二）以实物投入

商业银行接受投资人以实物形态投资时，需按照评估确认的价值，或按投资合同或协议约定的价值，确定所接受实物资产价值（但投资合同或协议约定价值不公允的除外）和在注册资本中应享有的份额。

1. 接受固定资产投资

当收到投资人投入的房屋、汽车、机器设备等固定资产时，按照投资双方确认的价值，编制会计分录如下：

借：固定资产

　　贷：实收资本（或股本）

[**例 9 - 5**]　A 银行收到国家投入的办公用房屋 2 栋,价值 30 000 000 元。其会计分录如下:

借:固定资产　　　　　　　　　　　　　　　　　　　　　　30 000 000

　　贷:实收资本——国家投资　　　　　　　　　　　　　　　　　30 000 000

2. 接收材料等投资

当收到投资人投入的材料等时,其会计分录如下:

借:原材料(或库存商品)

　　应交税费——应交增值税(进项税额)

　　贷:实收资本(或股本)

[**例 9 - 6**]　A 银行于设立时收到甲公司作为资本投入的原材料一批,该批原材料投资合同或协议约定价值(不含可抵扣的增值税进项税额部分)为 1 000 000 元,增值税进项税额为 130 000 元。甲公司已开具了增值税专用发票。假定合同约定的价值与公允价值相符,该进项税额允许抵扣,不考虑其他因素。A 银行在进行会计处理时,应编制会计分录如下:

借:原材料　　　　　　　　　　　　　　　　　　　　　　　1 000 000

　　应交税费——应交增值税(进项税额)　　　　　　　　　　　130 000

　　贷:实收资本——甲公司　　　　　　　　　　　　　　　　　1 170 000

(三) 以无形资产投入

投资人投入无形资产,应按评估确认的价值或协议约定的价值和在注册资本中应享有的份额记账。其会计分录如下:

借:无形资产

　　贷:实收资本(或股本)

[**例 9 - 7**]　A 银行收到投资方乙公司以无形资产 Y 专利投入,该专利投资合同约定价值为 600 000 元。假设 A 银行接受该专利符合国家注册资本管理的有关规定,可按合同约定作实收资本入账,合同约定的价值与公允价值相符,不考虑其他因素。A 银行在进行会计处理时,应编制会计分录如下:

借:无形资产——Y 专利　　　　　　　　　　　　　　　　　　600 000

　　贷:实收资本——乙公司　　　　　　　　　　　　　　　　　600 000

(四) 资本公积转增资本

资本公积属于所有者权益,用其转增资本时,应当按照原出资比例相应增加各股东的出资额。其会计分录如下:

借:资本公积

　　贷:实收资本

[**例9-8**]　甲、乙、丙三人共同投资设立A银行,原注册资本为4 000 000 000元,甲、乙、丙分别出资2 000 000 000元、1 000 000 000元和1 000 000 000元。因扩大经营规模需要,经批准,A银行按原出资比例将资本公积100 000 000元转增资本。A银行会计分录如下:

借:资本公积　　　　　　　　　　　　　　　　　　　　　　　100 000 000

　　贷:实收资本——甲　　　　　　　　　　　　　　　　　　　　50 000 000

　　　　　　　——乙　　　　　　　　　　　　　　　　　　　　25 000 000

　　　　　　　——丙　　　　　　　　　　　　　　　　　　　　25 000 000

(五) 盈余公积转增资本

盈余公积也属于所有者权益,用其转增资本时,也应当按照原出资比例相应增加各股东的出资额。其会计分录如下:

借:盈余公积

　　贷:实收资本

[**例9-9**]　承[例9-8],因扩大经营规模需要,经批准,A银行按原出资比例将盈余公积200 000 000元转增资本。A银行会计分录如下:

借:盈余公积　　　　　　　　　　　　　　　　　　　　　　　200 000 000

　　贷:实收资本——甲　　　　　　　　　　　　　　　　　　　100 000 000

　　　　　　　——乙　　　　　　　　　　　　　　　　　　　50 000 000

　　　　　　　——丙　　　　　　　　　　　　　　　　　　　50 000 000

第二节　资本公积的核算

一、资本公积的概述

(一) 资本公积的概念

银行的资本公积是指银行在经营过程中由于投资者或他人投入到银行,所有权属于投资者,并且金额上超过法定资本部分的资本或资产,以及直接计入所有者权益的利得和损失等。资本公积是所有者权益的重要组成部分,是归全体股东享有的由非收益转化而形成的资本。

(二) 资本公积的形成

资本公积从形成来源上看,不是由银行实现的利润转化而来的,从本质上讲应属于投入资本的范畴,因此,它与留存收益有根本区别,因为后者是由银行实现的利润转化而来的。基于此,在核算资本公积时,关键的一点是要将其与收益项目区分开。与此同时,资本公积又与实收资本(或股本)有所不同,实收资本(或股本)一般是投资者投入的,为谋求价值增值的原始投资,而且属于法定资本,与企业的注册资本一致,因此,实收资本无论是在来源上还是金额上,都有比较严格的限制;资本公积在金额上没有严格的限制,而且在来源上相对比较多样,它可以来源于投资者的额外投入,也可以来源于其他企业或个人的投入,如接受捐赠的资产等。

资本公积包括资本(或股本)溢价、直接计入所有者权益的利得和损失等。资本(或股本)溢价是银行收到投资者的超出其在注册资本(或股本)中所占份额的投资。形成资本(或股本)溢价的原因有投资者超额缴入资本、溢价发行股票等。直接计入所有者权益的利得和损失是指不应计入当期损益、会导致所有者权益发生增减变动的、与所有者投入资本或者向所有者分配利润无关的利得或损失。利得是指由银行非日常活动所形成的、会导致所有者权益增加的、与所有者投入资本无关的经济利益的流入。损失是指由银行非日常活动所形成的、会导致所有者权益减少的、与向所有者分配利润无关的经济利益的流出。

资本公积按其形成的原因不同,具体可分为:资本(或股本)溢价、接受捐赠资产、股权投资准备、外币资本折算差额、其他资本公积等。

二、资本公积的核算

(一)"资本公积"总账及明细账的设置

资本公积是银行在非经营过程中发生的资产增值,属于所有者权益的范畴。为了反映银行收到投资者出资超过其在注册资本或股本中所占的份额,以及直接计入所有者权益的利得和损失的增减变动情况,应设置"资本公积"科目,该科目属于所有者权益类科目。该科目贷方登记资本公积的增加额;借方登记资本公积的减少额;期末余额在贷方,表示期末银行拥有的资本公积数额。该科目应按资本公积的形成类别进行明细核算。

(二)资本(股本)溢价的核算

资本(股本)溢价是指银行收到投资者的出资额超出其在注册资本中所占份额的差额。一般来说,银行在初创时,股东按照其在银行注册资本中所占的份额出资,不会出现资本溢价。但在有新的投资者加入时,新股东的出资额往往会大于其在银行注册资本中所占的份额,主要有两个原因:一是原股东出资时与新股东出资时的资本利润率不同。银行初创时,资本利润率一般较低,而在银行经营一段时间以后,资本利润率会有所提高,这表明银行的原有资本已经增值,因而新股东加入时,应以高于原股东的出资额占有与原股东等量的股份。二是原股东的出资额与其实际占有的资本不同。银行在经营一段时间以后,可能会形成一部分资本公积和留存收益。这部分资本公积和留存收益虽未转入实收资本,但归原股东所共有。而新股东加入时,要与原股东共享这部分资本公积和留存收益,也应付出高于原股东的出资额而占有与原股东等量的股份,从而产生资本公积。

银行收到新股东的出资额时,应根据其实际出资额,借记"银行存款"等科目;根据其在注册资本中占有的份额,贷记"实收资本"或"股本"科目;根据两者的差额,贷记"资本公积——资本(或股本)溢价"科目。

1. 资本溢价的核算

非股份制银行收到投资者投入的资金时,其会计分录如下:

借:银行存款

　　存放中央银行款项等(实际收到数)

　　贷:实收资本(在注册资本中所占份额)

　　　　资本公积——资本溢价

[例 9 - 10]　A 银行由甲、乙两位股东各出资 500 000 000 元建立。5 年以后,A 银行的留存收益为 20 000 000 元。此时丙投资者希望加入 A 银行,实际出资 510 000 000 元,占有 1/3 的股份。丙投资者投资后,该公司的注册资本为 1 500 000 000 元。甲、乙、丙股东各占 1/3 的股份。丙股东的实际出资额 510 000 000 元大于其在注册资本中占有的份额 500 000 000 元的差额,为资本溢价。该公司收到丙股东的出资时,编制会计分录如下:

借:银行存款　　　　　　　　　　　　　　　　　　　510 000 000

　　贷:实收资本——丙　　　　　　　　　　　　　　500 000 000

　　　　资本公积——资本溢价　　　　　　　　　　　 10 000 000

2. 股本溢价的核算

内容可见前述发行股票的核算。

[例 9 - 11]　B 银行为股份制银行,以发行股票的方式筹集资金,委托从事证券业务的某金融机构代理发行普通股 2 000 000 000 股,每股面值 1 元,与受托单位约定,按发行收入的 1% 收取手续费,从收取的发行收入中扣除。

(1)若按面值发行,会计分录如下:

借:存放中央银行款项　　　　　　　　　　　　　　1 980 000 000

　　长期待摊费用　　　　　　　　　　　　　　　　　 20 000 000

　　贷:股本　　　　　　　　　　　　　　　　　　　2 000 000 000

(2)若按每股 1.1 元发行,会计分录如下:

借：存放中央银行款项   2 178 000 000
  贷：股本   2 000 000 000
    资本公积——股本溢价   178 000 000

（三）接受捐赠的核算

捐赠人捐赠资产也是一种投资行为。但是,捐赠人的投入不会因此而具有对银行资产提出要求的权利,也不会因此而负有什么责任。因此捐赠者不是商业银行的所有者,其投资额不应该记作"实收资本"。但是其毕竟是对商业银行的一种投入行为,其结果也会造成所有者权益的增加。按规定商业银行接受的捐赠应该记入"资本公积"科目。其具体又分为接受现金捐赠形成的资本公积和接受非现金捐赠形成的资本公积。

1. 接受捐赠非现金资产的核算

根据我国税法的规定,纳税人接受捐赠的实物资产,在捐赠时不计入银行的应纳税所得额。银行出售该资产或进行清算时,若出售或清算的价格高于接受捐赠时的实物资产价格,应以出售收入扣除清理费用后的余额计入应纳税所得额。因此,在对银行接受非现金资产捐赠进行会计处理时,尽管在捐赠时不需要缴纳所得税,但考虑到在出售或清算时,需要缴纳所得税,所以,为了避免虚增银行的净资产,公允反映银行财务状况尤其是负债状况,在接受捐赠的非现金资产计入资本公积时,需要从其价值中扣除未来应交的所得税,具体会计分录如下:

接受非现金资产捐赠时:

借：固定资产(或无形资产)
  贷：资本公积——接受非现金资产捐赠准备
    递延税款——递延所得税

接受的非现金资产捐赠进行处置时,按转入其他资本公积的金额入账,即:

借：资本公积——接受非现金资产捐赠准备
  贷：资本公积——其他资本公积

[例 9-12] A 银行收到外单位捐赠电子设备一台,确认价值为 200 000 元,所得税税率为 25％,编制会计分录如下:

借：固定资产   200 000
  贷：资本公积——接受非现金资产捐赠准备   150 000
    递延税款——递延所得税   50 000

2. 接受捐赠现金的核算

银行接受现金捐赠,按照实际取得的金额入账,其会计分录为:

借：库存现金

银行存款（或存放中央银行款项）（实际收到数）

贷：资本公积——接受现金捐赠

应交税费——应交所得税

[例 9 - 13]　A 银行收到 M 公司捐赠款项 400 000 元，存入中央银行，所得税税率为 25%，编制会计分录如下：

借：存放中央银行款项　　　　　　　　　　　　　　　　　　400 000

贷：资本公积——接受现金捐赠　　　　　　　　　　　　300 000

应交税费——应交所得税　　　　　　　　　　　　100 000

（四）股权投资准备的核算

在商业银行的长期股权投资采用权益法核算时，长期股权投资账面余额应随着被投资企业所有者权益的变动而变动，所以，当被投资者接受捐赠、增资扩股等原因增加资本公积时，其所有者权益便得到了相应的增加。这样，商业银行就应按其在被投资企业的注册资本中所占的比例相应调增资本公积。考虑到被投资企业在接受捐赠非现金资产时存在价值不确定问题，投资企业本身所持股权的价值同样存在不确定问题，所以，商业银行在调增该部分资本公积时，应首先将其计入股权投资准备，然后待银行处理该部分股权时，将原计入股权投资准备的部分计入其他资本公积中，此时，该部分资本公积才能用于转增资本。

在被投资企业因接受捐赠或增资扩股等原因增加资本公积时，商业银行按其在被投资企业注册资本中所占比例计算其应有的份额，其会计分录为：

借：长期股权投资——股权投资准备

贷：资本公积——股权投资准备

当商业银行处置其所持股权时，再按原计入股权投资准备的部分作会计分录如下：

借：资本公积——股权投资准备

贷：资本公积——其他资本公积

（五）外币资本折算差额的核算

外币资本折算差额是指商业银行实际收到外币投资时，由于汇率变动而产生的资本折算差额，记入"资本公积"科目。

如果实际收到外币资本时的汇率高于合同约定的汇率：

借：银行存款——外币户（收到外币当日的汇率折合的人民币金额）

库存现金

贷：实收资本（合同约定汇率折合人民币的金额）

资本公积——外币资本折算差额

如果实际收到外币资本时的汇率低于合同约定的汇率：

借：银行存款——外币户（收到外币当日的汇率折合的人民币金额）

　　库存现金

　　资本公积——外币资本折算差额

　　贷：实收资本（合同约定汇率折合人民币的金额）

（六）资本公积转增资本的核算

具体的会计核算方法在第一节实收资本核算的"资本公积转增资本"一项中已经介绍过，这里就不再赘述了。

（七）其他资本公积的核算

银行按规定的程序增资时，应按其他资本公积转增资本的数额进行核算。其会计分录如下：

借：资本公积——其他资本公积

　　贷：实收资本

　　　　股本

第三节　留存收益的核算

一、留存收益的构成

（一）留存收益的概念

留存收益是指商业银行从历年实现的利润中提取或形成的留存于银行的内部积累。它与实收资本、资本公积一样，都属于所有者权益，但实收资本、资本公积是由所有者从外部投入银行的，它构成了商业银行所有者权益的基本部分；而留存收益不是由所有者从外部投入的，而是依靠商业银行经营所得的盈利累积而形成的。它的作用在于：一方面，可以满足银行维持或扩大经营活动的资金需要，保持或提高银行的获利能力；另一方面，可以保证银行有足够的资金补偿以后年度可能出现的亏损，也保证债权人的权益。

（二）留存收益的内容

企业当年实现的净利润，一般应当按照如下顺序进行分配：第一，弥补以前年度亏损。第二,计提法定盈余公积。商业银行的法定盈余公积按照税后利润的 10% 的比例提取,在计算提取法定盈余公积金的基数时,不包括企业年初未分配利润。当法定盈余公积累计金额达到注册资本的 50% 以上时,可以不再提取。法定盈余公积可以转增为资本金,但转增资本金后,法定盈余公积不得低于原注册资本的 25%。第三,提取任意盈余公积。银行从税后利润中提取法定盈余公积后,经股东大会或类似机构批准,还可以从税后利润中提取任意盈余公积。第四,提取一般准备。第五,向投资者分配利润或股利。最后留下一部分。所以,留存收益包括盈余公积和未分配利润两个部分。

1. 盈余公积的内容和用途

(1) 盈余公积的内容。盈余公积是指商业银行按照规定从税后净利润中提取的各种积累资金。它是为了保证银行持续经营、维护债权人利益、改善职工福利和生活条件而提取的留存收益,它实际上是对商业银行当期实现的净利润向投资者分配的一种限制。盈余公积根据其用途的不同,可分为法定盈余公积和任意盈余公积。两者的区别就在于其各自提取的依据不同,前者以国家的法律或行政规章为依据提取;后者则由银行自行决定提取。

(2) 盈余公积的用途。企业提取盈余公积主要用于以下几个方面:① 弥补亏损。银行发生亏损时,应由银行自行弥补。弥补亏损的渠道主要有三条:第一是用以后年度税前利润弥补。按照现行制度规定,银行发生亏损时,可以用以后 5 年内实现的税前利润弥补,即税前利润弥补亏损的期间为 5 年。第二是用以后年度税后利润弥补。银行发生的亏损经过 5 年期间未弥补足额的,尚未弥补的亏损应用所得税后的利润弥补。第三是以盈余公积弥补亏损。银行以提取的盈余公积弥补亏损时,应当由银行董事会提议,并经股东大会批准。② 转增资本。商业银行将盈余公积转增资本时,必须经股东大会决议批准。在实际将盈余公积转增资本时,要按股东原有持股比例结转。按照《公司法》的规定,法定公积金转为资本时,所留存的该项公积金不得少于转增前公司注册资本的 25%。银行提取的盈余公积,无论是用于弥补亏损,还是用于转增资本,只不过是在银行所有者权益内部作结构上的调整,比如,银行以盈余公积弥补亏损时,实际是减少盈余公积留存的数额,以此抵补未弥补亏损的数额,并不引起银行所有者权益总额的变动;企业以盈余公积转增资本时,也只是减少盈余公积结存的数额,但同时增加企业实收资本或股本的数额,也并不引起所有者权益总额的变动。③ 分派股利。符合规定的商业银行,经股东大会决议,也可用盈余公积派送股利。

2. 未分配利润的形成和用途

未分配利润是指商业银行留待以后年度分配的利润或待分配的利润,也是商业银行所有者权益的组成部分。银行通过结转各项收入和支出、费用,得到当年的净利润并转入"利润分配——未分配利润"科目,然后对净利润进行分配,经过利润分配后的剩余部分就形成了当年的未分配利润,这样,一年年地累积下来,结余在"利润分配——未分配利润"明细科目上的余额就是历年累计的未分配利润。相对于所有者权益的其他部分来讲,商业银行对于未分配利润的使用分配有较大的自主权。未分配利润有两层含义:一是留待以后年度处理的利润;二是未指定特定用途的利润。如果未分配利润出现负数,就表明年末有未弥补亏损,应该由以后年度的利润或盈余公积来弥补。

二、盈余公积的核算

(一)设置"盈余公积"总账及明细账

为了反映盈余公积的形成及使用情况,商业银行应设置"盈余公积"科目,该科目属于所有者权益类科目。其贷方登记按照净利润的一定比例提取的盈余公积;借方登记按规定转增资本、弥补亏损等减少的盈余公积;期末贷方余额为盈余公积的结余数。商业银行应当分别设置"法定盈余公积"和"任意盈余公积"两个明细科目,进行明细核算。

(二)盈余公积增加的核算

商业银行的法定盈余公积按照税后利润的 10%的比例提取,在计算提取法定盈余公积的基数时,不包括企业年初未分配利润。商业银行按规定标准提取盈余公积时,其会计分录如下:

借:利润分配——提取法定盈余公积
　　　　　　——提取任意盈余公积
　　贷:盈余公积——法定盈余公积
　　　　　　　　——任意盈余公积

[例 9 - 14] B 股份制银行本年实现净利润为 50 000 000 元。经股东大会批准,B 股份制银行按当年净利润的 10%提取法定盈余公积。假定不考虑其他因素,B 股份制银行的会计分录如下:

借:利润分配——提取法定盈余公积　　　　　　　　　　5 000 000
　　贷:盈余公积——法定盈余公积　　　　　　　　　　　　5 000 000

(三)盈余公积用途的核算

1. 弥补亏损

商业银行由银行董事会提议,并经股东大会或类似机构决议,可用提取的盈余公积弥补亏损。商业银行按规定用盈余公积弥补亏损时,其会计分录如下:

借:盈余公积
　　贷:利润分配——盈余公积补亏

[例 9 - 15] 经股东大会批准,B 股份制银行用以前年度提取的盈余公积弥补当年

亏损,当年弥补亏损的数额为 600 000 元。假定不考虑其他因素,B 股份制银行的会计分录如下:

借:盈余公积　　　　　　　　　　　　　　　　　　　600 000
　　贷:利润分配——盈余公积补亏　　　　　　　　　　　　　　600 000

2. 转增资本

商业银行经股东大会或类似机构决议,可将盈余公积转增为资本,扩大生产经营规模。在实际将盈余公积转增为资本时,要按股东原有持股比例结转。商业银行用盈余公积转增资本时,其会计分录如下:

借:盈余公积
　　贷:实收资本(或股本)
　　　　资本公积——资本(或股本)溢价

[例 9 - 16]　因扩大经营规模需要,经股东大会批准,B 股份制银行将盈余公积 4 000 000 元转增资本。假定不考虑其他因素,B 股份制银行的会计分录如下:

借:盈余公积　　　　　　　　　　　　　　　　　　4 000 000
　　贷:股本　　　　　　　　　　　　　　　　　　　　　　4 000 000

3. 分配现金股利或利润

商业银行经股东大会或类似机构决议,用盈余公积分配现金股利时,借记“盈余公积”科目,贷记“应付股利”科目;用盈余公积派送新股时,按派送新股计算的金额,借记“盈余公积”科目,按股票面值和派送新股总数计算的股票面值总额,贷记“股本”科目,按其差额贷记“资本公积——资本(或股本)溢价”科目,其会计分录如下:

借:盈余公积
　　贷:应付股利
　　　　实收资本(或股本)
　　　　资本公积——资本(或股本)溢价

[例 9 - 17]　经董事会研究批准,B 股份制银行动用盈余公积 1 000 000 元作为现金股利发放。B 股份制银行的会计分录如下:

借:盈余公积　　　　　　　　　　　　　　　　　　1 000 000
　　贷:应付股利　　　　　　　　　　　　　　　　　　　　1 000 000

4. 归还投资

中外合作经营的银行在经营期间用利润归还投资,应按实际归还投资的金额核算。其会计分录为:

借:实收资本——已归还投资
　　贷:银行存款
　　　　库存现金

同时,借:利润分配——利润归还投资
　　　　贷:盈余公积——利润归还投资

三、未分配利润的核算

(一) 设置"利润分配——未分配利润"科目

未分配利润是商业银行税后净利润的一种留存收益形式。当年未分配完的利润可以留待以后年度再做分配。在进行会计处理时,未分配利润是通过在"利润分配"科目下设"未分配利润"明细科目进行核算的。"利润分配"科目属于所有者权益类科目,设置该科目用来核算商业银行利润的分配(或亏损的弥补)和历年分配(或弥补)后的结余情况。其借方反映商业银行本期利润的分配数及年终结转的应弥补的亏损数;贷方反映商业银行亏损的弥补数及年终结转的利润净额。"利润分配"科目应当分别"提取法定盈余公积""提取任意盈余公积""应付现金股利或利润""转作股本的股利""盈余公积补亏"和"未分配利润"等进行明细核算。

(二) 未分配利润形成的核算

1. 结转本年利润

年度终了,商业银行应将本年收入和支出相抵后结出的本年实现的净利润,从"本年利润"科目转入"利润分配——未分配利润"科目。其会计分录如下:

借:本年利润
　　贷:利润分配——未分配利润

如为净亏损,则做相反会计分录。

同时,将"利润分配"其他明细科目的余额转入"利润分配——未分配利润"明细科目。会计分录为:

借:利润分配——未分配利润
　　贷:利润分配——提取法定盈余公积
　　　　　　　　——提取任意盈余公积
　　　　　　　　——应付现金股利或利润
　　　　　　　　——转作股本的股利
　　　　　　　　——盈余公积补亏

结转后,"利润分配——未分配利润"明细科目贷方余额为历年来积累的未分配利润,借方余额为历年来未弥补的亏损。

[例 9 - 18]　B 股份制银行年初未分配利润为 1 000 000 元,本年实现净利润 2 000 000 元,本年提取法定盈余公积 200 000 元,宣告发放现金股利1 800 000 元。假

定不考虑其他因素,B股份制银行会计处理如下:

(1) 结转本年利润:

借:本年利润 2 000 000

　　贷:利润分配——未分配利润 2 000 000

(2) 提取法定盈余公积、宣告发放现金股利:

借:利润分配——提取法定盈余公积 200 000

　　　　　　——应付现金股利或利润 1 800 000

　　贷:盈余公积 200 000

　　　　应付股利 1 800 000

同时,

借:利润分配——未分配利润 2 000 000

　　贷:利润分配——提取法定盈余公积 200 000

　　　　　　　　——应付现金股利或利润 1 800 000

本例中,"利润分配——未分配利润"明细科目的余额在贷方,此贷方余额为1 000 000元(年初未分配利润1 000 000+本年利润2 000 000-提取法定盈余公积200 000-支付现金股利1 800 000),即为B银行本年年末的累计未分配利润。

2.调整以前年度的利润

商业银行在年度终了后,发现以前年度需要调整的会计事项时,如果涉及以前年度损益,应通过"利润分配——未分配利润"明细科目调整,而不得增减本年利润。

调整增加的上年利润或减少上年的亏损,其调整分录为:

借:有关科目

　　贷:利润分配——未分配利润

调整减少的上年利润或增加上年的亏损,其调整分录为:

借:利润分配——未分配利润

　　贷:有关科目

商业银行按规定提取的一般准备金,也应作为利润分配处理。具体核算见第八章损益的核算。

关 键 术 语

所有者权益　实收资本　资本公积　盈余公积　未分配利润

思 考 题

1. 简述我国商业银行实收资本管理的规定。

2. 商业银行按面值与按溢价发行股票,在会计处理上有何不同?

3. 商业银行的资本公积与实收资本(或股本)、留存收益有何区别?

4. 商业银行法定盈余公积的提取依据是什么?有哪些用途?

5. 商业银行与一般企业在所有者权益会计核算方面有哪些相同点和不同点?

业 务 题

根据某商业银行发生的下列业务,分别编制会计分录。

(1) 收到国家增加资本金 800 000 000 元。

(2) 收到国家投入办公用房屋 2 栋,价值为 60 000 000 元。

(3) 收到投资方 B 公司以无形资产 S 专利投入,确认价值为 300 000 元。

(4) 收到外单位捐赠电子设备 2 台,确认价值为 900 000 元。

(5) 接受 K 公司捐赠款项 1 000 000 元,存入中央银行。

(6) 经批准将 6 000 000 元资本公积转为资本金。

(7) 从税后利润中提取 10% 的法定盈余公积 5 000 000 元。

(8) 从税后利润中提取 8% 的任意盈余公积 4 000 000 元。

(9) 经董事会研究批准,动用盈余公积 2 000 000 元作为现金股利发放。

第十章　损益的形成及其分配的核算

> **重点提示**
>
> 　　学习本章,学生应重点掌握商业银行收入的内容及核算,费用的内容和核算,
> 熟知利润分配的顺序与核算,了解利润的构成。

第一节　收入的核算

　　损益是指银行一定时期内各项收入和费用相抵后的结果。如果其收入大于费用,为银行的利润;反之,为亏损。银行应按照权责发生制原则确认收入和费用。损益的核算包括收入的核算、成本费用的核算、利润及其分配的核算。本节先介绍收入的核算。

一、收入的概念与确认

(一) 收入的含义

　　收入是企业在日常活动中形成的、会导致所有者权益增加的、与所有者投入资本无关的经济利益的总流入。银行在日常活动中形成的经济利益为营业收入,包括主营业务取得的收入和其他业务取得的收入。在日常活动以外取得的经济利益为利得,即营业外收入。银行收入具体包括利息收入、金融企业往来收入、手续费及佣金收入、其他营业收入、汇兑收益、投资收益和营业外收入。

(二) 收入的确认

　　收入的确认是收入核算的起点。收入确认的标准是:第一,可定义性。即应予确认的项目必须符合收入的定义。第二,可计量性。即应予确认的项目必须能够以货币来计量。第三,相关性。即应予确认的项目所提供的会计信息必须是有用的。第四,可靠性。即应予确认的项目所反映的信息必须真实可靠。比如,银行让渡资产使用权收入

同时满足下列条件的,才予以确认:一是相关的经济利益很可能流入企业;二是收入的金额能够可靠地计量。

二、收入的分类

(一) 按照日常活动在银行所处的地位划分

1. 主营业务收入

主营业务收入是指为完成其经营目标所从事的经常性活动实现的收入。主营业务收入一般占企业总收入的比重较大,对企业的经济效益产生较大影响。不同行业企业的主营业务收入所包括的内容不同,可以是商品销售收入,也可以是劳务收入或让渡资产使用权收入。例如,商业企业其主营业务收入主要是销售商品收入;运输公司其主营业务收入主要是劳务收入;资产租赁公司其主营业务收入主要是让渡资产使用权收入。

2. 其他业务收入

其他业务收入是指企业为完成其经营目标所从事的与经营活动相关的活动实现的收入。其他业务收入属于企业日常活动中次要交易实现的收入,一般占企业总收入的比重较小。不同行业企业的其他业务收入所包括的内容不同。例如,工业企业的其他业务收入主要有对外销售材料的销售商品收入、对外出租固定资产的租金收入等。

(二) 按照收入所反映的经济内容划分

1. 销售商品收入

销售商品收入是指企业通过销售商品实现的收入。这里的商品包括企业为销售而生产的产品和为转售而购进的商品,如工业企业生产的产品、商业企业购进的商品等,企业销售的其他存货,如原材料、包装物等,也视同企业的商品。

2. 提供劳务收入

提供劳务收入是指企业通过提供劳务实现的收入。例如,企业通过提供运输、旅游、咨询、代理、培训、产品安装等劳务所实现的收入。

3. 让渡资产使用权收入

让渡资产使用权收入是指企业通过让渡资产使用权实现的收入。让渡资产使用权收入主要包括利息收入和使用费收入。

三、营业收入的核算

(一) 利息收入的核算

利息收入是指发放各种贷款、存款、贴现和转贴现融出资金、信用卡透支、与其他金融机构资金往来等业务实现的利息收入。具体包括贷款利息收入、银行存款利息收入、金融企业往来利息收入、贴现利息收入等。利息收入应按让渡资金使用权的时间和适用利率计算确定。

为了核算商业银行确认的利息收入,应设置"利息收入"科目,并按业务类别进行明细核算。在资产负债表日,商业银行按合同利率计算确定的应收未收利息,借记"应收利息"等科目;按照摊余成本和实际利率确定的利息收入,贷记"利息收入"科目;按其差额,借记或贷记相关科目;期末,应将"利息收入"科目余额转入"本年利润"科目,结转后"利息收入"科目无余额。

1. 贷款利息收入

贷款利息收入是指商业银行发放的各项贷款,按贷款本金、规定的利率及计息期限计算的应收利息。它是利息收入中的主要部分。

商业银行发放的贷款,应按期计提利息并确认收入。发放贷款到期(含展期,下同)90 天及以上尚未收回的,其应计利息停止计入当期利息收入,纳入表外核算;已计提的贷款应收利息,在贷款到期 90 天后仍未收回的,或在应收利息逾期 90 天后仍未收到的,冲减原已计入损益的利息收入,转作表外核算。上述停止计提或冲减的应计利息,应在实际收到款项时确认为当期的利息收入。

[例 10 - 1]　明光银行向花朵空调厂贷款,20×1 年第一季度贷款利息 30 000 元,季末收到利息。应做如下会计处理:

借:应收利息——花朵空调厂应收利息户　　　　　　　　　　　20 000
　　贷:利息收入——贷款利息收入　　　　　　　　　　　　　　　　20 000

同时:

借:吸收存款——单位活期存款——花朵空调厂户　　　　　　20 000
　　贷:应收利息——花朵空调厂应收利息户　　　　　　　　　　　20 000

若上例在 90 天后仍没有收到利息,应作会计处理如下:

借:利息收入——贷款利息收入　　　　　　　　　　　　　　　20 000
　　贷:应收利息——花朵空调厂应收利息户　　　　　　　　　　　20 000

同时,在表外登记:

收入:应收未收贷款利息收入——花朵空调厂户　　　　　　　20 000

待实际收到该笔贷款利息时,其会计分录为:

借:吸收存款——单位活期存款——花朵空调厂户　　　　　　20 000
　　贷:利息收入——贷款利息收入　　　　　　　　　　　　　　　20 000

同时,在表外登记:

付出:应收未收贷款利息收入——花朵空调厂户　　　　　　　20 000

2. 金融企业往来利息收入

金融企业往来利息收入是指金融企业的系统内资金往来、金融企业之间的同业资金往来以及金融企业与中央银行之间资金往来而发生的利息收入。金融企业往来收入，应按让渡资金使用权的时间和适用利率计算确定。

金融企业往来利息收入也在"利息收入"科目核算，并在该科目下设置"存放中央银行款项利息收入""存放同业利息收入""拆放同业利息收入""调拨资金利息收入"等明细科目。

（1）存放中央银行款项利息收入。即金融企业在中央银行的准备金存款、向中央银行缴存存款而向中央银行收取的利息收入。存放在中央银行各项存款取得的利息收入，根据有关凭证编制借、贷方记账凭证，会计分录如下。

借：存放中央银行款项

　　贷：利息收入——存放中央银行款项利息收入户

[例 10-2]　明光银行 20×1 年第二季度收到存放中央银行款项利息 350 000 元。

借：存放中央银行款项　　　　　　　　　　　　　　　　350 000

　　贷：利息收入——存放中央银行款项利息收入户　　　　　350 000

（2）同业往来利息收入。即各金融企业之间存放或拆借资金而收取的利息。存放同业款项利息收入，根据有关凭证编制借、贷方记账凭证，会计分录如下。

借：存放同业——××行户

　　贷：利息收入——存放同业款项利息收入户

[例 10-3]　明光银行 20×1 年第二季度收到存放建设银行款项利息 200 000 元。

借：存放同业——建设银行户　　　　　　　　　　　　200 000

　　贷：利息收入——存放同业款项利息收入户　　　　　　200 000

（3）系统内往来利息收入。即金融企业系统内机构相互之间资金往来而收取的利息收入。系统内往来调拨资金利息收入、本企业上下级之间相互占用业务资金取得利息收入时，根据有关凭证编制借、贷方记账凭证，会计分录如下。

借：系统内有关科目——××行户

　　贷：利息收入——调拨资金利息收入户

3. 贴现利息收入

贴现利息收入是金融企业办理商业汇票等票据贴现业务收到的贴现利息收入。贴现利息收入应按让渡资金使用权的时间和适用利率计算确定。

办理票据贴现业务取得利息收入时，根据有关凭证编制借、贷方记账凭证，会计分录如下：

借：贴现资产——××单位贴现申请户

　　贷：存放中央银行款项

　　　　贴现资产——利息调整

资产负债表日,按计算确定的贴现利息收入作会计分录如下:

借:贴现资产——利息调整

贷:利息收入

(二) 手续费及佣金收入的核算

手续费及佣金收入主要是指商业银行在提供服务时向客户收取的费用,包括办理结算业务、咨询业务、担保业务、代保管等代理业务以及受托贷款及投资业务等取得的手续费及佣金收入,如结算手续费收入、佣金收入、业务代办手续费收入、基金托管收入、咨询服务收入、担保收入、受托贷款手续费收入、代保管收入、代理买卖证券、代理承销证券、代理兑付证券、代理保管证券、代理保险业务等代理业务以及其他相关服务实现的手续费及佣金收入。手续费及佣金收入,应当在向客户提供相关服务时确认收入。

商业银行应设置"手续费及佣金收入"科目,用来核算企业确认的手续费及佣金收入,该科目可按手续费及佣金收入类别进行明细核算。企业确认的手续费及佣金收入,按应收的金额,借记"应收手续费及佣金""代理承销证券款"等科目,贷记"手续费及佣金收入"科目。实际收到手续费及佣金时,借记"存放中央银行款项""银行存款""结算备付金""吸收存款"等科目。贷记"应收手续费及佣金"等科目。期末,应将"手续费及佣金收入"科目余额转入"本年利润"科目,结转后"手续费及佣金收入"科目无余额。

[例 10-4] 明光银行 20×1 年 6 月收到为客户办理结算业务手续费 2 000 元,款项已收到。

借:银行存款   2 000

    贷:手续费及佣金收入——结算业务   2 000

(三) 汇兑损益的核算

汇兑损益是指商业银行因外币兑换、汇率变动等原因而产生的损益。汇兑损益包括交易损益和折算损益。

1. 交易损益

交易损益是指不同货币兑换时,由商业银行买卖价差而产生的汇兑损益,如金融企业结汇时,银行要以低于中间价的买入价购入外汇;而售汇时,银行要以高于中间价的卖出价卖出外汇。买入价或卖出价与中间价的差额就是因交易产生的汇兑损益,从银行角度来说是汇兑收益,从其他金融企业来说是汇兑损失。

2. 折算损益

折算损益是指金融企业的各项外币资产和负债由于期末汇率和记账汇率不同而产生的折算为记账本位币的差额,即各个外币资产和负债科目的外币期末余额按期末市场汇率折合为记账本位币金额的差额。当期末汇率高于记账汇率时,这个差额对于外币资产来说是汇兑收益,对于外币负债来说是汇兑损失;当期末汇率低于记账汇率时,对于外币负债来说是汇兑收益,对于外币资产来说是汇兑损失。

商业银行发生的汇兑收益通过"汇兑损益"科目核算,同时按外汇买卖币种分设明细账。发生汇兑收益时,应借记"货币兑换"科目,贷记"汇兑损益"科目;期末结转利润时,则应借记"汇兑损益"科目,贷记"本年利润"科目。

[例 10-5]　明光银行于 20×1 年 6 月在美元兑换业务中形成汇兑收益 5 000 元。

借:货币兑换——美元　　　　　　　　　　　　　　　　　5 000

　　贷:汇兑损益——美元　　　　　　　　　　　　　　　　　　5 000

(四) 投资损益的核算

投资损益是指商业银行对外投资取得的损益,包括对外投资的利息收入、证券出售及转让的损益和分得的股利收入等。

(1) 商业银行取得交易性金融资产、持有至到期投资、可供出售金融资产期间取得的投资收益以及处置交易性金融资产、交易性金融负债、指定为以公允价值计量且其变动计入当期损益的金融资产或金融负债、持有至到期投资、可供出售金融资产实现的损益,比照"交易性金融资产""持有至到期金融资产""可供出售金融资产"等科目的相关规定进行处理。

(2) 长期股权投资采用成本法核算的,企业应按被投资单位宣告发放的现金股利或利润中属于本企业的部分,编制会计分录。

借:应收股利

　　贷:投资收益

属于被投资单位在取得本企业投资前实现的净利润分配额,应作为投资成本的回收额。其会计分录为:

借:应收股利

　　贷:长期股权投资

(3) 长期股权投资采用权益法核算的,应根据被投资单位实现的净利润或经调整的净利润计算应分享的份额,编制会计分录。

借:长期股权投资——损益调整

　　贷:投资收益

被投资单位发生亏损的,做相反的会计分录。

(4) 处置长期股权投资时,按实际取得的收益或损失,记入"投资收益"科目的贷方或借方。处置采用权益法核算的长期股权投资,除上述规定外,还应结转原记入资本公积的相关金额,借记或贷记"资本公积"科目,贷记或借记"投资收益"科目。

（五）其他业务收入的核算

其他业务收入是指商业银行除上述各项收入以外的其他营业性收入。对于其他业务收入的核算，商业银行应设置"其他业务收入"科目，并按其他业务收入的种类设置明细账。发生其他业务收入时，应借记"银行存款"等科目，贷记"其他业务收入"科目；期末结转利润时，则借记"其他业务收入"科目，贷记"本年利润"科目。

四、营业外收入的核算

商业银行营业外收入是指与其业务经营无直接关系的各项收入，包括非流动资产处置利得、罚没和罚款收入、出纳长款收入以及无法支付的应付款项。

（一）固定资产处置利得

固定资产处置利得是指商业银行在固定资产不需用或不适用时将其处置所得的净收益，其会计分录如下：

借：固定资产清理

　　贷：营业外收入——处置固定资产利得

[例10-6]　明光银行将固定资产报废清理的净收益5 000元转作营业外收入。会计分录如下：

借：固定资产清理　　　　　　　　　　　　　　　　　　　　　　5 000

　　贷：营业外收入　　　　　　　　　　　　　　　　　　　　　　　5 000

（二）出纳长款收入

出纳长款即多出账面记载的现金。出纳长款发生时，应及时查明退还原主，如当天未能查明，经会计主管批准，填制现金收入凭证，先行入账，会计分录如下：

借：库存现金

　　贷：其他应付款——待处理出纳长款

经过查找，确实无法退还的出纳长款，经过一定审批手续，转为商业银行收益，会计分录为：

借：其他应付款——待处理出纳长款

　　贷：营业外收入——出纳长款收入

（三）罚没、罚款收入

罚没、罚款收入是指金融企业在有关方面违反合同、协议或纪律的规定时间向其收取的各种形式的罚款收入。商业银行按照有关规定处以罚金，向违纪方收取罚金时，编

制会计分录:

借:吸收存款(或库存现金)

贷:营业外收入——罚款收入

(四) 无法支付的应付款项

无法支付的应付款项主要是指因债权人单位变更登记或撤销等而无法支付的应付款项等。商业银行如果发生因债权人原因确实无法支付的应付款项时,应编制如下会计分录:

借:应付账款

贷:营业外收入

[例 10 - 7]　20×1 年 12 月 31 日,明光银行确定一笔应付账款 1 000 元为无法支付的款项,应予转销。明光银行的账务处理如下:

借:应付账款　　　　　　　　　　　　　　　　　　　　　　　　1 000

贷:营业外收入　　　　　　　　　　　　　　　　　　　　　　　　1 000

第二节　成本费用的核算

商业银行在经营活动中,不仅吸收资金需要支付相应的利息,而且还需要支付业务经营和管理人员的工资等费用,同时耗费一定的物品,所有这些耗费以货币价值形式表现出来,就构成了成本和费用。

一、成本费用概述

(一) 成本费用的概念

费用是指企业在日常活动中发生的、会导致所有者权益减少的、与向所有者分配利润无关的经济利益的总流出。金融企业的营业支出是指在业务经营过程中发生的与业务经营有关的支出,具体包括:利息支出、手续费及佣金支出、税金及附加、管理费用、资产减值损失、所得税费用。

(二) 费用成本的确认原则

费用的确认一般应遵循权责发生制会计处理基础和配比性要求。

1. 权责发生制会计处理基础

权责发生制会计处理基础要求根据支出上的效益是否发挥作用来判断该项支出是

否应确认为费用。该原则强调费用实际发挥效益的期间,而不是看为费用实际支付货币资金的期间。在会计实务中,判断一项支出上的效用是否真正发挥作用,主要是看该项支出帮助创造的收入是否已流入企业。比如,产品销售成本应该在产品已经实现销售时,即为企业带来的经济利益已经流入企业时,才将其确认为当期费用。权责发生制原则解决了费用具体应该在何时入账的问题。

2. 配比性要求

配比性要求是会计上确认费用的重要原则,它是按照费用与收入的关联关系来确认费用的实现。也就是说,它是按照其关联的收入实现的期间来确认费用实现的期间。费用与收入之间的关联性或一致性不仅表现在经济性质上的因果性方面,也表现在时间方面,因此,联系收入来确认费用的配比性要求也就表现三个方面:按因果关系直接确认;按系统且合理的分配方法加以确认;按期间配比确认。

二、营业支出及损失的核算

(一) 利息支出的核算

利息支出是指商业银行发生的各项利息支出,包括吸收的各种存款(单位存款、个人存款、信用卡存款、特种存款等)、其他金融机构之间发生的资金往来业务,卖出回购金融资产等产生的利息支出。

商业银行为了核算利息支出,需要设置"利息支出"科目,并按支出项目设置明细科目。期末,应将该科目余额转入"本年利润"科目,结转后该科目无余额。

1. 吸收的各种存款的利息支出

利息支出的核算应按照权责发生制进行,以实现各期利息收支的正确配比。资产负债表日,企业应按摊余成本和实际利率计算确定的利息费用金额,借记"利息支出"科目;按合同利率计算确定的应付未付利息,贷记"应付利息";按其差额,借记或贷记"吸收存款——利息调整"等科目。

实际利率和合同利率差异较小的,也可以采用合同利率计算确定利息费用。具体核算详见第二章存款业务的核算。

2. 金融企业往来利息支出

金融企业往来利息支出是指各金融企业系统内以及金融企业与中央银行、同业之间资金往来发生的利息支出。包括金融企业借入中央银行款项利息支出、同业拆入、同业存放款项利息支出、系统内存放款项利息支出等。金融企业往来利息支出的核算一般有以下几种情况:

(1) 金融企业向中央银行借款利息支出。

商业银行发生向中央银行借款的利息支出时,应作如下会计分录:

借：利息支出——向中央银行借款利息支出

　　贷：存放中央银行款项

（2）同业往来利息支出。

因同业拆入资金是通过中央银行进行的，向同业支付拆入资金利息，同样也必须经过中央银行办理支付手续，应该借记"利息支出——同业拆入利息支出"科目，贷记"存放中央银行款项"科目。

同业存放款项利息支出不通过中央银行办理，因此发生时可借记"利息支出——同业存放款项利息支出"科目，贷记"同业存放"科目。

（3）系统内往来利息支出。

系统内往来利息支出，应作如下会计分录：

借：利息支出——系统内存放款项利息支出（或系统内借入资金利息支出）

　　贷：系统内有关科目

（二）手续费及佣金支出的核算

手续费及佣金支出是指商业银行发生的与其经营活动有关的各项手续费、佣金等支出。为了核算手续费及佣金等支出，商业银行需设置"手续费及佣金支出"科目。该科目属于损益类科目，可按支出类别进行明细核算。发生各项手续费及佣金支出时，借记本科目，贷记有关科目；期末应将本科目余额结转入"本年利润"科目，结转后该科目无余额。

发生手续费及佣金支出时，其会计分录如下：

借：手续费及佣金支出——××手续费及佣金支出户

　　贷：存放中央银行款项

　　　　吸收存款——活期存款——××代办单位存款户

期末按"手续费及佣金支出"科目余额结转时，其会计分录如下：

借：本年利润

　　贷：手续费及佣金支出——××手续费及佣金支出户

（三）税金及附加的核算

根据税法规定，商业银行作为经营货币信用业务的特殊企业，也应向国家税务机关缴纳增值税款和其他税款，依法纳税是银行的义务。税金及附加是指银行根据国家税法的规定，按适用税率或费率交纳的各种税金或附加费，包括城市维护建设税、教育费附加。其计算公式如下：

$$应纳城市维护建设税＝应纳增值税额×适用税率$$
$$应纳教育费附加＝应纳增值税额×教育费附加率$$

为了核算税金及附加,商业银行需要设置"税金及附加"科目。当商业银行发生纳税义务时,按规定计算出本期应纳的各项税金,借记"税金及附加"科目,贷记"应交税费"科目;当期末结转利润时,借记"本年利润"科目,贷记"税金及附加"科目。结转后本科目应无余额。

[例10-8]　明光银行20×1年第二季度应纳增值税为1 000 000元,城市维护建设税、教育费附加的征税率分别为7%、3%。

则第二季度的城市维护建设税、教育费附加分别为:

$$城市维护建设税=100\ 000×7\%=7\ 000(元)$$
$$教育费附加=100\ 000×3\%=3\ 000(元)$$

编制会计分录如下:

借:税金及附加　　　　　　　　　　　　　　　　　　　　　　　　　　10 000

　　贷:应交税费——应交城市维护建设税　　　　　　　　　　　　　　7 000

　　　　　　——应交教育费附加　　　　　　　　　　　　　　　　　3 000

(四) 管理费用的核算

管理费用是指银行在业务经营及管理工作中发生的各项费用,包括固定资产折旧、业务宣传费、业务招待费、电子设备运转费、钞币运送费、安全防卫费、企业财产保险费、邮电费、劳动保护费、外事费、印刷费、低值易耗品摊销、职工工资及福利费、差旅费、水电费、职工教育经费、工会经费、房产税、车船税、土地使用税、印花税、会议费、诉讼费、公证费、咨询费、无形资产摊销、长期待摊费用摊销、待业保险费、劳动保险费、取暖费、降温费、聘请中介机构费、技术转让费、研究开发费、绿化费、董事会费、住房公积金、物业管理费、广告费等。

金融企业的管理费用与利息支出、金融机构往来支出等有很明显的区别,因为这种费用与金融企业的业务处理过程没有直接联系,但它又是金融企业经营管理所必不可少的,为银行进行金融活动提供了条件。

商业银行应设置"管理费用"科目归集和核算银行在业务经营管理工作中发生的各项费用,同时按费用项目进行明细核算。发生各项费用时,借记"管理费用"科目,贷记"库存现金""应付职工薪酬""应交税费""其他应付款"等有关科目;期末本科目余额结转利润时,借记"本年利润"科目,贷记"管理费用"科目,结转后本科目应无余额。

[例10-9]　明光银行20×1年第二季度为了宣传住房贷款业务,发生业务宣传费9 000元,用现金支付。会计处理如下:

借:管理费用——业务宣传费　　　　　　　　　　　　　　　　　　　9 000

　　贷:库存现金　　　　　　　　　　　　　　　　　　　　　　　　　9 000

（五）资产减值损失的核算

资产减值损失是指银行按规定提取（或转回）的贷款损失和其他各项资产损失，包括计提的贷款损失准备、各项金融资产减值准备、长期股权投资减值准备、无形资产减值准备、固定资产减值准备、在建工程减值准备、抵债资产减值准备等。

《企业会计准则》规定，在利润表中，要单独反映各项资产损失对利润总额的影响，为此应专门设置"资产减值损失"科目，将商业银行计提的各项减值损失都通过该科目核算，并按各项减值损失分设明细账。当商业银行确定资产发生了减值时，应当根据所确认的资产减值金额，借记"资产减值损失"科目，贷记"金融资产减值准备""长期股权投资减值准备""无形资产减值准备""固定资产减值准备""在建工程减值准备""抵债资产减值准备"等科目。期末应当将"资产减值损失"科目余额转入"本年利润"科目，结转后该科目应无余额。各资产减值准备科目累积每期计提的资产减值准备，直至相关资产被处置时才予以转出。

［例 10-10］　明光银行 20×1 年年末对发放贷款进行测试和计算，确定应确认的贷款减值损失为 2 000 000 元。会计处理如下：

借：资产减值损失——贷款减值损失　　　　　　　　　　　　　2 000 000
　　贷：贷款损失准备　　　　　　　　　　　　　　　　　　　　　2 000 000

（六）所得税费用的核算

所得税是以企业或者组织为纳税义务人，对其每一纳税年度内来源于中国境内、境外的生产经营所得和其他所得征收的一种税。所得税费用包括当期所得税和递延所得税费用（收益）两个组成部分，企业在计算确定了当期所得税和递延所得税（收益）后，两者之和（之差）是利润表中的所得税费用。用公式表示如下：

所得税费用＝当期所得税＋递延所得税费用（－递延所得税收益）

递延所得税费用＝递延所得税负债增加额＋递延所得税资产减少额

递延所得税收益＝递延所得税负债减少额＋递延所得税资产增加额

1. 当期所得税的计算

企业在确定当期所得税时，对于当期发生的交易或事项，会计处理与税收处理不同的，应在会计利润的基础上，按照适用税收法规的规定进行调整，计算出当期应纳税所得额，按照应纳税所得额与适用所得税税率计算确定当期应交所得税。一般情况下，应纳税所得额可在会计利润的基础上，考虑会计与税收之间的差异，按照以下公式计算确定：

应纳税所得额＝税前会计利润＋纳税调整增加额－纳税调整减少额

纳税调整增加额主要包括税法规定允许扣除项目中，企业已计入费用但超过税法规定扣除标准的金额(如超过税法规定标准的工资支出、业务招待费支出等),以及企业已计入当期损失但税法规定不允许扣除项目的金额(如税收滞纳金、罚款等)。

纳税调整减少额主要包括按税法规定允许弥补的亏损和准予免税的项目,如国债利息收入等。企业当期所得税的计算公式为:

$$应交所得税＝应纳税所得额×适用的所得税税率$$

2. 所得税费用的会计核算

商业银行应根据会计准则的规定,对当期所得税加以调整计算后,据以确认应从当期利润总额中扣除的所得税费用。

核算所得税费用时,应设置"所得税费用"账户。该账户用来核算企业确认的应从当期利润中扣除的所得税费用。借方登记资产负债表日企业按照税法规定计算确定的当期应交所得税、应予确认的递延所得税负债以及递延所得税资产的应有余额小于"递延所得税资产"科目余额的差额;贷方登记递延所得税资产的应有余额大于"递延所得税资产"科目余额的差额以及递延所得税负债的应有余额小于"递延所得税负债"科目余额的差额;期末,应将该账户的余额转入"本年利润"账户,结转后应无余额。该账户可按"当期所得税费用"、"递延所得税费用"进行明细核算。

[例10-11]　明光银行当期应交所得税为 250 000 元,递延所得税负债年初数为 40 000 元,年末数为 50 000 元,递延所得税资产年初数为 25 000 元,年末数为 20 000 元。明光银行所得税费用的会计处理如下:

所得税费用计算如下:

$$递延所得税费用＝(50\,000－40\,000)－(20\,000－25\,000)$$
$$=15\,000(元)$$
$$所得税费用＝当期所得税＋递延所得税费用$$
$$=250\,000＋15\,000$$
$$=265\,000(元)$$

编制会计分录如下:

借: 所得税费用　　　　　　　　　　　　　　　　　265 000

　　贷: 应交税费——应交所得税　　　　　　　　　　　250 000

　　　　递延所得税负债　　　　　　　　　　　　　　　 10 000

　　　　递延所得税资产　　　　　　　　　　　　　　　　5 000

三、营业外支出的核算

营业外支出是指银行发生的与业务经营无直接关系的各项支出,具体包括固定资产盘亏、固定资产处置净损失、无形资产处置净损失、抵债资产保管费用、抵债资产处置净损失、出纳短款、罚没支出、赔偿金、违约金、公益救济性捐赠支出、非常支出等。

商业银行应设置"营业外支出"科目,来核算实际发生的与业务经营没有直接关系的各项支出。发生各项营业外支出时,借记本科目,贷记"库存现金"等有关科目。期末将本科目余额结转"本年利润"科目时,结转利润后,本科目应无余额。

(一) 固定资产盘亏处置净损失

固定资产盘亏时通过"待处理财产损溢"科目核算。报经批准后,按照原价扣除累计折旧后的差额入账,转为营业外支出。会计分录为:

借:营业外支出——固定资产盘亏

　　贷:待处理财产损溢——待处理固定资产损溢

固定资产毁损、报废和出售净损失时,"固定资产清理"科目表现为借方余额,结转固定资产处置净损失时,会计分录为:

借:营业外支出——固定资产处置净损失

　　贷:固定资产清理

(二) 捐赠支出

公益救济性捐赠支出是指国内重大救灾或慈善事业的救济性捐赠支出。发生的救济性捐赠支出,直接借记"营业外支出——救济性捐赠支出"科目,贷记"库存现金"、"银行存款"等科目。

(三) 罚没、罚款支出

罚没、罚款支出是指金融企业因未履行经济合同、协议而向其他单位支付的赔偿金、违约金、罚息等罚款性支出。发生罚款性支出时,记入"营业外支出——罚没、罚款支出"科目。

(四) 非常损失

非常损失是指非正常的出乎意外的自然灾害造成的各项资产的净损失,即被毁坏的资产扣除保险公司赔偿及废料残值的差额。损失发生时,报经批准后,应将扣除材料价值和过失人、保险公司赔款后的净损失记为商业银行损失,会计分录为:

借:营业外支出——非常损失

　　贷:待处理财产损溢——待处理流动资产损溢

(五) 出纳短款

出纳工作中出现短款事故时,应认真组织力量查找,力争挽回损失。在当天未能查

清和找回时,经过一定审批手续,填制应收款现金付出凭证,编制会计分录如下:

借:其他应收款——应收出纳短款

贷:库存现金

经调查确认属责任事故的短款并确实无法找回时,按规定的审批权限,转为商业银行损失,会计分录为:

借:营业外支出——出纳短款

贷:其他应收款——应收出纳短款

第三节　利润的核算

一、利润概述

(一) 利润的概念

利润是指企业在一定会计期间的经营成果,包括收入减去费用后的净额、直接计入当期利润的利得和损失等。

(二) 利润的构成

在利润表中,利润分为营业利润、利润总额和净利润三个层次。

1. 营业利润

营业利润是指企业一定期间的日常活动取得的利润。营业利润的具体构成,可用下式表示:

营业利润＝营业收入－营业成本－税金及附加－管理费用－资产减值
　　　　损失＋公允价值变动收益(－公允价值变动损失)＋投资
　　　　收益(－投资损失)

其中,营业收入是指企业经营业务所确认的收入总额,包括主营业务收入和其他业务收入。

营业成本是指企业经营业务所发生的实际成本总额,包括主营业务成本和其他业务成本。

税金及附加包括主营业务和其他业务应负担的消费税、城市维护建设税、资源税、土地增值税和教育费附加等。

2. 利润总额

利润总额是指企业一定期间的营业利润,加上营业外收入减去营业外支出后的所得税前利润总额。即

$$利润总额＝营业利润＋营业外收入－营业外支出$$

其中,营业外收入是指企业发生的与其日常活动无直接关系的各项利得。

营业外支出是指企业发生的与其日常活动无直接关系的各项损失。

3. 净利润

净利润是指企业一定期间的利润总额减去所得税费用后的净额,即

$$净利润＝利润总额－所得税费用$$

其中,所得税费用是指根据《企业会计准则》的要求确认的应从当期利润总额中扣除的所得税费用。

二、本年利润的核算

为了核算商业银行会计期内实现的利润总额,应设置"本年利润"科目,该科目用来核算企业当期实现的净利润(或发生的净亏损)。企业期(月)末结转利润时,应将各损益类科目的金额转入该账户,结平各损益类科目,即该科目的借方登记"利息支出""手续费及佣金支出""管理费用""税金及附加""营业外支出""所得税费用"各支出类科目的转入数,贷方登记"利息收入""手续费及佣金收入""其他业务收入""汇兑收益""营业外收入""投资收益"各收入类科目的转入数,结转后本科目如为贷方余额即当期实现的净利润;如为借方余额即当期发生的净亏损。

年度终了,应将"本年利润"科目的全部累计余额从其相反方向转入"利润分配"科目,如为净利润,则借记"本年利润"科目,贷记"利润分配——未分配利润";如为净亏损,则做相反会计分录。结转后本科目应无余额。

[例 10 - 12] 明光银行 20×1 年有关损益类科目的年末余额如下:

科目名称	结账前余额(单位:元)
利息收入	3 500 000(贷方)
手续费及佣金收入	800 000(贷方)
其他业务收入	200 000(贷方)
投资收益	400 000(贷方)
汇兑损益	150 000(贷方)
营业外收入	50 000(贷方)
利息支出	2 400 000(借方)

手续费及佣金支出	170 000（借方）
管理费用	600 000（借方）
税金及附加	370 000（借方）
其他业务成本	15 000（借方）
营业外支出	5 000（借方）
所得税费用	260 000（借方）

根据上述资料，银行作如下会计处理：

（1）将本期所有的银行收入转入"本年利润"科目的贷方。

借：利息收入	3 500 000
手续费及佣金收入	800 000
其他业务收入	200 000
投资收益	400 000
汇兑损益	150 000
营业外收入	50 000
贷：本年利润	5 100 000

（2）将本期所有的银行支出转入"本年利润"科目的借方。

借：本年利润	3 820 000
贷：利息支出	2 400 000
手续费及佣金支出	170 000
管理费用	600 000
税金及附加	370 000
其他业务成本	15 000
营业外支出	5 000
所得税费用	260 000

通过上述会计处理，"本年利润"科目的余额 1 280 000 元即为 20×1 年度的净利润。

第四节　利润分配的核算

一、金融企业利润分配的顺序

利润分配是指企业根据国家有关规定和企业章程、投资者协议等，对企业当年可供分配的利润所进行的分配。金融企业当年实现的净利润,加上年初未分配利润(或减去年初未弥补亏损)和盈余公积补亏后的余额,为可供分配的利润。

可供分配的利润,一般按下列顺序分配:① 弥补以前年度亏损(税后弥补部分);② 提取法定盈余公积;③ 提取任意盈余公积;④ 提取一般风险准备金;⑤ 向投资者分配利润。

可供分配利润经过上述分配后的剩余部分即为未分配利润,未分配利润可以留待以后年度进行分配。金融企业如发生亏损,可按规定由以后年度利润进行弥补。

二、利润分配的核算

(一)"利润分配"总账及明细账的设置

为了反映利润分配的过程和结果,应当设置"利润分配"科目。该科目用来核算利润的分配(或亏损的弥补)情况,以及历年分配(弥补)后的未分配利润(未弥补亏损)。该科目应设置"盈余公积补亏""提取法定盈余公积""提取任意盈余公积""提取一般风险准备""应付利润(或应付普通股股利)""转作股本的普通股股利""未分配利润"等明细科目,对不同分配内容进行核算。

(二)利润分配的核算

1. 提取盈余公积

盈余公积是指按规定从净利润中提取的积累资金,包括法定盈余公积和任意盈余公积。

(1)提取法定盈余公积。法定盈余公积是指根据国家法律规定,必须从净利润中提取的公积金。按照公司法规定其提取比例为10%,当提取的法定盈余公积当期结存数额达到金融企业注册资本的50%时不再提取。金融企业按一定比例提取法定盈余公积时,借记"利润分配——提取法定盈余公积"科目,贷记"盈余公积——法定盈余公积"科目。

[例10-13] 明光银行20×1年度的税后利润为1 280 000元,按照10%的比例提取法定盈余公积,则会计处理如下:

借:利润分配——提取法定盈余公积　　　　　　　　　　　128 000
　　贷:盈余公积——法定盈余公积　　　　　　　　　　　　　128 000

(2)提取任意盈余公积。任意盈余公积是指金融企业出于实际需要或是采取谨慎经营方针,由股东会决定从税后利润中提取的一项公积金。与法定盈余公积相比,其区别只是计提的依据不同,法定盈余公积是依照国家法律、法规规定必须计提的,具有强制性;任意盈余公积是否计提、计提多少均由股东会决定。由于在发行优先股的股份有限公司制金融企业中,持有优先股的股东不享有表决权,所以有关法规规定,任意盈余公积要在支付优先股股利后提取。任意盈余公积提取的核算可比照法定盈余公积进行。

2. 从净利润中提取一般风险准备

为防范金融风险按照国家有关法律、法规的规定,金融企业还要从净利润中提取一般风险准备。

为了达到稳健经营的目的,金融企业所提取的准备分为两类:一类是根据不良贷款内在损失程度计提的贷款损失准备。由于其与已基本形成的特定资产损失相关,所以作为一项费用计入当期损益,以抵减纳税所得。另一类是按一定比例从净利润中计提的一般风险准备。和贷款损失准备不同,一般风险准备与特定资产的损失无关,它是为了避免贷款损失准备不足,对金融企业资本过度侵蚀而设立的准备金,具有资本的性质,可作为附属资本参加资本充足率的计算。因而一般风险准备除特殊情况外,不免征所得税,而作为一项利润分配,从净利润中提取。

[例 10-14]　明光银行 20×1 年度末计算确定应计提一般风险准备 80 000 元,则会计处理如下:

借:利润分配——提取一般风险准备　　　　　　　　　80 000
　　贷:一般风险准备　　　　　　　　　　　　　　　　　　80 000

3. 分配股利(或利润)

金融企业在弥补亏损、提取各种公积金之后所余的利润,即为可供投资者分配的利润,由金融企业根据其股利政策进行分配。一般金融企业按股东出资比例分配,股份有限公司制金融企业按股东所持股份比例分配。股利的形式主要有现金股利和股票股利两种。

分配现金股利时的会计处理:

[例 10-15]　明光银行 20×1 年度经股东大会决议,宣告向股东分配现金股利100 000 元,则会计处理如下:

借:利润分配——应付普通股股利　　　　　　　　　100 000
　　贷:应付股利　　　　　　　　　　　　　　　　　　　100 000

分配股票股利时的会计处理:

[例 10-16]　明光银行 20×1 年度经股东大会决议,宣告向股东分配股票股利100 000 元,则会计处理如下:

借:利润分配——转作股本的普通股股利　　　　　　100 000
　　贷:股本　　　　　　　　　　　　　　　　　　　　　100 000

4. 未分配利润

未分配利润是金融企业留待以后年度进行分配的累计结存利润。未分配利润的使用和分配具有很大的自主性,从含义上来讲,它既是留待以后年度处理的利润,又是未指定特定用途的利润;从数量上来讲,年末未分配利润可用下列公式计算:

$$年末未分配利润＝年初未分配利润＋本年净利润－本年已分配利润$$

为了核算未分配利润,应在"利润分配"科目下设置"未分配利润"明细科目。金融企业在经营过程中取得的收入和发生的成本费用年终通过"本年利润"科目进行配比,计算出当年实现的净利润(或亏损)转入"利润分配——未分配利润"科目的贷方,然后将"利润分配"科目下其他各明细科目的余额,转入"利润分配——未分配利润"明细科目的借方。结转后,"利润分配"科目只有"未分配利润"明细科目有余额。若余额在贷方表示年末尚未分配的利润;若余额在借方表示尚未弥补的亏损,在年终资产负债表上保留在该项目下,作为所有者权益的一部分。

(三)"本年利润"与"利润分配"的年终结转

为了正确划分各年度利润分配的界限,按年度考核利润实现和利润分配情况,每个会计年度结束时,应对"本年利润"和"利润分配"科目进行结转。

结转的方法是:

(1) 结转"本年利润"。将全年实现的利润由"本年利润"科目的借方转入"利润分配——未分配利润"科目的贷方,即借记"本年利润"科目,贷记"利润分配——未分配利润"科目。

(2) 结转"利润分配"。将"利润分配"科目下所属各明细科目的余额,转入"利润分配——未分配利润"明细科目的借方。

[例 10-17] 明光银行 20×1 年年初未分配利润为 350 000 元,本年实现净利润 1 280 000 元,提取法定盈余公积 128 000 元,提取一般风险准备 80 000 元,提取任意盈余公积 64 000 元,分配普通股现金股利 100 000 元。相关会计处理如下:

1. 结转本年实现的利润

借:本年利润　　　　　　　　　　　　　　　　　　　 1 280 000
　　贷:利润分配——未分配利润　　　　　　　　　　　　　 1 280 000

2. 结转利润分配

借:利润分配——未分配利润　　　　　　　　　　　　　 372 000
　　贷:利润分配——提取法定盈余公积　　　　　　　　　　 128 000
　　　　利润分配——提取一般风险准备　　　　　　　　　　 80 000
　　　　利润分配——提取任意盈余公积　　　　　　　　　　 64 000
　　　　利润分配——应付普通股股利　　　　　　　　　　　 100 000

通过上述会计处理后,"利润分配——未分配利润"科目有贷方余额1 258 000元,表示 20×1 年年末尚未分配的利润。

关 键 术 语

营业收入　营业外收入　营业支出　营业外支出　本年利润　利润分配

思 考 题

1. 什么是收入？收入有何特征？收入如何分类？
2. 商业银行营业收入和营业支出包括哪些主要内容？
3. 营业外收入和营业外支出包括哪些主要内容？
4. 什么是利润？利润由哪些内容构成？
5. 净利润应按什么程序进行分配？如何进行会计处理？

业 务 题

资料：某银行 20×1 年年初未分配利润为 250 000 元,同年实现税后利润为 7 200 000 元。

要求：编制有关利润分配核算的会计分录：

(1) 按 10% 计提法定盈余公积。

(2) 按 5% 计提任意盈余公积。

(3) 计提一般风险准备 1 500 000 元。

(4) 向投资人分配利润 2 800 000 元。

第十一章　财务会计报告

重点提示 ▌▌▌▌

　　学习本章,学生应重点掌握银行各种报表的结构、内容和具体编制方法,熟知银行财务报告的概念、种类和作用,了解财务报告的编制要求以及会计报表附注的内容和披露。

第一节　银行财务会计报告概述

　　银行在组织业务活动过程中,发生了大量的经济业务,这些经济业务根据会计凭证分门别类地在各有关账簿中进行登记,全面地反映了银行的经济活动。但是账簿中归集的材料毕竟是分散的,为了集中反映银行的经济活动状况、经营成果和现金流量,银行必须根据规定,定期对外报告银行一定时期经营成果、现金流量和特定时点财务状况的信息,因此,必须按期编制财务会计报告。

一、财务会计报告的意义与分类

(一) 财务会计报告的含义

　　财务会计报告是银行对外提供的反映银行某一特定日期的财务状况和某一会计期间的经营成果、现金流量等会计信息的文件。它是会计核算的最终成果,也是银行对外提供信息的主要手段。

(二) 财务会计报告的分类

　　一般意义上的财务报告分为财务报表和其他财务报告,而这里讲的分类是指财务报表可按不同的标准分类。

1. 按内容划分

财务会计报告是对银行财务状况、经营成果和现金流量的结构性表述。商业银行的财务会计报告按内容划分,包括会计报表、会计报表附注和财务情况说明书。

会计报表是财务报告的主体,它是通过具有特定格式、用数字表示的表格文件向会计信息的使用者提供所需的信息。商业银行向外提供的会计报表包括资产负债表、利润表和现金流量表等。

会计报表附注是对会计报表的补充说明,也是财务会计报告的重要组成部分。会计报表附注主要包括两项内容:一是对会计报表各要素的补充说明,从编制基础、编制依据、编制原则、编制方法、主要项目等方面对会计报表作出解释;二是对那些在会计报表中无法描述的其他财务信息的补充说明。

财务情况说明书是指对会计报表数字的形成情况和增减变动原因的文字说明。

2. 按编制时间划分

财务会计报告按编制时间的不同,可以分为年度财务会计报告、半年度财务会计报告、季度财务会计报告和月度财务会计报告。

年度财务会计报告简称"年报",是反映银行全年经营成果、年末的财务状况及年内的现金流量变动情况的报告,是年度经济活动的总结性报告。年报每年年底编制一次,要求揭示完整、反映全面。

半年度财务会计报告简称"半年报",是指在每个会计年度的前 6 个月结束后对外提供的,反映银行半年以来的经营成果和财务状况变动的报告,每半年编制一次。

季度财务会计报告简称"季报",是反映银行某一季度的经营成果和该季度财务状况变动的报告,每季季末编制一次。

月度财务会计报告简称"月报",是反映银行某月份经营成果和月末财务状况变动的报告,每月月末编制一次。

半年度、季度和月度财务会计报告统称为中期财务会计报告。半年度和年度财务会计报告,应当包括会计报表、会计报表附注和财务情况说明书。季度、月度财务会计报告仅指会计报表,会计报表至少应当包括资产负债表和利润表。

(三) 财务报告的意义

财务报告是商业银行正式对外揭示或表述财务信息的总结性书面文件。在市场经济条件下,由于所有权与经营权分离,银行必须面向市场,进行筹资、投资和经营活动,这在客观上要求银行向市场披露信息,以便帮助现在和潜在的投资者、债权人和其他信息使用者对投资、信贷等作出正确的决策,并提供国家进行必要的宏观调控时所需要的基本数据。在银行对外披露的财务信息中,有些是通过财务报表提供的,另一些则是通过其他财务报告提供的。一般地说,财务报表是财务报告的核心,银行对外提供的主要

财务信息都应纳入财务报表。编制财务报告是财务会计工作的一项重要内容,其作用主要是:

(1)投资者和银行管理当局通过财务报告,可以了解银行生产经营活动的主要情况、财务状况和经营成果,通过对报告数据的比较、分析,可以发现经营管理中存在的问题,并积极采取措施,改善经营管理。财务报告提供的数据,又是投资人作出投资决策、银行制订下期计划的依据。

(2)财税、银行部门和债权人利用财务报告,可以了解银行对财经纪律、结算制度、金融企业会计制度的遵守情况;了解获利能力和偿债能力,税利上交情况,信贷资金使用和借款保证情况;了解银行资产、负债的构成情况,预测银行财务发展趋势,以便减少银行经营的盲目性和冒险性。

(3)银行主管部门和国民经济综合部门通过编制汇总会计报表,可以掌握本部门乃至整个国民经济活动情况,作为综合平衡、进行决策的依据。

二、财务会计报告的编制要求

为了真实、正确地反映银行的财务状况和经营活动成果,保证财务报告所提供的信息能够满足使用者的需要,商业银行必须按照统一的要求进行编制。

(一)数据真实

财务报告是一个信息系统,如实反映经营活动和财务状况的真实情况是信息系统的基本要求。商业银行编制财务会计报告,应当根据真实的交易、事项以及完整准确的账簿记录等资料,并按国家统一的会计制度规定的编制基础、编制依据、编制原则和方法编制,不得匡计数据,更不能弄虚作假,隐瞒谎报数据。

在会计报表编制完成以后,还应检查账簿记录与报表数字、报表与报表之间的有关数字是否衔接一致,以确保会计报表数据的真实可靠。

(二)内容完整

各种财务报告之间、财务报告的各项指标之间是相互联系、互为补充的,因此,商业银行必须按照国家统一规定的报表种类、格式和内容进行填报。对于应当填列的报表指标,无论表内项目还是补充资料,都要填列齐全,不得漏编、漏报。报表的表首应当清晰明了,表明商业银行的确切名称、报表的标题以及日期或报表所辖时期。某些重要资料,如果不便列入报表的主体部分,应以附注等形式予以说明。商业银行对其他单位投资,如占被投资单位资本总额 50% 以上(不含 50%),或虽然占被投资单位注册资本总额不足 50%,但具有实质控制权的,应当编制合并会计报表。

(三) 编制及时

商业银行应当依照法律、行政法规和国家统一会计制度有关财务会计报告提供期限的规定，及时编制并对外提供财务会计报告。月度财务会计报告应当于月度终了后6天内（节假日顺延，下同）对外提供；季度财务会计报告应当于季度终了后15天内对外提供；半年度财务会计报告应当于年度中期结束后60天内（相当于2个连续的月度）对外提供；年度财务会计报告应当于年度终了后4个月内对外提供。因特殊原因不能按时披露的，应至少提前15日向中国人民银行申请延迟。

第二节 资 产 负 债 表

一、资产负债表的性质和作用

(一) 资产负债表的性质

商业银行资产负债表是总括反映银行在某一特定时点的全部资产、负债和所有者权益及其构成情况的报表。该表反映了银行在特定日期的财务状况，例如，公历每年12月31日的财务状况，因而又可称其为财务状况表。由于资产负债表反映的是银行某一时点的财务状况，所以，又称静态报表。通过资产负债表，可以提供某一日期资产的总额及其结构，表明银行拥有或控制的资源及其分布的情况；提供某一日期的负债总额及其结构，表明银行未来需要用多少资产或劳务清偿债务以及清偿时间；反映所有者所拥有的权益，据以判断资本保值、增值的情况以及对负债的保障程度。资产负债表还可以提供进行财务分析的基本资料，如计算流动比率、速动比率等，表明银行的变现能力、偿债能力和资金周转能力，从而有助于会计报表使用者作出正确决策。

(二) 资产负债表的作用

作为反映财务状况的基本报表，资产负债表在财务报表体系中具有举足轻重的地位，它可向使用者传送他们所需要的信息。资产负债表的作用主要表现在以下几个方面。

1. 有助于分析银行资产结构

资产负债表能提供银行某一会计期末资产总额及其结构方面的信息，说明企业拥有或控制的资源及其分布情况；并依据流动性不同的各项资产所占的比例来评价其总资产的质量。

2. 有助于分析银行贷款质量

资产负债表可以揭示银行资产、负债和所有者权益的构成是否合理,考核各项资金计划的执行结果,提供分析银行的偿还能力和财务前景的资料。

3. 有助于预测银行的发展趋势

不同时期的资产负债表的相同项目的纵向对比和相同时期资产负债表的不同项目的横向对比可以表明商业银行财务状况的发展趋势。

二、资产负债表的结构和内容

(一) 资产负债表的结构

资产负债表的基本结构是以"资产＝负债＋所有者权益"这一会计等式的平衡关系为原理设计的。根据资产负债表项目的不同排列方式,主要有两种基本格式,即账户式和报告式。

账户式资产负债表又称水平式资产负债表,是依照"资产＝负债＋所有者权益"这一会计恒等式各项目的方向和方位特征设计的。通常将资产项目列在报表的左方,将负债项目和所有者权益项目列在报表的右方,要求左方合计数等于右方合计数。

报告式资产负债表又称垂直式资产负债表,根据"资产－负债＝所有者权益"这一平衡公式中的三大项目的顺序按上、下方位安排,即资产项目列在报表的最上端,负债项目列在资产项目的下边,所有者权益项目列在报表的最下端。数量平衡关系采用资产项目的金额合计数减去负债项目的金额合计数的差额与所有者权益项目的金额合计数相等。这种格式的资产负债表主要强调所有者权益的实际数量。

世界各国普遍采用账户式结构的资产负债表,每个项目又分为"年初数"和"期末数"两栏分别填列。目前我国商业银行资产负债表也采用账户式(见表 11 - 1)。

表 11 - 1　资 产 负 债 表

会商银 01 表

编制单位：　　　　　　　　　　___年__月__日　　　　　　　　　　单位：元

资产	期末余额	年初余额	负债和所有者权益 (或股东权益)	期末余额	年初余额
资　产： 现金及存放中央银行款项 存放同业款项 贵金属 拆出资金 交易性金融资产 衍生金融资产			负　债： 向中央银行借款 同业及其他金融机构存放款项 拆入资金 交易性金融负债 衍生金融负债 卖出回购金融资产款		

（续表）

资产	期末余额	年初余额	负债和所有者权益（或股东权益）	期末余额	年初余额
买入返售金融资产			吸收存款		
应收利息			应付职工薪酬		
发放贷款和垫款			应交税费		
可供出售金融资产			应付利息		
持有至到期投资			预计负债		
长期股权投资			应付债券		
投资性房地产			递延所得税负债		
固定资产			其他负债		
无形资产			负债合计		
递延所得税资产			所有者权益（或股东权益）：		
其他资产			实收资本（或股本）		
			资本公积		
			减：库存股		
			盈余公职		
			一般风险准备		
			未分配利润		
			所有者权益（或股东权益）合计		
资产总计			负债和所有者权益（或股东权益）总计		

（二）资产负债表的内容

所谓资产负债表的内容，是指资产负债表中的项目及项目的分类，全体项目按其分类的方式在表中排列的顺序。账户式资产负债表采用左、右两方，左方为资产总额，列示各类资产的分布使用状态；右方为负债和所有者权益总额，列示各项负债和所有者权益的构成。

1. 资产的分类及排列

资产按其流动性程度的高低顺序排列，分为流动资产、贷款、长期投资、固定资产、无形资产、递延资产及其他资产。其中，流动资产主要包括库存现金、贵金属、存放中央银行款项、存放同业款项、存放联行款项、拆放同业、短期贷款、应收进出口押汇、应收利息、其他应收款、贴现、交易性金融资产、委托贷款、存出保证金、清算备付金、自营及代理证券、买入返售证券、待处理流动资产净损失、1年内到期的长期投资等项目。

2. 负债的分类及排列

负债按其流动性即到期日由近至远顺序排列，分为流动负债、应付债券、其他长期负债三大类。其中，流动负债类包括短期存款、短期储蓄存款、向中央银行借款、同业存放款项、联行存放款项、同业拆入、应解汇款、委托存款、应付利息、应付职工薪酬、应付股利、应交税费、1年内到期的长期负债等项目。其他长期负债类包括长期存款、长期储蓄存款、保证金、长期借款、长期应付款等项目。

3. 所有者权益的分类及排列

所有者权益则按其永久性递减的顺序排列，即先实收资本，后资本公积、盈余公积，最后是未分配利润。

这样排列，便于帮助报表使用者分析、解释和评价资产负债表所提供的信息。

三、资产负债表的编制方法

由于商业银行的每一项资产、负债和所有者权益都是以各有关科目的余额来表示的，因此，作为总括反映商业银行资产、负债和所有者权益的资产负债表项目，原则上都可以直接根据有关总账科目的期末余额填列。但是，为了如实地反映商业银行的财务状况，更好地满足报表使用者的需要，资产负债表的某些项目需要根据总账科目和明细科目的记录分析、计算后填列。总之，资产负债表项目的填列方法，在很大程度上取决于商业银行日常会计核算所设置的总账科目的粗细程度。

（一）"表首"和"年初数"的填列方法

资产负债表"表首"部分包括报表名称、编报银行名称、编报日期、报表编号和货币计量单位等内容。

资产负债表"年初数"栏内各项数字，应根据上年末资产负债表"期末数"栏内各项数字填列。如果当年度资产负债表规定的各个项目的名称和内容同上年度不相一致，应对上年年末资产负债表各项目的名称和数字按照本年度的规定进行调整，按调整后的数字填入本期资产负债表"年初数"栏内，以便于比较。

（二）"期末数"各项目的填列方法

资产负债表"期末数"栏内各项数字，根据本会计期末各总账账户及所属明细账户的余额填列。其中有的项目根据总账或明细账户余额直接填列；有的项目根据总账或明细账户余额合并填列；有的项目根据总账或明细账户余额分析计算填列；有的项目根据总账科目余额减去其备抵项目后的净额填列。

现将资产负债表的各项目的内容和填列方法说明如下：

（1）"现金及存放中央银行款项"项目，应当根据"库存现金""银行存款"和"存放中央银行款项"各科目期末借方余额合计数填列。

（2）"存放同业款项"项目，反映商业银行与同业进行资金往来而发生的存放于同业的款项，应根据"存放同业款项"科目的期末余额填列。

（3）"贵金属"项目，反映商业银行在国家允许范围内买入的黄金等贵重金属数量，应根据"贵金属"科目的期末余额填列。

（4）"拆出资金"项目，反映商业银行与其他金融企业之间的资金拆借业务，应根据"拆出资金"科目的期末余额填列。

（5）"交易性金融资产"项目，反映商业银行为交易目的持有债券投资、股票投资、基金投资、权证投资等交易性金融资产的公允价值，应根据"交易性金融资产"科目的期末余额填列。

（6）"衍生金融资产"项目，应根据"衍生工具""套期工具""被套期项目"等科目的期末借方余额分析计算填列。

（7）"买入返售金融资产"项目，反映商业银行按返售协议约定先买入再按固定价格返售给卖出方的票据、证券、贷款等金融资产所融出的资金，应根据"买入返售金融资产"科目期末余额填列。

（8）"应收利息"项目，反映商业银行发放贷款、持有至到期投资、可供出售金融资产、存放中央银行款项、拆出资金、买入返售金融资产等应收取的利息，应根据"应收利息"科目的期末余额填列。

（9）"发放贷款和垫款"项目，反映商业银行按规定发放的各种客户贷款，包括质押贷款、抵押贷款、保证贷款、信用贷款等，还包括按规定发放的银团贷款、贸易融资、协议透支、信用卡透支、转贷款以及垫款等，应根据"发放贷款和垫款"所属明细科目的期末余额分析填列。

（10）"可供出售金融资产"项目，反映商业银行持有的可供出售金融资产的价值，包括划分为可供出售的股票投资、债券投资等金融资产，应根据"可供出售金融资产"科目的期末余额填列。

（11）"持有至到期投资"项目，反映商业银行持有至到期投资的摊余价值，应根据"持有至到期投资"所属明细科目的期末余额抵减"持有至到期投资减值准备"科目余额后分析填列。

（12）"长期股权投资"项目，反映商业银行持有的采用成本法和权益法核算的长期股权投资，应根据"长期股权投资"科目的期末余额抵减"长期股权投资减值准备"科目的期末余额后的净值填列。

（13）"投资性房地产"项目，反映商业银行持有的投资性房地产的价值，包括采用成本模式计量的投资性房地产和采用公允价值模式计量的投资性房地产，应根据"投资性房地产"科目的期末余额抵减"投资性房地产减值准备"科目期末余额后的净值填列。

（14）"固定资产"项目，反映商业银行持有的固定资产的价值，应根据"固定资产"科目的期末余额抵减"累计折旧"和"固定资产减值准备"备抵科目余额后的净值填列。

(15)"无形资产"项目,反映商业银行持有的无形资产,包括专利权、非专利技术、商标权、著作权和土地使用权等,应根据"无形资产"科目的期末余额减去"累计摊销"和"无形资产减值准备"备抵科目余额后的净值填列。

(16)"递延所得税资产"项目,反映商业银行根据所得税准则确认的可抵扣暂时性差异产生的所得税资产,应根据"递延所得税资产"科目的期末余额填列。

(17)"其他资产"项目,反映商业银行除上述以外的各项资产,如长期待摊费用、存出保证金、应收股利、抵债资产等,应根据所发生的其他资产科目期末余额合计数分析填列。

(18)"向中央银行借款"项目,反映商业银行向中央银行借入的款项,应根据"向中央银行借款"科目的期末余额填列。

(19)"同业及其他金融机构存放款项"项目,反映商业银行与同业进行资金往来而发生的同业存放于本银行的款项以及吸收的境内、境外金融机构的存款,应根据"同业存放款项"科目所属明细科目的期末余额填列。

(20)"拆入资金"项目,反映商业银行从境内、境外金融机构拆入的款项,应根据"拆入资金"科目的期末余额填列。

(21)"交易性金融负债"项目,反映商业银行承担的交易性金融负债的公允价值,本项目应根据"交易性金融负债"科目的期末余额填列。

(22)"衍生金融负债"项目,应根据"衍生工具""套期工具""被套期项目"等科目的期末贷方余额分析计算填列。

(23)"卖出回购金融资产款"项目,反映商业银行按回购协议卖出票据、证券、贷款等金融资产所融入的资金,应根据"卖出回购金融资产款"科目的期末余额填列。

(24)"吸收存款"项目,反映商业银行吸收的除同业存放款项以外的其他各种存款,包括单位存款(包括企业、事业单位、机关、社会团体等)、个人存款、信用卡存款、特种存款、转贷款资金和财政性存款等,应根据"吸收存款"科目所属的"本金""利息调整"等明细科目期末余额计算填列。

(25)"应付职工薪酬"项目,反映商业银行根据有关规定应付给职工的各种薪酬,应根据"应付职工薪酬"科目的期末余额填列。

(26)"应交税费"项目,反映商业银行按照税法规定计算应交纳的各种税费,应根据"应交税费"科目的期末余额填列。

(27)"应付利息"项目,反映商业银行按照合同约定应支付的利息,包括吸收存款、分期付息到期还本的长期借款、企业债券等应支付的利息,应根据"应付利息"科目的期末余额填列。

(28)"预计负债"项目,反映商业银行根据或有事项等相关准则确认的各项预计负债,包括对外提供担保、未决诉讼、产品质量保证、重组义务、亏损性合同以及固定济产和矿区权益弃置义务等产生的预计负债,应根据"预计负债"科目的期末余额填列。

(29)"应付债券"项目,反映商业银行为筹集(长期)资金而发行的债券本金和利息,应根据"应付债券"科目的明细科目期末余额分析填列。

(30)"递延所得税负债"项目,反映商业银行根据所得税准则确认的应纳税暂时性差异产生的所得税负债,应根据"递延所得税负债"科目的期末余额填列。

(31)"其他负债"项目,反映商业银行除上述以外的各项负债,如"长期应付款""存入保证金""应付股利""其他应付款"等,应根据所发生的其他负债科目期末余额合计数分析填列,"长期应付款"应减去"未确认融资费用"科目期末余额后的净值填列。

(32)"实收资本"或"股本"项目,反映商业银行实际收到的资本总额,应根据"实收资本"或"股本"科目期末余额填列。

(33)"资本公积"项目,反映商业银行收到投资者出资超出其在注册资本或股本中所占的份额以及直接计入所有者权益的利得和损失等,应根据"资本公积"科目期末余额减去"库存股"期末借方余额后的净值填列。

(34)"盈余公积"项目,反映商业银行的盈余公积的期末余额,应根据"盈余公积"科目的期末余额填列。

(35)"一般风险准备"项目,反映商业银行按规定从净利润中提取的一般风险准备,应根据"一般风险准备"科目的期末余额填列。

(36)"未分配利润"项目,反映商业银行盈利中尚未分配的部分,应根据"本年利润"和"利润分配"科目的余额计算填列,未弥补的亏损应在本项目内用"—"号表示。

第三节　利　润　表

一、利润表的性质和作用

(一)利润表的性质

利润表是用来反映商业银行在某一会计期间的经营成果的一种财务报表。例如,反映1月1日至12月31日经营成果的利润表,作为反映某一会计期间经营成果的报表,它是一张动态报表。通过利润表可以从总体上了解商业银行收入、成本和费用及净利润(或亏损)的实现及构成情况;同时,通过利润表提供的不同时期的比较数字,可以分析商业银行的获利能力及利润未来发展趋势,了解投资者投入资本的保值情况。由于利润既是商业银行经营业绩的综合体现,又是商业银行进行利润分配的主要依据,因此,利润确认、计量的正确与否直接影响各个方面的利益关系。

(二) 利润表的作用

利润表是总括反映商业银行在一定会计期间(月份、季度、年度)内利润(或亏损)实际形成情况的会计报表。其作用在于,有关方面通过利润表可以了解商业银行利润(或亏损)的形成情况,据以分析、考核商业银行经营目标和利润计划的执行情况,分析商业银行利润增减变动的原因;通过利润表可以了解商业银行依法纳税的情况;通过利润表可以评价对商业银行投资的价值和回报,判断商业银行的资本是否保全;通过利润表可以预测商业银行未来期间的经营状况和盈利水平。

二、利润表的结构和内容

(一) 利润表的结构

利润表是通过一定的表格反映企业的经营成果的报表。利润表是按"收入-成本、费用=利润(或亏损)"这一会计等式的关系来编制的,编制的格式必须反映这一等式的计算规则和计算规律。由于不同的国家和地区对会计报表的信息要求不完全相同,因此,利润表的结构也不完全相同。但目前比较普遍的结构有单步骤式利润表和多步骤式利润表两种。

单步骤式利润表为上下对照的结构。报表分为上下两个主要部分,上部分列示各收入类项目的名称和金额;下部分列示各费用、支出类项目的名称和金额,两项相减得出当期净损益。整个报表与计算公式"收入-成本、费用=利润(或亏损)"相照应,将收入类项目的金额合计数减去费用、支出类项目的金额合计数,结果应当为当期的利润或亏损额。以这种格式编制利润表,优点是结构简单、直观、编制比较容易,缺点是不能反映出收支项目之间的内在联系,只表现了单纯的计算关系,不利于报表使用者对银行经营结果与分配情况作分析及比较,只适宜规模较小的商业银行选用。

多步骤式利润表中的损益是通过多步骤计算而来的,即将净利润的计算分解为多个步骤,通常采用从上到下逐项计算的结构形式。首先,通过营业收入和营业支出相减计算出营业利润;然后,由营业利润、营业外收入、营业外支出三个项目相加减计算利润总额;最后,通过利润总额减所得税费用计算净利润。

多步骤式利润表对收入与费用项目加以归类,列示一些中间的计算过程,注意了收入与费用配比的层次性,准确地揭示净利润各构成要素之间的内在联系,便于报表使用者进行盈利分析,有利于预测银行今后的盈利能力。

目前,我国《金融企业会计制度》中规定商业银行利润表的格式为多步骤式,每个项目通常又分为"本月数"和"本年累计数"两栏分别填列。其格式见表 11-2。

表 11-2　利 润 表

会商银 02 表

编制单位：　　　　　　　　　　___年__月　　　　　　　　　　　　　单位：元

项　　目	本 期 金 额	上 期 金 额
一、营业收入		
利息净收入		
利息收入		
利息支出		
手续费及佣金净收入		
手续费及佣金收入		
手续费及佣金支出		
投资收益(损失以"－"号填列)		
其中：对联营企业和合营企业的投资收益		
公允价值变动收益(损失以"－"号填列)		
汇兑收益(损失以"－"号填列)		
其他业务收入		
二、营业支出		
税金及附加		
业务及管理费		
资产减值损失		
其他业务成本		
三、营业利润(亏损以"－"号填列)		
加：营业外收入		
减：营业外支出		
四、利润总额(亏损总额以"－"号填列)		
减：所得税费用		
五、净利润(净亏损以"－"号填列)		
六、每股收益		
(一)基本每股收益		
(二)稀释每股收益		

(二)利润表的内容

按照利润的计算过程,利润表的内容分为六大类：

(1) 营业收入。包括利息净收入、手续费及佣金净收入、投资收益、公允价值变动收益、汇兑收益、其他业务收入等。

(2) 营业支出。包括营业税金及附加、业务及管理费、资产减值损失、其他业务成本等。

(3) 营业利润。营业利润是指营业收入减去营业支出后的净额。

(4) 利润总额。利润总额是指营业利润加上营业外收入,减去营业外支出后的金额。

(5)净利润。净利润是指利润总额减去所得税后的金额。

(6)每股收益。包括基本每股收益和稀释每股收益。

三、利润表的编制方法

由于利润表是动态报表,应根据审核无误的各损益类账户发生额的有关资料编制。各收入类项目根据相应的收入类会计科目的贷方发生额填列,各费用类项目则根据相应的费用类会计科目的借方发生额填列。

(一)"本月数"的填列方法

对于月度利润表,利润表"本月数"栏反映各项目的本月实际发生数,应根据报告期末有关总账科目本期发生额填列;在编报中期财务会计报告时,填列上年同期累计发生数;在编报年度财务会计报告时,填列上年全年累计实际发生数,在编制中期和年度财务报表时,还要将"本期数"栏改为"上年数"栏,如上年度利润表与本年度利润表的项目名称和内容不相一致,应对上年报表项目的名称和数字按本年度的规定进行调整,填入该表"上年数"栏。

(二)"本年累计数"的填列方法

利润表"本年累计数"栏反映各项目自年初起至报告期末止的累计实际发生数。

利润表各项目的内容和具体填制方法如下:

(1)"营业收入"项目,反映商业银行经营业务取得的各种收入的总额,本项目应根据"利息净收入""手续费及佣金净收入""投资收益""公允价值变动收益""汇兑收益""其他业务收入"等项目汇总计算填列。

(2)"利息收入"项目,反映商业银行贷出款项的利息收入和银行存款的利息收入,本项目应根据"利息收入"科目所属明细科目的发生额合计数填列。

(3)"利息支出"项目,反映商业银行吸收的各项存款和各项借款的利息支出,本项目应根据"利息支出"科目所属明细科目的发生额合计数填列。

(4)"手续费及佣金收入"项目,反映商业银行发生的与其经营活动相关的各项手续费、佣金等收入,本项目应根据"手续费及佣金收入"科目所属明细科目的发生额合计数填列。

(5)"手续费及佣金支出"项目,反映商业银行发生的与其经营活动相关的各项手续费、佣金等支出,本项目应根据"手续费及佣金支出"科目所属明细科目的发生额合计数填列。

(6)"投资收益"项目,反映商业银行进行债券投资、股权投资、基金投资等获得的收入或损失,本项目应根据"投资收益"科目发生额填列。如为净损失,以"一"号填列。

(7)"公允价值变动收益"项目,反映商业银行进行交易性金融资产、交易性金融负债,以及采用公允模式计量的投资性房地产、衍生工具、套期保值业务中公允价值变动形成的应计入当期损益的利得或损失,本项目应根据"公允价值变动损益"科目发生额填列。如为净损失,以"一"号填列。

(8)"汇兑收益"项目,反映商业银行发生外币交易因汇率变动而产生的汇兑净收益或损失,本项目应根据"汇兑损益"科目发生额填列。如为净损失,以"一"号填列。

(9)"其他业务收入"项目,反映商业银行确认的除主营业务以外的其他经营活动实现的收入,包括开办如咨询服务等业务收取的其他营业收入等,本项目应根据"其他业务收入"所属明细科目发生额合计数填列。

(10)"营业支出"项目,反映商业银行各项营业支出的总额,本项目应根据"税金及附加""业务及管理费""资产减值损失""其他业务成本"等科目汇总计算填列。

(11)"税金及附加"项目,反映商业银行按规定缴纳应由经营收入负担的各种税金及附加费,本项目应根据"税金及附加"科目的发生额填列。

(12)"业务及管理费"项目,反映商业银行在业务经营和管理过程中所发生的各项费用,本项目应根据"业务及管理费"科目的发生额填列。

(13)"资产减值损失"项目,反映商业银行根据资产减值等准则计提各项资产减值所形成的损失,本项目应根据"资产减值损失"科目的发生额填列。

(14)"其他业务成本"项目,反映商业银行除主营业务活动以外的其他经营活动所发生的支出、采用成本模式计量的投资性房地产的累计折旧或累计摊销等,本项目应根据"其他业务成本"科目的发生额填列。

(15)"营业利润"项目,反映商业银行当期的经营利润(即营业收入减营业支出),如发生经营亏损也在本项目反映,发生的亏损以"一"号表示。

(16)"营业外收入"项目,反映商业银行发生的与其经营活动无直接关系的各项净收入,本项目应根据"营业外收入"科目所属明细科目的发生额合计数填列。

(17)"营业外支出"项目,反映商业银行发生的与其经营活动无直接关系的各项净支出,本项目应根据"营业外支出"科目所属明细科目的发生额合计数填列。

(18)"利润总额"项目,反映商业银行当期实现的全部利润(或亏损)总额(即营业收入减营业支出加营业外收入减营业外支出)。如为亏损总额,以"一"号填列。

(19)"所得税费用"项目,反映商业银行根据所得税准则确认的应从当期利润总额中扣除的所得税费用,本项目应根据"所得税费用"科目的发生额填列。

(20)"净利润"项目,反映商业银行的利润总额减去所得税费用后的余额。

(21)"每股收益"项目,反映普通股或潜在普通股已公开交易的商业银行,以及正处于公开发行普通股或潜在普通股过程中的商业银行还应当在利润表中列示每股收益信息,其中基本每股收益、稀释每股收益应当根据每股收益准则规定计算的金额填列。

第四节　现金流量表

一、现金流量表的意义和作用

(一)现金流量表编制的意义

现金流量表是综合反映商业银行在一定会计期间内现金及现金等价物流入和流出情况的会计报表。它实际上是以现金为基础编制的财务状况变动表。资产负债表、利润表和现金流量表,分别从不同角度反映商业银行的财务状况、经营成果和现金流量。资产负债表反映某一特定日期的财务状况,说明某一特定日期资产和权益变动的结果,可以显示商业银行是否具有偿债能力,但它不能反映财务状况的变动。虽然通过两个或几个特定日期的资产负债表的比较,能够在一定程度上反映商业银行财务状况的变动,但不能说明变动的原因。利润表能够反映企业本期经营活动的成果,可用于衡量商业银行在获取利润方面是否获得成功,但它不能说明商业银行从营业活动中获得了多少可供周转使用的现金;它能够说明本期筹资活动和投资活动的损益,但不能说明筹资活动与投资活动提供或运用了多少现金。至于那些不涉及损益问题的重要理财活动,利润表根本不予反映。

可见,利润表和资产负债表虽然具有重要的作用,能够为报表使用者提供有用的会计信息,但它们还不能完全满足报表使用者的需要,因此,还需要编制现金流量表,以弥补这两个报表的不足,以便为报表使用者提供更为全面的会计信息。

(二)现金流量表的作用

1. 现金流量表可以反映商业银行的现金获利能力和现金流动情况

财务会计提供的会计信息是以权责发生制为基础加工而成的,因权责发生制在计量、确认收入和费用时,使用了许多计量和确认收入、费用的标准和方法,这些标准及方法带有很强的人为随意性,如折旧方法和摊销方法等,致使会计收入与现金收入,会计费用与现金支出严重偏离。会计账面收入已不能反映商业银行创造的真正收入,也不能反映商业银行真正的现金获利能力和现金的流动情况。商业银行编制的资产负债表、利润表都无法解决这些问题,而现金流量表则可以消除这些影响,真实地反映商业银行的现金获利能力和现金的流动情况。

2. 现金流量表可以了解商业银行当前的财务状况和未来的发展状况

通过分析各部分现金流量结构是否合理，现金流入流出有无重大异常波动，可以判断商业银行财务状况是否良好。同时，通过分析商业银行筹资活动流入的现金和投资活动流出的现金，可以判断商业银行是否过度扩大经营规模。通过比较当期净利润与当期净现金流量，可以评价商业银行产生净现金流量的能力是否偏低。

3. 编制现金流量表符合国际惯例和国际会计发展的趋势

目前，世界发达国家和地区基本上都要求商业银行编制现金流量表，如美国、英国、澳大利亚、加拿大等。我国用现金流量表代替财务状况变动表有利于对外经济合作、跨国经营和境外筹资。特别是加入 WTO 后，更加有利于世界经济一体化对我国经济发展的要求，使我国的会计规范与国际惯例的差距进一步缩小。

二、现金流量表的编制基础

现金流量表通过将权责发生制基础上的收入和费用，转换成收付实现制基础上的现金流入和流出，进而反映经营活动、投资活动、筹资活动所引起的现金变动和流动情况，并以此说明商业银行资产、负债、所有者权益变动对现金的影响，从现金角度来说明商业银行的财务状况，反映商业银行在一定期间内的偿还能力和获取现金的能力。

现金流量表是以现金为基础编制的，编制现金流量表，首先应明确"现金"的含义。现金有狭义和广义之分。狭义的现金通常仅指库存现金。现金流量表所指的现金是广义的现金概念，它包括银行的库存现金以及可以随时用于支付的存款（包括本行营业部的银行存款、存放中央银行款项、存放同业款项、存放联行款项等。如果存在金融企业的款项不能随时用于支付，例如不能随时支取的定期存款，不能作为现金流量表中的现金，但提前通知金融企业便可支取的定期存款，也应包括在现金流量表中的现金范围内）。现金等价物是指银行持有的期限在 3 个月以内，且利率变动对其价值影响不大的短期证券或其他持有的期限短、流动性强、易于转换为已知金额的现金、价值变动风险很小的投资。现金等价物虽然不是严格意义上的现金，但其支付能力与现金的差别不大，可视为现金。

现金流量是指银行一定期间的现金及现金等价物的流入量和流出量。

三、现金流量及其分类

我国《企业会计准则第 31 号——现金流量表》将商业银行的业务活动按其发生的性质分为经营活动、投资活动与筹资活动，为了在现金流量表中反映商业银行在一定时期内现金净流量变动的原因，相应地将商业银行一定期间内产生的现金流量归为以下三类。

(一) 经营活动产生的现金流量及其项目

经营活动是指商业银行发生的投资活动和筹资活动以外的所有交易和事项。在现金流量表中,经营活动的现金流量应当按照银行经营活动的特点分项列示,银行的正常经营活动包括吸收的存款和支付的存款本金、同业存款及存放同业款项、对外发放的贷款和收回的贷款、向其他金融企业拆借的资金、利息收入和利息支出、收回的已于前期核销的贷款等。

经营活动产生的现金流量是银行通过运用所拥有或控制的资产创造的现金流量,是与净利润有关的现金流量。通过现金流量表中反映的经营活动产生的现金流入和流出,说明经营活动对现金流入和流出净额的影响程度。

(二) 投资活动产生的现金流量及其项目

投资活动是指商业银行长期资产的购建和不包括在现金等价物范围内的投资及其处置活动。在现金流量表中,投资活动的现金流量应当按照银行投资活动的现金流入和现金流出的性质分项列示,包括取得或收回权益性证券的投资、购买或收回债券投资、构建和处置固定资产、无形资产和其他长期资产等。投资活动产生的现金流量中不包括作为现金等价物的投资,作为现金等价物的投资属于现金自身的增减变化,如购买还有 1 个月到期的债权等,都属于现金内部各项目转换,不会影响现金净额的变动。

通过现金流量表中反映的投资活动产生的现金流量,可以分析银行通过投资获取的现金流量对企业现金流量净额的影响程度。

(三) 筹资活动产生的现金流量及其项目

筹资活动是指导致商业银行资本及债务规模和构成发生变化的活动。在现金流量表中,筹资活动的现金流量应当按照银行筹资活动的现金流入和现金流出的性质分项列示,包括吸收权益性资本、发行债券、借入资金、支付股利、偿还债务等。

对于商业银行日常活动之外不经常发生的特殊项目,如自然灾害损失、保险赔款、捐赠等,应当归并到现金流量表的相关类别中,并单独反映。

四、现金流量表的基本格式和内容

编制现金流量表的方法,根据各项目在表中的排列方式不同,可分为直接法和间接法两种。两种方法对于"投资活动产生的现金流量"和"筹资活动产生的现金流量"是相同的,区别在于对"经营活动产生的现金流量"的反映方式不同。所谓直接法是指通过现金收入和支出的主要类别来反映银行经营活动的现金流量,一般是以利润表中的营业收入为起算点,调整与经营活动有关的项目的增减变动,然后计算出经营活动的现金流量。间接法是以本期净利润为起算点,调整不涉及现金的收入、费用、营业外收支以及有关项目的增减变动,据此计算出经营活动的现金流量。

(一) 正表的内容及排列

国际会计准则鼓励企业采用直接法编制现金流量表。在我国,商业银行的现金流量表也以直接法编制。采用直接法编制的现金流量表,便于分析银行经营活动产生的现金流量的来源和用途,预测现金流量的未来前景。其格式见表 11 - 3。

表 11 - 3　现金流量表

会商银 03 表

编制单位:　　　　　　　　　　___年__月　　　　　　　　　　单位:元

项　　目	本 期 金 额	上 期 金 额
一、经营活动产生的现金流量:		
客户存款和同业存放款项净增加额		
向中央银行借款净增加额		
向其他金融机构拆入资金净增加额		
收取利息、手续费及佣金的现金		
收到其他与经营活动有关的现金		
经营活动现金流入小计		
客户贷款及垫款净增加额		
存放中央银行和同业款项净增加额		
支付手续费及佣金的现金		
支付给职工以及为职工支付的现金		
支付的各项税费		
支付其他与经营活动有关的现金		
经营活动现金流出小计		
经营活动产生的现金流量净额		
二、投资活动产生的现金流量:		
收回投资收到的现金		
取得投资收益收到的现金		
收到其他与投资活动有关的现金		
投资活动现金流入小计		
投资支付的现金		
购建固定资产、无形资产和其他长期资产支付的现金		

（续表）

项　目	本期金额	上期金额
支付其他与投资活动有关的现金		
投资活动现金流出小计		
投资活动产生的现金流量净额		
三、筹资活动产生的现金流量：		
吸收投资收到的现金		
发行债券收到的现金		
收到其他与筹资活动有关的现金		
筹资活动现金流入小计		
偿还债务支付的现金		
分配股利、利润或偿付利息支付的现金		
支付其他与筹资活动有关的现金		
筹资活动现金流出小计		
筹资活动产生的现金流量净额		
四、汇率变动对现金及现金等价物的影响		
五、现金及现金等价物净增加额		
加：期初现金及现金等价物余额		
六、期末现金及现金等价物余额		

（二）补充资料的内容及排列

企业在采用直接法列报经营活动产生的现金流量的情况下，还应当采用间接法在现金流量表附注中披露将净利润调节为经营活动现金流量的信息。采用间接法编制的现金流量表，便于将净利润与经营活动产生的现金流量净额进行比较，了解净利润与经营活动产生的现金流量差异的原因，从现金流量的角度分析净利润的质量。其格式见表 11-4 所示。

表 11-4　将净利润调节为经营活动现金流量　　　　　　　　单位：元

补　充　资　料	本期金额	上期金额
1. 将净利润调节为经营活动现金流量：		
净利润		
加：资产减值准备		

（续表）

补　充　资　料	本　期　金　额	上　期　余　额
固定资产折旧、油气资产折耗、生产性生物资产折旧		
无形资产摊销		
长期待摊费用摊销		
处置固定资产、无形资产和其他长期资产的损失（收益以"-"号填列）		
固定资产报废损失（收益以"-"号填列）		
公允价值变动损失（收益以"-"号填列）		
财务费用（收益以"-"号填列）		
投资损失（收益以"-"号填列）		
递延所得税资产减少（增加以"-"号填列）		
递延所得税负债增加（减少以"-"号填列）		
存货的减少（增加以"-"号填列）		
经营性应收项目的减少（增加以"-"号填列）		
经营性应付项目的增加（减少以"-"号填列）		
其他		
经营活动产生的现金流量净额		
2. 不涉及现金收支的重大投资和筹资活动：		
债务转为资本		
1年内到期的可转换公司债券		
融资租入固定资产		
3. 现金及现金等价物净变动情况：		
现金的期末余额		
减：现金期初余额		
加：现金等价物的期末余额		
减：现金等价物的期初余额		
现金及现金等价物净增加额		

五、现金流量表的编制

（一）现金流量表的编制方法

具体编制现金流量表时，可以采用工作底稿法，也可以采用 T 形账户法，还可以直接根据有关账户记录分析填列。

1. 工作底稿法

采用工作底稿法编制现金流量表,就是以工作底稿为手段,以利润表和资产负债表数据为基础,对每一项目进行分析并编制调整分录,从而编制出现金流量表。

在直接法下,整个工作底稿纵向分成三段:第一段是资产负债表项目,其中又分为借方项目和贷方项目两部分;第二段是利润表项目;第三段是现金流量表项目。工作底稿横向分为5栏:在资产负债表部分,第一栏是项目栏,填列资产负债表各项目名称;第二栏是期初数,用来填列资产负债表项目的期初数;第三栏是调整分录的借方;第四栏是调整分录的贷方;第五栏是期末数,用来填列资产负债表项目的期末数。在利润表和现金流量表部分,第一栏也是项目栏,用来填列利润表和现金流量表项目名称;第二栏空置不填;第三、第四栏分别是调整分录的借方和贷方;第五栏是本期数,利润表部分这一栏数字应和本期利润表数字核对相符,现金流量表部分这一栏的数字可直接用来编制正式的现金流量表。采用工作底稿法编制现金流量表的程序是:

(1) 将资产负债表的期初数和期末数过入工作底稿的期初数栏和期末数栏。

(2) 对当期业务进行分析并编制调整分录。调整分录大体有这样几类:第一类涉及利润表中的收入、成本和费用项目以及资产负债表中的资产、负债及所有者权益项目,通过调整,将权责发生制下的收入费用转换为现金基础;第二类涉及资产负债表和现金流量表中的投资、筹资项目,反映投资和筹资活动的现金流量;第三类涉及利润表和现金流量表中的投资和筹资项目,目的是将利润表中与投资和筹资活动有关的收入和费用转换为相关的现金流入与流出,并列入现金流量表中投资活动或筹资活动产生的现金流量中去。此外,还有一些调整分录并不涉及现金收支,只是为了核对资产负债表项目的期末期初变动。

在调整分录中,有关现金和现金等价物的事项,并不直接借记或贷记现金,而是分别记入"经营活动产生的现金流量""投资活动产生的现金流量""筹资活动产生的现金流量"有关项目。借记表明现金流入,贷记表明现金流出。

(3) 将调整分录过入工作底稿中的相应部分。

(4) 核对调整分录,借贷合计应当相等,资产负债表项目期初数加减调整分录中的借贷金额以后,应当等于期末数。

(5) 根据工作底稿中的现金流量表项目部分编制正式的现金流量表。

2. T 形账户法

采用 T 形账户法,就是以 T 形账户为手段,以利润表和资产负债表数据为基础,对每一项目进行分析并编制调整分录,从而编制出现金流量表。采用 T 形账户法编制现金流量表的程序如下:

(1) 为所有的非现金项目(包括资产负债表项目和利润表项目)分别设置 T 形账

户,并将各自的期末期初变动数过入各该账户。

(2) 开设一个大的"现金及现金等价物"T 形账户,每边分为经营活动、投资活动和筹资活动三个部分,左边记现金流入,右边记现金流出,与其他账户一样,过入期末期初变动数。

(3) 以利润表项目为基础,结合资产负债表分析每一个非现金项目的增减变动,并据此编制调整分录。

(4) 将调整分录过入各 T 形账户,并进行核对,该账户借贷相抵后的余额与原先过入的期末期初变动数应当一致。

(5) 根据大的"现金及现金等价物"T 形账户编制正式的现金流量表。

(三) 现金流量表各项目的填列

1. 经营活动产生的现金流量的填列方法

经营活动产生的现金流量是一项重要的指标,它可以说明商业银行在不动用从外部筹得资金的情况下,通过经营活动产生的现金流量是否足以偿还负债、支付股利和对外投资。经营活动产生的现金流量可以采用直接法和间接法两种方法反映。

经营活动产生的现金流量各项目的填列方法如下:

(1) "客户存款和同业存放款项净增加额"项目,反映银行吸收的客户存款以及银行实际吸收的境内外银行、非银行同业的存款净增加额。

(2) "向中央银行借款净增加额"项目,反映银行从人民银行借入资金的净增加额。

(3) "向其他金融机构拆入资金净增加额"项目,反映银行按规定从事拆借业务实际从境内外机构拆入的资金净额。

(4) "收取利息、手续费及佣金的现金"项目,反映银行按规定从事有关业务实际取得的利息收入和各项中间业务收入,包括银行从发放贷款、拆出资金、存出款项等业务取得的利息收入,以及银行与其他金融机构发生资金往来的利息收入、结算手续费、业务代办手续费等。

(5) "收到其他与经营活动有关的现金"项目,反映银行除以上经营活动以外的其他经营活动收到的现金,包括其他业务收入、捐赠现金收入、罚款收入等。

(6) "经营活动现金流入小计"项目,反映银行以上所有经营活动产生的现金流入总额。

(7) "客户贷款及垫款净增加额"项目,反映银行发放给客户的各种贷款及垫款的净增加额。

(8) "存放中央银行和同业款项净增加额"项目,反映银行存放在人民银行和其他境内外金融机构的款项净额。

(9) "支付手续费及佣金的现金"项目,反映银行委托其他单位代办金融业务而实际支付的各项手续费。

（10）"支付给职工以及为职工支付的现金"项目，反映银行实际支付给职工以及为职工支付的现金，包括职工的工资、奖金、各种津贴和补贴，为职工支付的养老保险、待业保险、住房公积金、退休金等。

（11）"支付的各项税费"项目，反映银行实际支付的各项税费，包括本期发生并支付的税费以及以前发生的本期支付的税费，但是不包括实际支付的已计入固定资产价值的耕地占用税、本期退回的所得税。

（12）"支付其他与经营活动有关的现金"项目，反映银行除以上经营活动以外的其他经营活动支付的现金，包括其他业务支出、捐赠的现金支出、支付的差旅费、业务招待费等。

（13）"经营活动现金流出小计"项目，反映银行以上所有经营活动产生的现金流出总额。

（14）"经营活动产生的现金流量净额"项目，反映银行因经营活动产生的现金流量净值。该项目可以根据"经营活动现金流入小计"项目金额扣除"经营活动现金流出小计"项目金额后的金额填列。

2. 投资活动产生现金流量的填列方法

现金流量表中的投资活动包括不属于现金等价物的短期投资和长期投资的购买与处置、固定资产的购建与处置、无形资产的购置与处置等。投资活动产生的现金流量应首先区分现金流入与现金流出，在此基础上再细分为若干项目。

投资活动产生的现金流量各项目的填列方法如下：

（1）"收回投资收到的现金"项目，反映银行出售、转让或到期收回除现金等价物以外的短期投资而收到的现金、收回长期债券投资本金而收到的现金，但不包括长期债券投资收回的利息、收回的非现金资产。

（2）"取得投资收益收到的现金"项目，反映银行因股权投资和债券投资而取得的现金股利、利息以及从下级单位等收回利润收到的现金。

（3）"收到其他与投资活动有关的现金"项目，反应银行除以上投资活动以外的其他投资活动收到的现金。

（4）"投资活动现金流入小计"项目，反映银行以上所有投资活动产生的现金流入总额。

（5）"投资支付的现金"项目，反映银行取得投资时支付的现金，包括银行购买的除现金等价物以外的短期投资和长期投资所支付的现金，以及支付的佣金、手续费和附加费用。

（6）"购建固定资产、无形资产和其他长期资产支付的现金"项目，反映银行购买、建造固定资产，取得无形资产和其他长期资产支付的现金，但不包括为购建固定资产而发生的借款利息资本化的部分以及融资租入固定资产支付的租赁费用。

（7）"支付其他与投资活动有关的现金"项目，反映银行除以上投资活动以外的其他投资活动支付的现金。

（8）"投资活动现金流出小计"项目，反映银行以上所有投资活动产生的现金流出总额。

（9）"投资活动产生的现金流量净额"项目，反映银行因投资活动产生的现金流量净值。该项目可根据"投资活动现金流入小计"项目金额扣除"投资活动现金流出小计"项目金额后的金额填列。

3. 筹资活动产生现金流量的填列方法

现金流量表需要单独反映筹资活动产生的现金流量。筹资活动产生的现金流量应首先区分现金流入与现金流出，在此基础上再细分为若干项目。

筹资活动产生的现金流量各项目的填列方法如下：

（1）"吸收投资收到的现金"项目，反映银行收到的投资者投入的现金。该项目可以根据实收资本、资本公积、现金、存放中央银行款项等科目的资料分析填列，但不包括银行以发行股票方式筹集资金而由银行直接支付的审计、咨询费用等。

（2）"发行债券收到的现金"项目，反映银行发行债券实际收到的现金。该项目可以根据发行收入减去支付的佣金等相关发行费用后得到的净额填列，但不包括银行自行发行债券支付的相关发行费用。

（3）"收到其他与筹资活动有关的现金"项目，反映银行除以上筹资活动以外的筹资活动而收到的现金。

（4）"筹资活动现金流入小计"项目，反映银行以上所有筹资活动产生的现金流量总额。

（5）"偿还债务支付的现金"项目，反映银行以现金偿还债务的本金，包括偿还债务本金、中央银行借款本金等，但不包括所偿还的债券、借款利息。

（6）"分配股利、利润或偿付利息支付的现金"项目，反映银行支付现金股利、给其他投资单位的利润以及偿还的债券、借款利息。

（7）"支付其他与筹资活动有关的现金"项目，反映银行除以上筹资活动以外的筹资活动支付的现金。

（8）"筹资活动现金流出小计"项目，反映以上所有筹资活动产生的现金流出总额。

（9）"筹资活动产生的现金流量净额"项目，反映银行因筹资活动产生的现金流量净值。该项目可根据"筹资活动现金流入小计"项目金额减去"筹资活动现金流出小计"项目金额后的金额填列。

（10）"汇率变动对现金及现金等价物的影响"项目，反映银行外币现金流量，按现金流量发生日的汇率或平均汇率折算的人民币金额与外币现金净额按期末汇率折算的人民币金额之间的差额填列。

（11）"现金及现金等价物净增加额"项目，反映银行本期内现金及现金等价物增加的净值。

（12）"期初现金及现金等价物余额"项目，反映银行期初现金及现金等价物的总额。

（13）"期末现金及现金等价物余额"项目，反映银行期末现金及现金等价物的总额。

（四）"汇率变动对现金及现金等价物的影响"项目

"汇率变动对现金及现金等价物的影响"项目反映以下两个项目之间的差额。

第一，企业外币现金流量以及境外子公司的现金流量按采用的现金流量发生日的即期汇率或按照系统合理的方法确定的与现金流量发生日即期汇率近似的汇率折算的记账本位币金额。

第二，"现金及现金等价物净增加额"中外币现金净增加额按期末汇率折算的金额。本项目的填列应考虑到以下内容：期末确认外币现金账户的汇兑损益；本期发生外币兑换交易时确认的汇兑损益；对境外子公司外币报表折算时，外币现金流量表项目按规定汇率的折算。

在会计实务中，本项目一般是根据下列方法填列的：将现金流量表附注中"现金及现金等价物净增加额"项目金额与现金流量表中"经营活动产生的现金流量净额""投资活动产生的现金流量净额""筹资活动产生的现金流量净额"三项之和的差额，倒轧计出"汇率变动对现金及现金等价物的影响"。

（五）补充资料各项目的填列方法

现金流量表附注资料分为三部分：第一部分是"将净利润调节为经营活动的现金流量"；第二部分是"不涉及现金收支的重大投资和筹资活动"；第三部分是"现金及现金等价物净变动情况"。本部分重点讲述第一部分。

"将净利润调节为经营活动的现金流量"是经营活动现金的又一种表达方式，即间接法。间接法与直接法一样，都是从利润表项目入手，但间接法以利润表的最后一项"净利润"为起算点，调整不涉及经营活动的净利润项目、不涉及现金的净利润项目、与经营活动有关的非现金流动资产的变动、与经营活动有关的流动负债的变动等，据此计算出经营活动现金流量净额。为什么从净利润开始调整呢？因为净利润主要来自经营活动，因此"净利润"与"经营活动现金流量"有着必然的联系，但是"净利润"与"经营活动现金流量"又存在着金额差异。"净利润"与"经营活动现金流量"之间的差异主要表现在：与净利润有关的交易或事项不一定涉及现金，如计提的资产减值准备等；与净利润有关的交易或事项不一定都与经营活动有关，如投资损益等；有些交易或事项虽然与净利润没有直接关系，但属于经营活动，如用现金购买存货等。所以，间接法下只有在

"净利润"的基础上进行调整，才能计算出经营活动现金流量。

在间接法下，将净利润调节为经营活动现金流量的方法用计算公式表示如下：

$$\begin{aligned}\text{经营活动产生的现金流量净额} &= \text{净利润} + \text{实际没有支付现金的费用} - \text{实际没有收到现金的收益} + \text{不涉及经营活动的费用} \\ &\quad - \text{不涉及经营活动的收益} + \text{与经营活动有关的、非现金流动资产的减少数} + \text{与经营活动有关的流动负债的增加数}\end{aligned}$$

其中：实际没有支付现金的费用包括：计提的资产减值准备；计提的固定资产折旧、油气资产折耗、生产性生物资产折旧；无形资产的摊销；长期待摊费用的摊销；递延所得税资产的减少或递延所得税负债的增加等。

实际没有收到现金的收益包括：冲销已计提的资产减值准备；递延所得税资产的增加或递延所得税负债的减少等。

不涉及经营活动的费用包括：投资损失；财务费用；非流动资产处置损失；固定资产报废损失以及与投资性房地产、生产性生物资产有关的公允价值变动损失等。

不涉及经营活动的收益包括：投资收益；汇兑收益；非流动资产处置收益；固定资产报废收益以及与投资性房地产、生产性生物资产有关的公允价值变动收益等。

与经营活动有关的、非现金流动资产和流动负债项目，是指存货、应收账款等经营性应收项目、应付账款等经营性应付项目的增加（或减少）。

这里的非现金流动资产、流动负债的变动，必须是与经营活动有关的。

至于"不涉及现金收支的重大投资和筹资活动"项目，这些投资和筹资活动虽然不涉及现金收支，但属于企业的重大理财活动，对以后各期的现金流量有重大影响，因此，应单列项目在补充资料中反映。目前，要求列示的项目主要有下列几项：债务转为资本；一年内到期的可转换公司债券；融资租入固定资产。

现金及现金等价物净变动情况，通过现金的期末期初差额进行反映即可，用以检验用直接法编制的现金流量净额是否准确。现金等价物，准则将其定义为企业持有的期限短、流动性强、易于转换为已知金额现金、价值变动风险很小的投资。其中，期限短指自购买日起，3个月内到期。企业可据此设定现金等价物的标准，根据期末期初余额分析填列。若企业的现金等价物年末年初余额相差不大，可以忽略不计。

第五节 会计报表附注的内容及披露

一、会计报表附注

会计报表附注是为了便于会计报表使用者理解会计报表的内容而对会计报表的编

制基础、编制依据、编制原则和方法及主要项目等所作的解释。它是对会计报表的补充说明,是财务会计报告的重要组成部分。

(一) 会计报表附注的作用

附注是财务报表不可或缺的组成部分,它是对财务报表本身无法或难以充分表述的内容和项目所作的补充说明和详细解释。报表使用者了解企业的财务状况、经营成果和现金流量,应当全面阅读附注,附注相对于报表而言,同样具有重要性。附注应当按照一定的结构进行系统合理的排列和分类,有顺序地披露信息。

(二) 会计报表附注的内容

商业银行应该按照规定披露附注信息,主要包括下列内容。

1. 商业银行的基本情况

商业银行注册地、组织形式和总行地址;商业银行的业务性质和主要经营活动;财务报告的批准报出者和财务报告批准报出日。按照有关法律、行政法规等规定,商业银行所有者或其他方面有权对报出的财务报告进行修改的事实。

2. 财务报表的编制基础

会计年度;记账本位币;会计计量所运用的计量基础;现金和现金等价物的构成。

3. 遵循《企业会计准则》的声明

企业应当明确说明编制的财务报表符合《企业会计准则》体系的要求,真实、公允地反映了企业的财务状况、经营成果和现金流量。

4. 重要会计政策和会计估计

企业应当披露重要的会计政策和会计估计,不具有重要性的会计政策和会计估计可以不披露。判断会计政策和会计估计是否重要,应当考虑与会计政策或会计估计相关项目的性质和金额。

5. 会计政策和会计估计变更以及差错更正的说明

会计政策变更的性质、内容和原因;当期和各个列报前期财务报表中受影响的项目名称和调整金额;会计政策变更无法进行追溯调整的事实和原因以及开始应用变更后的会计政策的时点、具体应用情况;会计估计变更的内容和原因;会计估计变更对当期和未来期间的影响金额;会计估计变更的影响数不能确定的事实和原因;前期差错的性质;各个列报前期财务报表中受影响的项目名称和更正金额;前期差错对当期财务报表也有影响的,还应披露当期财务报表中受影响的项目名称和金额;前期差错无法进行追溯重述的事实和原因以及对前期差错开始进行更正的时点、具体更正情况。

6. 报表重要项目的说明

企业应当尽可能以列表形式披露重要报表项目的构成或当期增减变动情况。对重要报表项目的明细说明,应当按照资产负债表、利润表、现金流量表、所有者权益变动表的顺序以及报表项目列示的顺序进行披露,应当以文字和数字描述相结合的方式进行披露,并与报表项目相互参照。具体包括:

(1) 现金及存放中央银行款项的披露。应当分别库存现金、存放中央银行法定准备金、存放中央银行超额存款准备金等披露期末账面余额和年初账面余额。

(2) 拆出资金的披露。应当分别拆放其他银行、拆房非银行金融机构、贷款损失准备、拆出资金账面价值等披露期末账面余额和年初账面余额。

(3) 交易性金融资产(不含衍生金融资产)的披露。应当分别债券、基金、权益工具等披露期末公允价值和年初公允价值。如有指定为以公允价值计量且其变动计入当期损益的金融资产,也应比照上述内容进行披露。

(4) 衍生工具的披露。应当分别利率衍生工具、货币衍生工具、权益衍生工具、信用衍生工具等披露期末账面余额和年初账面余额。

(5) 买入返售金融资产的披露。应当分别证券、票据、贷款、坏账准备、买入返售金融资产账面价值等披露期末账面余额和年初账面余额。

(6) 发放贷款和垫款的披露。应当分别贷款和垫款按个人和企业分布情况、贷款和垫款按行业分布情况、贷款和垫款按地区分布情况、贷款和垫款按担保方式分布情况、逾期贷款等披露期末账面余额和年初账面余额,披露贷款损失准备的本期金额和上期金额。

(7) 可供出售金融资产的披露。应当分别债券、权益工具等披露期末公允价值和年初公允价值。

(8) 持有至到期投资的披露。应当分别债券、其他持有至到期投资合计、持有至到期投资减值准备、持有至到期投资账面价值等披露期末账面余额、年初账面余额和期末公允价值。

(9) 其他资产的披露。应当分别存出保证金、应收股利、其他应收款、抵债资产等披露期末账面价值和年初账面价值。

(10) 银行应当分别借入中央银行款项、国家外汇存款等披露期末账面余额和年初账面余额。

(11) 银行应当分别同业、其他金融机构存放款项披露期末账面余额和年初账面余额。

(12) 银行应当分别银行拆入、非银行金融机构拆入披露期末账面余额和年初账面余额。

(13) 交易性金融负债(不含衍生金融负债)的披露。应当分别外币债券卖空、其他等披露期末公允价值和年初公允价值。如有指定为以公允价值计量且其变动计入当期损益的金融负债,也应比照上述内容进行披露。

(14) 卖出回购金融资产款的披露。应当分别证券、票据、贷款、其他等披露期末账面余额和年初账面余额。

（15）吸收存款的披露。应当分别活期存款、定期存款（含通知存款）、其他存款（含汇出存款、应解汇款等）披露期末账面余额和年初账面余额。

（16）应付债券的披露。应当分别债券类别披露期末账面余额和年初账面余额。

（17）其他负债的披露。应当分别存入保证金、应付股利、其他应付款等披露期末账面价值和年初账面价值。

（18）披露一般风险准备的期末、年初余额及计提比例。

（19）利息净收入的披露。应当分别利息收入、利息支出、利息净收入等披露本期发生额和上期发生额。

（20）手续费及佣金净收入的披露。应当分别手续费及佣金收入、手续费及佣金支出、手续费及佣金净收入等披露本期发生额和上期发生额。

（21）投资收益的披露。应当分别以公允价值计量且其变动计入当期损益的权益工具投资、可供出售权益工具投资、长期股权投资等披露本期发生额和上期发生额。

（22）公允价值变动收益的披露。应当分别交易性金融工具、指定为以公允价值计量且其变动计入当期损益的金融工具、衍生工具等披露本期发生额和上期发生额。

（23）业务及管理费的披露。应当分别电子设备运转费、安全防范费、物业管理费等披露本期发生额和上期发生额。

（24）分部报告的披露。主要报告形式是业务分部的披露：应当分别各项主要业务披露本期发生额和上期发生额；在主要报告形式的基础上，对于次要报告形式，企业还应披露对外交易收入、分部资产总额。

（25）担保物的披露。按照《企业会计准则第 37 号——金融工具列报》第二十一条和第二十二条的相关规定对担保物进行披露。

（26）金融资产转移（含资产证券化）的披露。按照《企业会计准则第 37 号——金融工具列报》第二十条的相关规定对金融资产转移（含资产证券化）进行披露。

（27）除上述项目以外的其他项目，应当比照一般企业进行披露。

7. 或有事项的披露

除比照一般企业进行披露外，还应对信贷承诺、经营租赁承诺、资本支出承诺、证券承销及债券承兑承诺进行披露。

8. 资产负债表日后事项的披露

资产负债表日后事项比照一般企业进行披露。

9. 关联方关系及其交易的披露

关联方关系及其交易比照一般企业进行披露。

10. 风险管理的披露

风险管理按照《企业会计准则第 37 号——金融工具列报》第二十五条至第四十五

条的相关规定披露。

二、财务情况说明书

财务情况说明书是以文字来补充说明商业银行在一定会计期间内财务经营状况、利润实现及分配等情况的综合性说明,是财务会计报告的重要组成部分。《金融企业会计制度》中规定财务情况说明书至少应当对下列情况做出说明:商业银行经营的基本情况;利润实现和分配情况;资金增减和周转情况;对商业银行财务状况、经营成果和现金流量有重大影响的其他事项。

(一) 银行经营的基本情况

银行通常需要反映以下有关银行经营的基本情况:银行主营业务范围及经营情况;银行所处的行业及在本行业中的地位;银行员工的数量和专业素质情况;经营中出现的问题与困难及解决方案;对银行业务有影响的知识产权;经营环境变化、新年度业务发展计划,如经营目标等;开发在建项目的预期进度;配套资金的筹措计划;需要披露的其他业务情况与事项。

(二) 利润实现和分配情况

利润实现和分配情况,主要是指银行本年度实现的净利润及其分配情况,如实现的净利润额;在利润分配中,提取法定盈余公积金的数额;计提的一般准备金数额;累计可分配利润的规模;资本公积金转增实收资本(或股本)的情况等等。如果在本年度内没有发生利润分配情况或资本公积金转增实收资本的情况,则银行需要在财务情况说明书中明确说明。银行利润的实现和分配情况,对于判断银行未来发展前景至关重要,所以,需要银行披露有关利润实现和分配情况方面的信息。

(三) 资金增减和周转情况

资金增减和周转情况主要反映年度内银行各项资产、负债、所有者权益、利润构成项目的增减情况及其原因,这对于财务会计报告使用者了解银行的资金变动情况具有重要意义。

关 键 术 语

财务会计报告　资产负债表　利润表　现金流量表　直接法　间接法

思 考 题

1. 财务会计报告对不同的使用者都有哪些作用？

2. 你认为资产负债表能反映企业哪些财务状况？

3. 我国现行的利润表中的利润是如何确定的？这些数据是否能充分反映出企业的经营成果？

4. 现金流量表是如何将资产负债表和利润表有机地结合起来，以便充分披露企业的财务状况？

5. 财务报表附注包括哪些基本内容？有何作用？

业 务 题

根据某商业银行下列年末各有关科目的资料编制财务报表。

（单位：万元）

科　　目	年　初	年　末	科　　目	年　初	年　末
库存现金	26 000	31 000	活期存款	360 000	430 000
存放中央银行款项	340 000	410 000	活期储蓄存款	44 000	55 000
存放同业	3 400	5 600	财政性存款	6 700	8 600
拆放同业	370	860	同业存放	340	520
短期贷款	75 000	84 000	同业拆入	120	230
进出口押汇	320	540	借入款项	110	240
应收利息	870	420	汇出汇款	360	640
其他应收款	34	41	应解汇款	210	430
坏账准备	2	3	应付利息	120	310
其他应收款净额	32	38	应付职工薪酬	2 010	2 720
贴现	760	890	应交税费	12	25
交易性金融资产	262	671	其他应付款	23	4
中长期贷款	5 400	8 300	定期存款	5 700	8 330
逾期贷款	580	43	定期储蓄存款	6 400	7 800
呆滞贷款	12	10	应付债券	2 500	3 200
呆账贷款	6	34	其他长期负债	120	210
贷款呆账准备	23	18	所有者权益	37 102	38 319
持有至到期投资	5 800	6 200	实收资本	28 500	29 400
长期股权投资	220	350	资本公积	8 330	9 460
长期投资减值准备	11	14	盈余公积	240	418

（续表）

科　目	年　初	年　末	科　目	年　初	年　末
固定资产	7 000	760	未分配利润	32	41
累计折旧	210	320			
固定资产净值	6 790	7 280			
其他长期资产	39	54			

（单位：万元）

科　目	上　年	本　年
营业收入	5 204	8 250
利息收入	2 497	3 560
金融企业往来收入	287	345
手续费及佣金收入	1 500	2 900
汇兑收益	600	980
其他业务收入	320	465
营业支出	6 741	7 896
利息支出	1 997	2 445
金融企业往来支出	225	312
手续费及佣金支出	530	675
业务及管理费用	3 318	3 687
汇兑损失	231	167
其他业务成本	190	215
税金及附加	250	395
营业利润	−1 537	354
投资收益	2 137	3 015
营业外收入	180	230
营业外支出	190	215
利润总额	590	3 384
所得税	195	1 117
净利润	395	2 267

（1）根据有关科目资料编制资产负债表。

（2）根据有关科目资料编制利润表。

主要参考文献

［1］FAS 157：Fair Value Measurement.

［2］IASB，Fair Value Measurements：Part 1：Invitation to Comment and relevant IFRS guidance.

［3］SFAC8，Conceptual Framework for Financial Reporting，2010.

［4］财政部. 金融企业会计制度. 2001.

［5］财政部. 金融企业财务规则. 2006.

［6］财政部. 企业会计准则［M］. 北京：经济科学出版社，2006.

［7］财政部. 企业会计准则——应用指南 2006［M］. 北京：中国财政经济出版社，2006.

［8］财政部会计司编写组. 企业会计准则讲解 2010［M］. 北京：人民出版社，2010.

［9］陈湛均. 商业银行经营管理学［M］. 上海：立信会计出版社，2008.

［10］方萍. 金融企业会计［M］. 成都：西南财经大学出版社，2009.

［11］刘学华. 金融企业会计［M］.2 版.立信会计出版社，2008.

［12］马雪峰，王霞. 银行会计［M］. 兰州大学出版社，2009.

［13］王允平，李晓梅. 商业银行会计［M］. 立信会计出版社，2007.

［14］王允平，关新红，李晓梅. 金融企业会计学［M］.2 版. 北京：经济科学出版社，2008.

［15］西南财经大学精品课程：金融企业会计，http：//www.swufe.edu.cn/jpkc.html，2011.

［16］银监会.银团贷款业务指引.2007.

［17］赵鹏飞，许永斌. 金融企业会计［M］. 杭州：浙江大学出版社.2008.

［18］中华人民共和国国务院. 金融资产管理公司条例.2000.

［19］中华人民共和国全国人民代表大会. 中华人民共和国会计法.1999.

［20］中华人民共和国全国人民代表大会. 中华人民共和国商业银行法.2003.

［21］中华人民共和国全国人民代表大会. 中华人民共和国中国人民银行法.2003.

［22］中华人民共和国国务院. 中华人民共和国外汇管理条例.2008.

［23］《外汇指定银行办理结汇、售汇业务管理暂行办法》（中国人民银行令［2002］第 4 号）.

［24］《国家外汇管理局关于实施国内外汇贷款外汇管理方式改革的通知》（汇发［2002］

125 号).

[25]《国家外汇管理局关于外汇指定银行对客户远期结售汇业务和人民币与外币掉期业务有关外汇管理问题的通知》(汇发[2006]52 号).

[26]《国家外汇管理局关于改进外币代兑机构外汇管理有关问题的通知》(汇发[2007]48 号).

[27]《国家外汇管理局关于进一步完善个人本外币兑换业务有关问题的通知》(汇发[2008]24 号).

[28]《外币代兑机构管理暂行办法》(中国人民银行令[2003]第 6 号).

[29]《中国人民银行关于扩大银行间即期外汇市场人民币兑美元交易价浮动幅度的公告》(2007 年 5 月 18 日公告).

教学课件索取单

敬爱的老师：

感谢您使用我们出版社的教材。为了方便您的教学，本书配有相关的教学课件。如果您需要，请您填写下面表格中的相关信息，并以电子邮件的形式发到我社，我们在核对您的信息后，会免费向您提供教学课件。

我社网站上提供电子版的课件索取单以及所有课件清单。

我们的联系方式：

地址：上海市中山西路 2230 号　　　　　邮编：200235
　　　立信会计出版社　　　　　　　　　电话：(021)64411217
电子邮件：zql1307@163.com　　　　　　网站：www.lixinaph.com

教材名称				作者姓名	
教师姓名		性别	身份证号		
学　　校		院系		教 研 室	
学校地址				邮　　编	
职　　务		职称		办公电话	
E-mail		手机		宅　　电	
通信地址				邮　　编	
教材用量	册	委托订购单位			

您对本教材的意见和建议是：